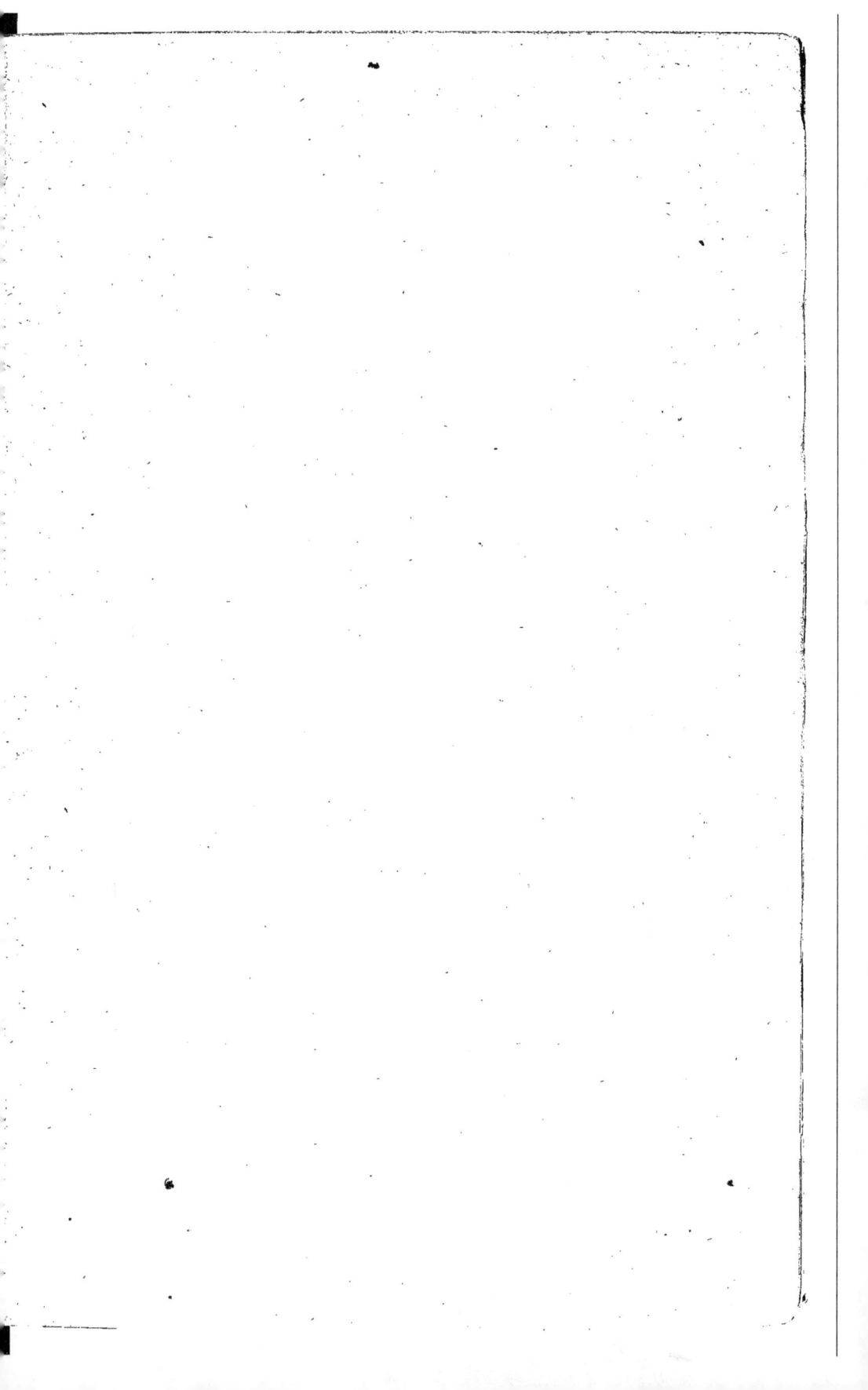

CRIMES CÉLÈBRES.

IMPRIMERIE DE Mme Ve DONDEY-DUPRÉ,
Rue Saint-Louis, 46, au Marais.

CRIMES CÉLÈBRES

PAR

ALEXANDRE DUMAS.

TOME DEUXIÈME.

PARIS.

ADMINISTRATION DE LIBRAIRIE,

RUE NOTRE-DAME-DES-VICTOIRES, 32.

1853

MARIE STUART.

MARIE STUART.

1587.

Aussitôt délivrée, Marie fit venir Jacques Melvil, son envoyé ordinaire près d'Élisabeth, et le chargea de porter cette nouvelle à la reine d'Angleterre, la priant en même temps d'être la marraine du royal enfant. En arrivant à Londres, Melvil se présenta aussitôt au palais; mais comme il y avait bal à la cour, il ne put voir la reine, et se contenta de faire savoir au ministre Cécil la cause de son voyage, en le priant de solliciter de sa maîtresse une audience pour le lendemain. Élisabeth figurait dans un quadrille, au moment où Cécil, s'approchant d'elle, lui dit tout bas : La reine Marie d'Écosse vient d'accoucher d'un fils. — A ces paroles, elle pâlit affreusement, et, regardant autour d'elle d'un œil égaré, et comme si elle était prête à défaillir, elle alla s'appuyer contre un fauteuil; puis bientôt, ne pouvant se tenir debout, elle s'assit, renversant la tête en arrière, et plongée dans une douloureuse rêverie. Alors une des femmes de la cour, fendant le cercle qui s'était formé autour de la reine,

CRIMES CÉLÈBRES.

s'approcha d'elle, inquiète, et lui demanda à quoi elle songeait si tristement. — Eh! madame, répondit Élisabeth avec impatience, ne savez-vous pas que Marie Stuart est accouchée d'un fils, tandis que, moi, je ne suis qu'un tronc stérile, qui mourra sans laisser de rejeton?

Néanmoins Élisabeth était trop bonne politique, malgré sa facilité à se laisser entraîner à un premier mouvement, pour se compromettre par une plus longue manifestation de sa douleur. Aussi le bal n'en continua-t-il pas moins, et le quadrille interrompu fut repris et terminé.

Le lendemain Melvil eut son audience. Élisabeth le reçut à merveille, l'assurant de tout le plaisir que lui avait causé la nouvelle dont il était porteur, et qui l'avait, disait-elle, guérie d'une maladie dont elle était atteinte depuis quinze jours. Melvil lui répondit que sa maîtresse s'était empressée de lui faire part de sa joie, sachant qu'elle n'avait pas de meilleure amie; mais il ajouta que cette joie avait manqué coûter la vie à Marie, tant sa couche avait été douloureuse. Comme il revenait pour la troisième fois sur ce point, dans le but d'augmenter encore l'aversion de la reine d'Angleterre pour le mariage : — Soyez tranquille, Melvil, lui répondit Élisabeth, vous n'avez que faire d'insister là-dessus, je ne me marierai jamais; mon royaume me tient lieu de mari, et mes sujets sont mes enfans. Quand je serai morte, je veux qu'on grave sur mon tombeau : « Ci-gît Élisabeth, qui régna tant d'années, et qui mourut vierge. »

Melvil profita de cette occasion pour rappeler à Élisabeth le désir qu'elle avait manifesté, trois ou quatre ans

MARIE STUART.

auparavant, de voir Marie; mais, outre les affaires de son royaume qui nécessitaient, dit Élisabeth, sa présence au cœur de ses états, elle ne se souciait point, d'après ce qu'elle avait entendu dire de la beauté de sa rivale, d'aller s'exposer à un parallèle désavantageux à son orgueil. Elle se contenta donc de remettre sa procuration au comte de de Bedford, qui partit avec plusieurs autres seigneurs, pour le château de Stirling, où le jeune prince fut baptisé en grande pompe, et reçut le nom de Charles-Jacques.

On remarqua que Darnley ne parut point à cette cérémonie, et que son absence parut fort scandaliser l'envoyé de la reine d'Angleterre. Au contraire, Jacques Hepburn, comte de Bothwell, y tenait le premier rang.

C'est que depuis le soir où Bothwell était accouru aux cris de Marie, pour s'opposer au meurtre de Rizzio, il avait fait un grand chemin dans la faveur de la reine, au parti de laquelle il paraissait lui-même s'être franchement attaché, à l'exclusion des deux autres, qui étaient ceux du roi et du comte de Murray. Bothwell était un homme déjà âgé de trente-cinq ans, chef de la puissante famille d'Hepburn, qui avait une grande influence dans le Lothian oriental et dans le comté de Berwick; au reste, violent, brutal, adonné à toutes les débauches, et capable de tout pour satisfaire une ambition qu'il ne se donnait même pas la peine de dissimuler. Dans sa jeunesse il avait passé pour brave; mais depuis long-temps il n'avait eu aucune occasion sérieuse de tirer l'épée.

Si l'autorité du roi avait été ébranlée par le crédit de Rizzio, elle fut entièrement renversée par celui de Both-

CRIMES CÉLÈBRES.

well. Les grands, suivant l'exemple du favori, ne se levaient plus devant Darnley, et cessèrent peu à peu de le traiter même comme leur égal; son train fut diminué, on lui ôta sa vaisselle d'argent, et quelques officiers qui restèrent auprès de lui lui firent acheter leur service par les dégoûts les plus amers. Quant à la reine, elle ne prenait plus même la peine de cacher son aversion pour lui, l'évitant sans ménagement, à tel point qu'un jour qu'elle était allée avec Bothwell à Alway, elle en repartit aussitôt, parce que Darnley les y était venu rejoindre : le roi cependant prit encore patience; mais une nouvelle imprudence de Marie amena enfin la catastrophe terrible que, depuis la liaison de la reine avec Bothwell, quelques-uns prévoyaient déjà.

Vers la fin du mois d'octobre 1566, comme la reine tenait une cour de justice à Jedburg, on vint lui annoncer que Bothwell, en cherchant à s'emparer d'un malfaiteur nommé John Elliot du Parc, avait été blessé grièvement à la main ; la reine, qui allait se rendre au conseil, remit aussitôt la séance au lendemain, et ayant donné l'ordre qu'on lui sellât un cheval, elle partit pour le château de l'Ermitage, qu'habitait Bothwell, et fit toute la route d'une traite, quoiqu'il y eût vingt milles, et qu'il lui fallût traverser des bois, des marais et des rivières; puis, après être restée quelques heures en tête-à-tête avec lui, elle repartit avec la même diligence pour Jedburg, où elle fut de retour dans la nuit.

Quoique cette démarche eût fait grand bruit, envenimée qu'elle fut encore par les ennemis de la reine, qui

MARIE STUART.

appartenaient surtout à la religion réformée, Darnley ne l'apprit que près de deux mois après, c'est-à-dire lorsque Bothwell, complètement guéri, était de retour avec la reine à Edimbourg.

Alors Darnley crut qu'il ne devait pas supporter plus long-temps de pareilles humiliations. Mais comme depuis sa trahison envers ses complices, il n'eût pas trouvé dans toute l'Écosse un noble qui eût voulu tirer l'épée pour lui, il résolut d'aller trouver le comte de Lennox, son père, espérant que par son crédit il pourrait rallier les mécontens qui, depuis la faveur de Bothwell, étaient en grand nombre. Malheureusement, indiscret et imprudent comme d'habitude, Darnley confia ce projet à quelques-uns de ses officiers, qui prévinrent Bothwell de l'intention de leur maître. Bothwell ne parut s'opposer aucunement à ce voyage; mais Darnley était à peine à un mille d'Édimbourg, qu'il ressentit de violentes douleurs: il n'en continua pas moins sa route, et arriva fort malade à Glascow. Il fit aussitôt venir un célèbre médecin, nommé Jacques Abrenets, qui lui trouva le corps couvert de pustules, et déclara, sans hésitation aucune, qu'il avait été empoisonné. Cependant d'autres assurent, et de ce nombre est Walter Scott, que cette maladie n'était rien autre chose que la petite vérole.

Quoi qu'il en soit, la reine, en présence du danger que courait son mari, parut oublier ses ressentimens, et, au risque de ce qui pouvait en résulter de fâcheux pour elle, elle se rendit près de Darnley, après s'être fait précéder de son médecin. Il est vrai que, si l'on en croit les let-

tres suivantes datées de Glascow et qu'on accusa Marie d'a-
voir écrites à Bothwell, elle connaissait trop bien la maladie
dont il était atteint pour croire à la contagion. Comme ces
lettres sont peu connues et nous paraissent fort curieuses,
nous les transcrivons ici; plus tard nous dirons comment
elles tombèrent au pouvoir des seigneurs confédérés, et de
leurs mains, passèrent dans celles d'Élisabeth, qui, toute
joyeuse, s'écria en les recevant. «Par la mordieu, je tiens
donc enfin sa vie et son honneur entre mes mains!»

PREMIÈRE LETTRE.

« Quand je suis partie du lieu où j'avais laissé mon
cœur, jugez dans quel état j'étais, pauvre corps sans ame:
aussi pendant tout le dîner n'ai-je parlé à personne, et
personne n'a-t-il osé s'approcher de moi, car il était facile de voir qu'il n'y faisait pas bon. Lorsque je suis arrivée à une lieue de la ville, le comte de Lennox m'a envoyé un de ses gentilshommes pour me complimenter de
sa part et pour l'excuser de ce qu'il n'était pas venu lui-
même: il m'a fait dire, en outre, qu'il n'osait se présenter
devant moi depuis la réprimande que j'avais faite à Cu-
ningham. Ce gentilhomme m'a priée, comme de son propre
mouvement, d'examiner la conduite de son maître, pour
vérifier si mes soupçons étaient fondés. Je lui ai répondu
que la peur était une maladie incurable, que le comte
de Lennox ne serait pas si agité si sa conscience ne lui
reprochait rien, et que s'il m'était échappé quelques vi-
vacités, ce n'étaient que de justes représailles de la lettre
qu'il m'avait écrite.

MARIE STUART.

» Aucun des habitans n'est venu me faire visite, ce qui me fait croire qu'ils sont tous dans ses intérêts ; de plus, ils en parlent en fort bons termes, ainsi que de son fils. Le roi envoya chercher hier Joachim, et lui demanda pourquoi je ne logeais point avec lui, ajoutant que ma présence le guérirait bientôt ; et me demanda aussi dans quel dessein j'étais venue ; si c'était pour me réconcilier avec lui ; si vous étiez ici ; si j'avais fait dresser l'état de ma maison ; si j'avais pris Páris et Gilbert pour secré-taires, et si j'étais toujours dans la résolution de congé-dier Joseph. Je ne sais qui l'a si bien instruit. Il n'est point jusqu'au mariage de Sébastien dont il ne soit in-formé. Je lui ai demandé l'explication d'une de ses lettres, dans laquelle il se plaignait de la cruauté de certaines gens. Il m'a répondu qu'il était frappé, mais que ma pré-sence lui causait tant de joie qu'il croyait en mourir. Il m'a fait quelques reproches de ce qu'il me trouvait rê-veuse ; je l'ai quitté pour aller souper ; il m'a priée de revenir : j'y suis allée. Il m'a fait alors l'histoire de sa ma-ladie, et m'a dit qu'il ne voulait faire qu'un testament par lequel il me laisserait tout, ajoutant que j'étais un peu la cause de son mal, et qu'il l'attribuait à mon refroidissement. — Vous me demandez, ajouta-t-il, quels sont ces gens dont je me plains : c'est de vous, cruelle, de vous, que je n'ai jamais pu apaiser par mes larmes et par mon repen-tir. Je sais que je vous ai offensée, mais non pas sur l'ar-ticle que vous me reprochez : j'ai offensé aussi quelques-uns de vos sujets, mais vous me l'avez pardonné. Je suis jeune, et vous dites que je retombe toujours dans mes

CRIMES CÉLÈBRES.

fautes ; mais aussi un jeune homme comme moi, dépourvu d'expérience, ne peut-il point en faire, manquer à ses promesses, se repentir ensuite, et se corriger avec le temps ? Si vous voulez me pardonner encore une fois, je vous promets de ne plus vous offenser jamais. Toute la grâce que je vous demande, c'est de vivre ensemble comme deux époux, de n'avoir qu'une même table et qu'un même lit : si vous êtes inflexible, jamais je ne me relèverai d'ici. Dites-moi, je vous prie, votre résolution ; Dieu seul sait ce que je souffre, et cela parce que je ne m'occupe que de vous, parce que je n'aime et n'adore que vous. Si je vous ai offensée quelquefois, c'est à vous que vous devez vous en prendre ; car, lorsque quelqu'un m'offense, s'il m'était permis de me plaindre à vous, je ne confierais point mes chagrins à d'autres ; mais lorsque nous sommes mal ensemble, je suis forcé de les renfermer en moi-même, et cela me rend fou.

» Il m'a ensuite fort pressée de rester avec lui et de loger dans sa maison ; mais je m'en suis excusée, et lui ai répondu qu'il avait besoin d'être purgé, et qu'il ne pouvait l'être commodément à Glascow : alors il m'a dit qu'il savait que j'avais fait venir une litière pour lui, mais qu'il eût mieux aimé faire le voyage avec moi. Il croyait, je pense, que j'avais le dessein de l'envoyer dans quelque prison : je lui ai répondu que je le ferais conduire à Craigmiller, qu'il y trouverait des médecins, que je resterais près de lui et que nous serions à portée de voir mon fils. Il m'a répondu qu'il ira où je voudrai le conduire, pourvu que je lui accorde ce qu'il m'a demandé. Il ne veut, au reste, être vu de personne.

MARIE STUART.

» Il m'a dit de plus cent jolies choses que je ne puis vous rapporter et dont vous seriez vous-même surpris ; il ne voulait point me laisser aller, il voulait me faire veiller toute la nuit. Pour moi, je faisais semblant de tout croire, et je paraissais m'intéresser véritablement à lui. Au reste, je ne l'ai jamais vu si petit ni si humble ; et si je n'avais su combien son cœur s'épanche facilement, et combien le mien est impénétrable à tout autre trait qu'à ceux dont vous l'avez blessé, je crois que j'aurais pu me laisser attendrir : mais que cela ne vous alarme pas, je mourrai plutôt que de renoncer à ce que je vous ai promis. Pour vous, songez à en user de même vis-à-vis de ces perfides qui feront tous leurs efforts pour vous éloigner de moi ; je crois que tous ces gens-là ont été jetés dans le même moule : celui-ci a toujours la larme à l'œil, il s'incline devant tout le monde, depuis le plus grand jusqu'au plus petit ; il veut les intéresser en sa faveur et se faire plaindre. Son père a jeté aujourd'hui le sang par le nez et par la bouche ; jugez ce que signifient ces symptômes : je ne l'ai point encore **vu**, car il garde la maison. Le roi veut que je lui donne à manger moi-même, ou sans cela il ne mange point ; mais, quoi que je fasse, vous n'y serez pas plus trompé que je ne m'y trompe moi-même. Nous sommes unis, vous et moi, à deux espèces de gens bien haïssables [3] ; que l'enfer brise donc ces nœuds, et que le ciel en forme de plus beaux, que rien ne puisse rompre, qu'il fasse de nous le couple le plus tendre et le plus fidèle qui soit jamais ; voilà la profession de foi dans laquelle je veux mourir.

CRIMES CÉLÈBRES.

» Excusez mon griffonnage : il faudra que vous en deviniez plus de la moitié, mais je n'y sais point de remède. Je suis forcée de vous écrire à la hâte tandis que tout le monde dort ici : mais soyez tranquille, je prends à ma veille un plaisir infini ; car je ne puis dormir ainsi que les autres, ne pouvant dormir comme je le voudrais, c'est-à-dire entre vos bras.

» Je vais me mettre au lit ; demain j'achèverai ma lettre : j'ai trop de choses à vous mander, la nuit est trop avancée : jugez de ma peine. C'est à vous que j'écris, c'est de moi que je vous entretiens, et je suis forcée de finir...

» Je ne puis cependant m'empêcher de remplir à la hâte ce qui me reste de papier. Maudit soit l'écervelé qui me tourmente si fort ! sans lui je pourrais vous entretenir de choses plus agréables : il n'est pas fort changé ; *et cependant il en a pris beaucoup*. Il m'a, au reste, presque fait mourir par la fétidité de son haleine ; car il l'a maintenant plus mauvaise encore que celle de votre cousin : vous devinez que c'est une nouvelle raison pour que je n'approche pas de lui ; au contraire, je m'en éloigne le plus que je peux et me tiens sur une chaise au pied de son lit.

» Voyons si je n'oublie rien.

» L'envoyé de son père pendant la route ;

» L'interrogation sur Joachim ;

» L'état de ma maison ;

» Les gens de ma suite ;

» Sujet de mon arrivée ;

» Joseph ;

MARIE STUART.

» Entretien entre lui et moi ;

» L'envie qu'il a de me plaire et son repentir ;

» Interprétation de sa lettre ;

» Le sieur de Lewingston.

» Ah! j'oubliais cela. Hier Lewingston dit tout bas pendant le souper à la de Rères de boire à la santé de qui je savais bien, et de me prier d'y faire honneur. Après le souper, comme je m'appuyais sur son épaule auprès du feu, il me dit : N'est-il point vrai que voilà des visites bien agréables pour ceux qui les font et ceux qui les reçoivent? Cependant, quelque satisfaits qu'ils paraissent de votre arrivée, je défie que leur joie égale le chagrin de celui que vous avez laissé seul aujourd'hui, et qui ne sera jamais content qu'il ne vous revoie. Je lui demandai de qui il voulait me parler. Il me répondit alors en me serrant le bras : D'un de ceux qui ne vous ont pas suivie ; et parmi ceux-là, il vous est facile de deviner qui je veux dire.

» J'ai travaillé jusqu'à deux heures au bracelet ; j'y ai enfermé une petite clef qui est attachée par deux cordons : il n'est pas aussi bien travaillé que je le voudrais ; mais je n'ai pas eu le temps de le faire mieux ; je vous en ferai la première fois un plus beau. Prenez garde qu'on ne vous le voie ; car j'y ai travaillé devant tout le monde, et à coup sûr il serait reconnu.

» Je reviens toujours, malgré moi, à l'attentat horrible que vous me conseillez. Vous me forcez à des dissimulations et surtout à des trahisons qui me font frémir ; j'aimerais mieux mourir, croyez-moi, que de commettre

de pareilles actions; car cela me fait saigner le cœur. Il ne
veut point me suivre que je ne lui promette de n'avoir
qu'une même table et qu'un même lit que lui, comme auparavant, et de ne point l'abandonner si souvent. Si j'y
consens, il fera, dit-il, tout ce que je voudrai, et me suivra
partout : cependant il m'a priée de retarder mon départ
de deux jours. J'ai feint de consentir à tout ce qu'il voulait; mais je lui ai dit de ne parler à personne de notre
réconciliation, de peur qu'elle ne causât de l'ombrage à
quelques seigneurs. Enfin je l'emmènerai partout où je
voudrai... Hélas! je n'ai jamais trompé personne; mais
que ne ferais-je pas pour vous plaire? Ordonnez, et, quoi
qu'il puisse arriver, j'obéirai. Mais voyez vous-même si
l'on ne pourrait pas imaginer quelque secret moyen par
forme de remède. Il doit se purger à Craigmiller et y
prendre les bains; il sera quelques jours sans sortir. Autant
que je puis le voir, il est fort inquiet : cependant il a grande
confiance dans ce que je lui dis; mais sa confiance ne va pas
jusqu'à s'ouvrir à moi. Si vous voulez, je lui découvrirai
tout : je ne puis avoir de plaisir à tromper quelqu'un qui
est dans la confiance. Au reste, il n'en sera que ce que
vous voudrez : ne m'en estimez pas moins pour cela.
C'est vous qui me l'avez conseillé; jamais la vengeance
ne m'eût emportée si loin. Quelquefois il m'attaque par
un endroit bien sensible, et il me touche au vif quand il
me dit que ses crimes à lui sont connus, mais qu'il s'en
commet tous les jours de plus grands, que l'on entre-
prend inutilement de cacher, parce que tous les crimes,
quels qu'ils soient, grands et petits, viennent à la connais-

MARIE STUART.

sance des hommes et font la matière ordinaire de leurs
entretiens. Il ajoute quelquefois, en me parlant de madame
de Rère : Je souhaite que ses services vous fassent honneur.—Il m'a assuré que bien des gens croyaient, et qu'il
le croyait lui-même, que je n'étais pas ma maîtresse,
c'est sans doute parce que j'ai rejeté les conditions qu'il
m'offrait. Enfin, il est sûr qu'il est fort inquiet au sujet
de ce que vous savez, et qu'il soupçonne même que l'on
en veut à sa vie. Il entre en désespoir toutes les fois que
la conversation tombe sur vous, sur Lethigton et sur mon
frère. Au reste, il ne dit ni bien ni mal des absens ; mais,
au contraire, il évite toujours d'en parler. Son père garde
la maison : je ne l'ai point encore vu. Les Hamilton sont
ici en grand nombre, et m'accompagnent partout ; tous
les amis de l'autre me suivent chaque fois que je vais le
voir. Il m'a priée de me trouver demain à son lever. Mon
courrier vous dira le reste.

» Brûlez ma lettre : il y aurait du danger à la garder.
D'ailleurs elle n'en vaut guère la peine, n'étant remplie
que de pensées noires.

» Quant à vous, ne vous offensez pas si je suis triste
et inquiète aujourd'hui, que pour vous plaire je passe par-
dessus l'honneur, les remords et les dangers. Ne prenez
donc pas en mauvaise part ce que je vous dis, et n'écoutez
point les interprétations malignes du frère de votre
femme ; c'est un fourbe que vous ne devez point entendre
au préjudice de la plus tendre et de la plus fidèle maîtresse qui fût jamais. Ne vous laissez pas surtout fléchir
par cette femme : ses feintes larmes ne sont rien en

CRIMES CÉLÈBRES

comparaison des larmes réelles que je verse, et de ce que l'amour et la constance me font souffrir pour parvenir à lui succéder ; c'est pour cela seul que je trahis, malgré moi, tous ceux qui pourraient traverser mon amour. Dieu me fasse miséricorde et vous envoie toutes les prospérités que vous souhaite une humble et tendre amie, qui attend bientôt de vous une autre récompense. Il est fort tard ; mais c'est toujours à regret que je quitte la plume quand je vous écris ; cependant je ne finirai ma lettre que lorsque je vous aurai baisé les mains. Pardonnez-moi de ce qu'elle est si mal écrite : peut-être le fais-je exprès ainsi pour que vous soyez obligé de la relire plusieurs fois. J'ai transcrit à la hâte ce que j'avais mis sur mes tablettes, et le papier m'a manqué. Souvenez-vous d'une tendre amie, et écrivez-lui souvent : aimez-moi aussi tendrement que je vous aime, et souvenez-vous

» Des paroles de madame de Rère ;
» Des Anglais ;
» De sa mère ;
» Du comte d'Argyle ;
» Du comte de Bothwell ;
» De la demeure d'Édimbourg. »

DEUXIÈME LETTRE.

« Il paraît que vous m'avez oubliée pendant votre absence, d'autant plus que vous m'aviez promis, en partant, de me mander dans un plus long détail tout ce qui se passerait de nouveau. L'espérance de recevoir de vos nouvelles m'avait causé presque autant de joie qu'aurait pu

MARIE STUART.

m'en apporter votre retour : vous l'avez plus différé que
vous ne me l'aviez promis. Pour moi, quoique vous ne
m'écriviez point, je fais toujours mon rôle. Je le mènerai
lundi à Craigmiller, et il y passera tout le mercredi. J'i-
rai ce jour-là à Édimbourg pour m'y faire saigner, à
moins que vous n'en ordonniez autrement. Il est plus gai
qu'à l'ordinaire, et il se porte mieux que jamais. Il me
dit tout ce qu'il peut pour me persuader qu'il m'aime ; il
a pour moi mille attentions, et il me prévient en tout :
tout cela m'est si agréable, que je n'entre jamais chez lui
que mon mal de côté ne me reprenne, tant sa compagnie
me pèse. Si Pâris m'apportait ce que je lui ai demandé,
je serais bientôt guérie. Si vous n'êtes point encore de retour lorsque j'irai où vous savez, écrivez-moi, je vous
prie, et mandez-moi ce que vous voulez que je fasse : car
si vous ne conduisez les choses avec prudence, je prévois
que tout le fardeau tombera sur moi : examinez tout et
pesez mûrement la chose. Je vous envoie ma lettre par
Beton, qui partira le jour qui a été assigné à Balfour. Il ne
me reste plus qu'à vous prier de m'informer de votre voyage.

» Glascow, ce samedi matin. »

TROISIÈME LETTRE.

« Je me suis arrêtée où vous savez plus long-temps
que je n'aurais fait, si ce n'eût été pour tirer de lui une
chose que le porteur de ces présentes vous apprendra :
c'est là une belle occasion d'envelopper tous nos desseins :
je lui ai promis d'amener demain la personne que vous
savez. Prenez soin du reste, si vous le trouvez bon,

CRIMES CÉLÈBRES.

Hélas ! j'ai manqué à nos conventions ; car vous m'avez défendu de vous écrire, ou de vous dépêcher un courrier. Au reste, mon dessein n'est point de vous offenser : si vous saviez de quelles craintes je suis agitée, vous n'auriez pas vous-même tant d'ombrages et de soupçons. Mais je les prends en bonne part, persuadée que je suis qu'ils n'ont d'autres principes que l'amour, amour que j'estime plus que tout ce qui est sous le ciel.

» Mes sentimens et mes bienfaits me sont de sûrs garans de cet amour, et me répondent de votre cœur ; ma confiance est entière sur cet article ; mais expliquez-vous, de grâce, et ouvrez-moi votre ame ; autrement, je craindrai que, par la fatalité de mon étoile, et par l'influence trop heureuse des astres sur des femmes moins tendres et moins fidèles que moi, je ne sois supplantée dans votre cœur, comme Médée le fut dans celui de Jason, non que je veuille vous comparer à un amant aussi infortuné que Jason, et me mettre en parallèle avec un monstre tel que Médée, quoique vous ayez assez d'influence sur moi pour me forcer à lui ressembler toutes les fois que l'exigera notre amour, et qu'il s'agira de me conserver votre cœur, qui m'appartient, et qui n'appartient qu'à moi seule ; car j'appelle m'appartenir ce que j'ai acheté par l'amour tendre et constant dont j'ai brûlé pour vous, amour aujourd'hui plus vif que jamais, et qui ne finira qu'avec ma vie ; amour enfin qui me fait mépriser et les dangers et les remords qui en seront peut-être les tristes suites. Pour prix de ce sacrifice, je ne vous demande qu'une grâce, c'est de vous souvenir d'un lieu qui n'est pas loin d'ici : je n'exige

MARIE STUART.

pas que vous teniez demain votre promesse ; mais je veux vous voir, afin de dissiper vos soupçons. Je ne demande qu'une chose à Dieu : c'est qu'il vous fasse lire dans mon cœur, qui est moins à moi qu'à vous, et qu'il vous préserve de tout malheur, du moins pendant ma vie : cette vie ne m'est chère qu'autant qu'elle vous plaît et que je vous plais moi-même. Je vais me remettre au lit : adieu ; donnez-moi demain matin de vos nouvelles ; car je serai inquiète jusqu'à ce que j'en aie Semblable à l'oiseau échappé de sa cage, ou à la tourterelle qui a perdu son compagnon, je serai seule à pleurer votre absence, si courte qu'elle puisse être. Cette lettre, plus heureuse que moi, ira ce soir où je ne puis aller, pourvu que le courrier ne vous trouve point endormi, comme je le crains. Je n'ai point osé l'écrire en présence de Joseph, de Sébastien et de Joachim, qui ne faisaient que de me quitter quand je l'ai commencé. »

Ainsi qu'on le voit, et en supposant toujours ces lettres réelles, Marie s'était prise pour Bothwell d'une de ces passions insensées, d'autant plus fortes, chez les femmes qui y sont en proie, que l'on comprend moins ce qui a pu les inspirer : Bothwell n'était plus jeune, Bothwell n'était point beau, et cependant Marie lui sacrifiait un jeune époux, qui passait pour un des plus beaux hommes de son siècle. C'était comme une espèce de magie.

Aussi Darnley, seul obstacle à la réunion des deux amans, avait-il été condamné déjà depuis long-temps, sinon par Marie, du moins par Bothwell ; mais comme la force de son tempérament avait triomphé du poison, on chercha un autre genre de mort.

CRIMES CÉLÈBRES.

La reine, ainsi qu'elle l'annonce dans sa lettre à Both-well, avait refusé de ramener Darnley avec elle, et était revenue seule à Édimbourg. Arrivée en cette ville, elle donna ordre que le roi fût transporté à son tour dans une litière; mais, au lieu de le faire conduire à Stirling ou à Ho-lyrood, elle décida qu'il serait logé dans l'abbaye de l'église des Champs. Le roi fit quelques difficultés lorsqu'il connut cette disposition; cependant, comme il n'avait aucun pou-voir de s'y opposer, il se contenta donc de se plaindre de la solitude de la demeure qu'on lui assignait; mais la reine lui fit répondre qu'elle ne pouvait le recevoir en ce moment, ni à Holyrood, ni à Stirling, de peur, si sa maladie était conta-gieuse, qu'il ne la communiquât à son fils : force fut donc à Darnley de se contenter du séjour qu'on lui assignait.

C'était une abbaye isolée, et peu faite par sa position pour dissiper les craintes que le roi avait conçues; car elle était située entre deux églises ruinées et deux cimetières : la seule maison qui en fût distante d'un trait d'arbalète à peu près appartenait aux Hamilton, et comme ils étaient les ennemis mortels de Darnley, le voisinage n'était rien moins que rassurant; plus loin, vers le nord, s'élevaient quelques méchantes cabanes, que l'on appelait le carre-four des Voleurs. En faisant le tour de son nouveau domi-cile, Darnley s'aperçut que deux trous assez grands pour donner chacun passage à un homme avaient été pratiqués dans les murs; il demanda que ces trous, par lesquels des malfaiteurs pouvaient s'introduire, fussent bouchés : on promit d'y envoyer des maçons; mais on n'en fit rien, et les trous restèrent libres et ouverts.

MARIE STUART.

Le lendemain de son arrivée à Kirchfield, le roi aperçut de la lumière dans cette maison voisine de la sienne, et qu'il croyait déserte : il s'informa le lendemain, à Alexandre Durham, d'où elle venait et il apprit que l'archevêque de Saint-André avait, sans qu'on sût pourquoi, quitté son palais d'Édimbourg, et habitait là depuis la veille : cette nouvelle augmenta encore les inquiétudes du roi, l'archevêque de Saint-André étant un de ses ennemis les plus déclarés.

Le roi, abandonné peu à peu de tous ses serviteurs, habitait le premier étage d'un petit pavillon isolé, n'ayant auprès de lui que ce même Alexandre Durham, que nous avons déjà nommé, et qui était son valet de chambre. Darnley, qui avait une amitié toute particulière pour lui, et qui d'ailleurs, comme nous l'avons dit, craignait à tout instant quelque tentative contre sa vie, lui avait fait transporter son lit dans son appartement; de sorte que tous deux couchaient dans la même chambre.

Dans la nuit du 8 février, Darnley réveilla Durham : il lui semblait entendre marcher dans l'appartement au-dessous de lui; Duram se leva, prit une épée d'une main, une bougie de l'autre, et descendit au rez-de-chaussée ; mais, quoique Darnley fût bien certain de ne s'être pas trompé, Durham remonta un instant après en disant qu'il n'avait vu personne.

La matinée du lendemain se passa sans rien amener de nouveau. La reine mariait un de ses domestiques, nommé Sébastien : c'était un Auvergnat qu'elle avait ramené avec elle de France et qu'elle aimait beaucoup. Ce-

pendant, comme le roi lui fit dire qu'il y avait deux jours
qu'il ne l'avait vue, elle quitta vers les six heures du soir
la noce, et vint lui faire une visite, accompagnée de la
comtesse d'Argyle et de la comtesse de Huntly. Pendant
qu'elle était là, Durham, en apprêtant son lit, mit le feu à
sa paillasse, qui fut brûlée, ainsi qu'une partie du matelas:
ce qui fit que, les ayant jetés tout enflammés par la fenêtre, de peur que le feu ne se communiquât aux autres
meubles, il se trouva sans lit, et demanda la permission
de revenir coucher à la ville; mais Darnley, qui se rappelait ses terreurs de la nuit précédente, et qui s'étonnait
de cette promptitude qu'avait mise Durham à jeter toute
sa literie par la fenêtre, le pria de ne point s'éloigner,
lui offrant un de ses matelas, ou bien même de le recevoir
dans son propre lit. Cependant, malgré cette offre, Durham insista, disant qu'il se sentait indisposé, et qu'il
était bien aise de voir le même soir un médecin. La
reine alors intercéda pour Durham, et promit à Darnley, de lui envoyer un autre valet de chambre pour
passer la nuit près de lui; force fut alors à Darnley de
céder, et, s'étant fait répéter par Marie qu'elle lui enverrait quelqu'un, il donna pour ce soir le congé à Durham. En ce moment, Pâris, dont la reine parle dans ses
lettres, entra : c'était un jeune Français qui était depuis quelques années en Écosse, et qui, après avoir servi
chez Bothwell et Seyton, était actuellement à la reine.
En le voyant elle se leva, et comme Darnley voulait la
retenir encore : — Vraiment, dit-elle, c'est impossible,
mylord : j'ai déjà quitté, pour vous venir voir, la noce

MARIE STUART.

de ce pauvre Sébastien, et il faut que j'y retourne; car j'ai
promis de venir masquée à son bal. — Le roi n'osa point
insister; il lui rappela seulement la promesse qu'elle avait
faite de lui envoyer un domestique; Marie la lui renouvela encore une fois, et sortit avec sa suite. Quant à
Durham, il était parti du moment où il en avait reçu la
permission.

Il était neuf heures du soir : Darnley, resté seul, ferma
avec soin ses portes en dedans, et se coucha, quitte à se
lever pour aller ouvrir au domestique qui devait venir passer la nuit près de lui. Il était à peine au lit, que le même
bruit qu'il avait entendu la veille se renouvela : cette fois
Darnley écoutait avec toute l'attention de la crainte; et
bientôt il n'eut plus de doute que plusieurs hommes ne
marchassent au-dessous de lui. Appeler était inutile, sortir était dangereux ; attendre était le seul parti qui restât
au roi. Il s'assura de nouveau que ses portes étaient bien
fermées, mit son épée sous le chevet de son lit, éteignit
sa lampe, de peur que sa lueur ne le dénonçât, et attendit
en silence l'arrivée de son domestique; mais les heures
s'écoulèrent, et le domestique ne vint pas.

A une heure du matin, Bothwell, après avoir causé
assez long-temps avec la reine, en présence du capitaine
des gardes, était rentré chez lui pour changer de costume; quelques minutes après, il en sortit enveloppé d'un
large manteau de housard allemand, traversa le corps de
garde et se fit ouvrir la porte du château : une fois dehors,
il s'achemina en toute hâte vers Kirchfield, où il pénétra
par l'ouverture de la muraille; à peine eut-il fait quel-

ques pas dans le jardin, qu'il y rencontra Jacques Balfour, gouverneur du château.

— Eh bien! lui dit-il, où en sommes nous?

— Tout est prêt, répondit Balfour; et nous vous at-
tendions pour mettre le feu à la mèche.

— C'est bien, reprit Bothwell; mais auparavant je
veux m'assurer qu'il est dans sa chambre.

A ces mots, Bothwell ouvrit la porte du pavillon avec
une fausse clef, et, ayant monté l'escalier à tâtons, il alla
écouter à la porte de Darnley. N'entendant plus de bruit,
il avait fini par s'endormir, mais d'un sommeil dont sa
respiration saccadée indiquait l'agitation. Peu importait
à Bothwell de quel sommeil il dormait, pourvu qu'il fût
bien réellement dans sa chambre : il redescendit donc en
silence, comme il était monté, et, prenant une lanterne
des mains d'un des conjurés, il entra lui-même dans la salle
basse pour voir si tout était bien disposé; cette salle était
pleine de barils de poudre, et une mèche préparée n'attendait plus qu'une étincelle pour communiquer sa flamme
au volcan. Bothwell se retira alors au fond du jardin avec
Balfour, David, Chambers et trois ou quatre autres, laissant un homme pour mettre le feu à la mèche. Au bout
d'un instant cet homme vint les joindre.

Il y eut alors quelques minutes d'anxiété, pendant lesquelles les cinq hommes se regardèrent en silence et
comme effrayés d'eux-mêmes : puis, voyant que rien n'é-
clatait, Bothwell se retourna avec impatience du côté de
l'artificier, lui reprochant d'avoir, par peur sans doute, mal
rempli son office. Celui-ci assura son maître qu'il était

MARIE STUART.

certain que tout était en bon état, et comme Bothwell, impatient, voulait rentrer lui-même dans la maison pour s'en assurer, il offrit de retourner voir où cela en était. En effet, il revint jusqu'au pavillon, et, passant sa tête par une espèce de soupirail, il aperçut la mèche qui brûlait encore. Quelques secondes après, Bothwell le vit revenir en courant et en faisant signe que tout allait bien : au même moment une détonnation terrible se fit entendre, le pavillon vola en débris, la ville et le golfe s'illuminèrent d'une clarté qui surpassait la lumière du jour le plus vif : puis tout rentra dans la nuit, et le silence ne fut plus interrompu que par la chute des pierres et des solives, qui retombaient aussi pressées que la grêle dans un ouragan.

Le lendemain on retrouva le corps du roi dans un jardin du voisinage ; il avait été garanti de l'action du feu par les matelas sur lesquels il était couché, et comme sans doute, dans sa terreur, il s'était seulement jeté sur son lit, enveloppé dans sa robe de chambre et ses pantoufles aux pieds, et qu'il fut retrouvé ainsi, moins ses pantoufles jetées à quelques pas de lui, on crut qu'il avait été étranglé d'abord, puis porté là : mais la version la plus probable fut que les meurtriers s'en étaient tout simplement rapportés à la poudre, auxiliaire assez puissant par lui-même pour qu'on n'ait pas la crainte qu'il manque son effet.

La reine était-elle ou non complice ? c'est ce que personne n'a jamais su, qu'Elle, Bothwell et Dieu ; mais, complice ou non, sa conduite, imprudente cette fois comme toujours, donna à l'accusation que ses ennemis portèrent

CRIMES CÉLÈBRES.

contre elle, sinon la consistance, du moins l'aspect de
la vérité. A peine eut-elle appris cette nouvelle, qu'elle
ordonna que le corps fût apporté devant elle, et que, l'ayant
fait étendre sur un banc, elle l'examina quelques instans
avec plus de curiosité que de douleur; puis le cadavre, embaumé, fut déposé le même soir et sans pompe à côté de
celui de Rizzio.

Le cérémonial d'Écosse prescrivait aux veuves des rois
de se retirer pendant quarante jours dans une chambre
entièrement fermée à la lumière du ciel : le douzième
jour Marie fit ouvrir ses fenêtres, et le quinzième partit
avec Bothwell pour Seyton, maison de campagne située
à deux lieues de la capitale, où l'ambassadeur de France,
Ducroc, alla la trouver, et lui fit des remontrances qui
la déterminèrent à revenir à Édimbourg; mais, au lieu
des acclamations qui accueillaient ordinairement sa venue,
elle y fut reçue par un silence de glace, et une seule femme
dans la foule s'écria : — Dieu la traite comme elle mérite !

Le nom des meurtriers n'était point un secret pour
le peuple. Bothwell ayant porté à un tailleur un magnifique habit trop grand pour lui, en le chargeant de le re-
faire à sa taille, l'ouvrier le reconnut pour avoir appartenu au roi : — C'est juste, dit-il, l'habitude est que le
bourreau hérite du patient.

Cependant le comte de Lennox, soutenu par les murmures du peuple, demandait hautement justice de la mort
de son fils, et se portait comme accusateur contre ses
meurtriers. La reine fut donc forcée, pour apaiser le cri
paternel et le ressentiment public, d'ordonner au comte

MARIE STUART.

d'Argyle, grand justicier du royaume, de faire des informations; le même jour où cet ordre fut donné, une proclamation fut affichée dans les rues d'Édimbourg, dans laquelle la reine promettait deux mille livres sterling à quiconque donnerait connaissance des meurtriers du roi. Le lendemain, partout où ce monitoire avait été affiché, on trouva un autre placard ainsi conçu :

« Comme il a été publié que ceux qui feraient connaître les meurtriers du roi auraient deux mille livres sterling, moi, qui ai fait de bonnes perquisitions, affirme que les auteurs du meurtre sont le comte de Bothwell, Jacques Balfour, le curé de Flitz, David, Chambers, Blacmester, Jean Spens et la reine elle-même. » Ce placard fut déchiré; mais, comme cela arrive ordinairement, il avait déjà été lu par toute la population.

Le comte de Lennox accusait Bothwell, et la voix publique, qui l'accusait comme lui, le secondait avec une telle violence, que Marie fut contrainte de le laisser mettre en jugement : seulement toutes les mesures furent prises pour ôter à l'accusateur le moyen de convaincre l'accusé. Le 28 mars le comte de Lennox reçut avis que le 12 avril était fixé pour le jugement : c'était quatorze jours qu'on lui accordait pour rassembler des preuves mortelles contre l'homme le plus puissant de toute l'Écosse; aussi le comte de Lennox, jugeant que ce procès n'était qu'une dérision, ne comparut-il point. Bothwell, au contraire, se rendit au tribunal, accompagné de cinq mille de ses partisans et de deux cents fusiliers d'élite, qui gardèrent les portes aussitôt qu'il y fut entré; de sorte qu'il paraissait bien plu-

CRIMES CÉLEBRES.

tôt un roi qui va violer les lois qu'un accusé qui vient s'y soumettre. Aussi arriva-t-il ce qui devait arriver, c'est-à-dire que le jury acquitta Bothwell du crime dont tout le monde, et les juges eux-mêmes, le savaient coupable.

Le jour du jugement, Bothwell fit afficher ce cartel :

« Quoique je sois suffisamment lavé du meurtre du roi, dont on m'a faussement accusé, cependant, pour mieux justifier mon innocence, je suis prêt de me battre contre quiconque osera avancer que j'ai tué le roi. »

Le lendemain on trouva affichée cette réponse :

« J'accepte le défi, pourvu que tu choisisses un lieu neutre. »

Cependant ce jugement était à peine rendu, que des bruits de mariage se répandirent entre la reine et le comte de Bothwell. Quelque étrange et quelque insensé que fût ce mariage, les relations des deux amans étaient si connues, que personne ne douta que ce ne fût la vérité. Mais comme tout était soumis à Bothwell, soit par crainte, soit par ambition, deux hommes seulement osèrent protester à l'avance contre cette union : l'un fut lord Herris, et l'autre Jacques Melvil.

Marie était à Stirling, lorsque lord Herris, profitant d'une absence momentanée de Bothwell, vint se jeter à ses pieds, la suppliant de ne point se perdre d'honneur en épousant le meurtrier de son mari; ce qui ne manquerait pas de convaincre ceux qui en doutaient encore qu'elle était sa complice. Mais la reine, au lieu de remercier Herris de ce dévouement, parut fort étonnée de sa hardiesse, et, lui faisant dédaigneusement signe de se relever, lui répondit

MARIE STUART.

froidement que son cœur ne lui disait rien pour le comte de Bothwell, et que, si jamais elle se remariait, ce qui n'était point probable, elle n'oublierait ni ce qu'elle devait à son peuple ni ce qu'elle se devait à elle-même.

Melvil ne se laissa point décourager par ce précédent, et feignit d'avoir reçu une lettre qu'un de ses amis, nommé Thomas Bishop, lui écrivait d'Angleterre. Il montra cette lettre à la reine; mais Marie, aux premières lignes, reconnut le style et surtout l'amitié de son ambassadeur, et donnant la lettre au comte de Lidington, qui était présent :

— Voilà, lui dit-elle, une lettre fort singulière. Lisez-la. C'est un tour de la façon de Melvil.

Lidington jeta les yeux sur la lettre; mais, parvenu à la moitié à peine, il prit Melvil par la main, et l'entraînant dans l'embrasure d'une fenêtre :

— Mon cher Melvil, lui dit-il, vous étiez fou, certainement, quand tout-à-l'heure vous avez communiqué cette lettre à la reine; car, dès que le comte de Bothwell en aura connaissance, et ce ne sera pas long, il vous fera assassiner. Vous avez agi en honnête homme, c'est vrai; mais, à la cour, mieux vaut agir en homme habile. Retirez-vous donc au plus vite; c'est moi qui vous le dis.

Melvil ne se fit point répéter cet avis, et s'absenta huit jours. Lidington ne s'était pas trompé; à peine Bothwell était-il de retour près de la reine, qu'il sut tout ce qui s'était passé. Il éclata alors en imprécations contre Melvil et le fit chercher partout; mais il ne put le trouver.

Ce commencement d'opposition, si faible qu'il fût, n'en inquiéta pas moins Bothwell, qui, sûr de l'amour de Marie, résolut de brusquer les choses. En conséquence, comme la reine revenait de Stirling à Édimbourg, quelques jours après les scènes que nous venons de raconter, Bothwell parut tout-à-coup au pont de Crammont avec mille cavaliers, et, ayant fait désarmer le comte de Huntly, Lidington et Melvil, qui était revenu près de sa maîtresse, il saisit le cheval de la reine par la bride, et, avec une violence apparente, il força Marie de rebrousser chemin et de le suivre à Dumbar ; ce que la reine fit sans aucune résistance, chose étrange de la part d'une personne du caractère de Marie.

Le lendemain, les comtes de Huntly, Lidington, Melvil et les gens de leur suite furent remis en liberté ; puis, dix jours après, Bothwell et la reine, parfaitement réconciliés, revinrent ensemble à Édimbourg.

Le surlendemain de ce retour, Bothwell donna dans une taverne un grand dîner aux nobles ses partisans. Après le repas, sur la table même où il avait eu lieu, et au milieu des verres à moitié vides et des bouteilles renversées, Lindsay, Ruthwen, Morton, Maitland, et douze ou quinze autres seigneurs, signèrent un acte qui déclarait non seulement que, dans leur âme et conscience, Bothwell était innocent, mais encore qui le désignait à la reine comme l'époux qui lui convenait. Cet acte était terminé par cette déclaration assez étrange :

« Après tout, la reine ne peut faire autrement, puisque le comte l'a enlevée et a couché avec elle. »

MARIE STUART.

Cependant deux choses s'opposaient encore à ce mariage : la première, c'est que Bothwell était déjà marié trois fois, et que ses trois femmes étaient vivantes; la seconde était qu'ayant enlevé la reine, cette violence pouvait faire regarder comme nulle l'alliance qu'elle contracterait avec lui: on s'occupa d'abord de la première de ces difficultés, comme la plus difficile à résoudre.

Les deux premières femmes de Bothwell étaient de naissance obscure; par conséquent, on dédaigna de s'inquiéter d'elles. Mais il n'en était point ainsi de la troisième, fille du comte Huntly, le même qui avait été écrasé sous les pieds des chevaux, et sœur de Gordon, qui avait eu la tête tranchée. Heureusement pour Bothwell que ses déportemens passés faisaient désirer le divorce à sa femme avec autant d'ardeur qu'il le poursuivait lui-même. On n'eut donc point de peine à la décider à porter une plainte en adultère contre son mari. Bothwell avoua qu'il avait eu un commerce criminel avec une parente de sa femme, et l'archevêque de Saint-André, le même qui était venu se loger dans cette maison solitaire de Kirchfield pour assister à la mort de Darnley, prononça la sentence de dissolution. Le procès fut intenté, pour suivi et jugé en dix jours.

Quant au second obstacle, relatif à la violence employée vis-à-vis de la reine, Marie se chargea de le lever elle-même; car, s'étant transportée au tribunal, elle déclara que non-seulement elle pardonnait à Bothwell la conduite qu'il avait tenue à son égard, mais encore que le reconnaissant pour un bon et fidèle sujet, elle comp-

CRIMES CÉLÈBRES.

tait l'élever incessamment à de nouveaux honneurs. En effet, quelques jours après elle le créa duc d'Orkeney, et le 15 du même mois, c'est-à-dire quatre mois à peine après la mort de Darnley, avec une légèreté qui tenait de la folie, Marie, qui avait sollicité une dispense pour épouser un prince catholique, son parent au troisième degré, épousa Bothwell, parvenu protestant, qui, outre son divorce, était encore bigame, et qui se trouva ainsi avoir quatre femmes vivantes, y compris la reine.

Les noces furent tristes, et comme il convenait à une fête donnée sous de si sanglans auspices. Morton, Maitland et quelques bas flatteurs de Bothwell y assistèrent seuls. L'ambassadeur de France, quoiqu'il fût une créature de la maison de Guise, dont était la reine, refusa de s'y trouver.

L'illusion de Marie fut courte : à peine au pouvoir de Bothwell, elle vit quel maître elle s'était donné. Grossier, brutal et violent, il semblait choisi par la Providence pour être le vengeur des fautes dont il avait été l'instigateur ou le complice. Bientôt ses emportemens arrivèrent à un tel point, qu'un jour, ne pouvant plus les supporter, Marie s'empara du poignard d'Areskine, qui était présent avec Melvil à une de ces scènes, et voulut s'en frapper, disant qu'elle aimait mieux mourir que de continuer de vivre malheureuse comme elle était; et cependant, chose inexplicable, malgré ces duretés sans cesse renouvelées, Marie, oubliant qu'elle était femme et reine, revenait toujours la première à Bothwell, tendre et soumise comme un enfant.

MARIE STUART.

Néanmoins ces scènes publiques donnèrent un prétexte aux nobles, qui ne cherchaient qu'une occasion d'éclater. Le comte de Mar, gouverneur du jeune prince, Argyle Athole, Glaincairn, Lindley, Boyd, et jusqu'à Morton et Maitland eux-mêmes, ces complices éternels de Bothwell, se soulevèrent pour venger, dirent-ils, la mort du roi, et pour tirer le fils des mains qui avaient fait mourir le père et retenaient la mère captive. Quant à Murray, il s'était complètement effacé pendant tous les derniers événemens, étant dans le comté de Fife lorsque le roi fut assassiné, et trois jours avant le procès de Bothwell, ayant sollicité et obtenu de sa sœur la permission d'aller faire un voyage sur le continent.

L'insurrection avait eu lieu d'une manière si prompte et si instantanée, que les seigneurs confédérés, dont le plan était de s'emparer par surprise de Marie et de Bothwell, pensèrent y réussir du premier coup. Le roi et la reine étaient à table chez lord Borthwick, qui leur donnait une fête, lorsque tout-à-coup on annonça qu'une troupe considérable d'hommes armés entourait le château. Les deux époux se doutèrent que c'était à eux que l'on en voulait, et comme ils n'avaient aucun moyen de résistance, Bothwell prit les habits d'un écuyer, Marie ceux d'un page, et tous deux, montant aussitôt à cheval, s'échappèrent par une porte, tandis que déjà les confédérés entraient par l'autre. Les fugitifs se retirèrent à Dumbar.

Là ils convoquèrent tous les amis de Bothwell, et leur firent signer une espèce de confédération par laquelle ils s'engageaient à défendre la reine et son mari. Sur ces entrefaites, Murray arriva de France, et Bothwell lui présenta, comme aux autres, l'acte d'association; mais Murray refusa d'y apposer sa signature, disant que c'était lui faire insulte, que de croire qu'il avait besoin d'être tenu par un engagement écrit lorsqu'il s'agissait de défendre sa sœur et sa reine. Ce refus ayant amené une altercation entre lui et Bothwell, Murray, fidèle à son système de neutralité, se retira dans son comté, et laissa les affaires suivre sans lui la pente fatale qu'elles avaient prise.

Cependant les confédérés, après avoir manqué leur coup à Borthwick, ne se sentant point assez forts pour aller attaquer Bothwell à Dumbar, marchèrent sur Édimbourg, où ils avaient des intelligences avec un homme dont Bothwell se croyait sûr. Cet homme était Jacques Balfour, commandant de la citadelle, le même qui avait présidé à la confection de la mine qui avait fait sauter Darnley, et que Bothwell avait rencontré en entrant dans le jardin de Kirchfield. Non seulement Balfour livra la citadelle d'Édimbourg entre les mains des confédérés, mais encore il leur remit un petit coffret d'argent, dont le chiffre, qui était un F couronné, indiquait qu'il venait de François II; et, en effet, c'était un cadeau de son premier mari, dont la reine avait fait don à Bothwell. Balfour assura que ce coffret renfermait des papiers précieux qui, dans les circonstances présentes pouvaient être aux ennemis de Marie d'une grande utilité. Les lords confédérés l'ouvrirent, et y trouvèrent les trois lettres vraies ou fausses que nous avons citées, le contrat de mariage des deux époux, et douze pièces de vers de la main de la reine.

MARIE STUART.

Comme l'avait dit Balfour, c'était là, pour les ennemis de Marie, une riche et précieuse trouvaille, et qui valait mieux qu'une victoire; car une victoire ne leur livrait pas la vie de la reine, tandis que la trahison de Balfour leur livrait son honneur.

Pendant ce temps, Bothwell avait fait des levées et se croyait en état de tenir la campagne : en conséquence, il se mit en route avec son armée, sans même attendre les Hamilton, qui réunissaient leurs vassaux, et le 15 juin 1567 les deux partis opposés se trouvèrent en présence. Marie, qui voulait tâcher d'éviter l'effusion du sang, envoya aussitôt aux lords confédérés l'ambassadeur de France, pour les exhorter à mettre bas les armes ; mais ceux-ci répondirent « que la reine se trompait en les prenant pour des rebelles ; que ce n'était point contre elle qu'ils marchaient, mais contre Bothwell. » Alors les amis du roi firent ce qu'ils purent pour rompre les négociations et engager le combat : il était déjà trop tard, les soldats savaient qu'ils défendaient la cause d'un homme, et qu'ils allaient se battre pour le caprice d'une femme et non pour le bien du pays : ils crièrent donc hautement que, « puisque c'était à Bothwell seul que l'on en voulait, c'était à Bothwell de défendre sa cause. » Et celui-ci, vaniteux et rodomont comme toujours, fit publier alors qu'il était prêt à prouver son innocence les armes à la main contre quiconque oserait soutenir qu'il était coupable. A l'instant même, tout ce qu'il y avait de noblesse dans le camp opposé accepta le cartel ; et comme on cédait la place aux plus vaillans, Kirkaldi de Lagrange,

CRIMES CÉLÈBRES

Murray de Tullibardin et lord Lindsay de Byres le défièrent successivement. Mais, soit que le courage l'abandonnât, soit qu'au moment du danger, il ne crut pas lui-même à la justice de sa cause, il chercha, pour éluder le combat, des prétextes si étranges, que la reine elle-même en eut honte et que ses amis les plus dévoués en murmurèrent.

Alors Marie, voyant la disposition fatale où étaient les esprits, résolut de ne point tenter les risques d'une bataille. Elle envoya donc un héraut à Kirkaldi de Lagrange, qui commandait un poste avancé, et comme celui-ci s'avançait sans défiance pour s'entretenir avec la reine, Bothwell, furieux de sa propre lâcheté, donna ordre à un soldat de tirer sur lui; mais cette fois Marie elle-même s'interposa, défendant, sous peine de mort, qu'il lui fût fait la moindre violence. En même temps, comme l'ordre imprudent donné par Bothwell s'était répandu dans l'armée, de tels murmures éclatèrent, qu'il vit bien que sa cause était à jamais perdue.

C'est ce que pensa aussi la reine : car le résultat de sa conférence avec lord Kirkaldi fut qu'elle abandonnerait la cause de Bothwell, et passerait dans le camp des confédérés, à condition qu'ils mettraient bas les armes devant elle, et qu'ils la ramèneraient en reine à Édimbourg. De Lagrange alla porter les conditions aux nobles, et promit de revenir le lendemain avec une réponse satisfaisante.

Mais, au moment de quitter Bothwell, Marie fut reprise pour lui de cet amour fatal qu'elle ne put jamais surmonter, et se sentit atteinte d'une telle faiblesse, que,

MARIE STUART.

pleurant à chaudes larmes, et aux yeux de tous, elle voulut faire dire à Lagrange qu'elle rompait toute négocia-
tion ; mais comme Bothwell avait compris qu'il n'était
plus en sûreté dans le camp, ce fut lui-même qui insista
pour que les choses restassent dans l'état où elles étaient ;
et, laissant Marie éplorée, il monta à cheval, et s'éloignant,
à franc étrier, il ne s'arrêta qu'à Dumbar.

Le lendemain, à l'heure dite, les trompettes qui pré-
cédaient lord Kirkaldi de Lagrange annoncèrent son arrivée. Marie monta aussitôt à cheval et alla au-devant
de lui ; puis, comme il avait mis pied à terre pour la saluer : Mylord, dit-elle, je me rends à vous, aux conditions que vous m'avez proposées de la part des nobles, et
voici ma main en signe de parfaite confiance. — Alors
Kirkaldi mit un genou en terre, baisa respectueusement
la main de la reine ; puis, se relevant, il prit son cheval
par la bride, et le conduisit vers le camp des confédérés.

Tout ce qu'il y avait de seigneurie et de noblesse dans
l'armée la reçut avec des marques de respect telles qu'elle
n'en pouvait demander de plus grandes ; mais il n'en fut
pas de même des soldats et des communes gens. A peine
la reine fut-elle arrivée à la seconde ligne, qui était fermée
par eux, qu'il s'éleva de grands murmures et que plusieurs
voix crièrent : « Au bûcher, l'adultère ! au bûcher, la
parricide ! » Cependant Marie supporta assez stoïquement
ces outrages ; mais elle était réservée à une épreuve plus
terrible encore. Tout-à-coup elle vit se dresser devant
elle une bannière sur laquelle était peint d'un côté le roi
mort et étendu dans le fatal jardin, et de l'autre le jeune

CRIMES CÉLÈBRES.

prince à genoux, les mains jointes et les yeux au ciel, avec cette devise : « O Seigneur ! juge et venge ma cause ! » Marie arrêta son cheval tout court à cette vue, et voulut retourner en arrière ; mais à peine eut-elle fait quelques pas, que la bannière accusatrice lui ferma de nouveau le passage. Partout où elle alla, elle rencontra cette fatale apparition. Sans cesse, pendant deux heures, elle eut devant les yeux et le cadavre du roi demandant vengeance, et le jeune prince, son fils, priant Dieu de punir les meurtriers. Enfin elle ne put supporter plus long-temps cette vue, et, jetant un cri, elle se renversa en arrière, ayant complètement perdu connaissance, et prête à tomber, si on ne l'avait retenue.

Le soir, elle entra à Édimbourg, toujours précédée de cette cruelle bannière ; elle avait déjà plus l'air d'une prisonnière que d'une reine ; car, n'ayant pas eu un instant de la journée à donner à sa toilette, ses cheveux retombaient épars sur ses épaules ; son visage était pâle et portait la trace de larmes ; enfin ses vêtemens étaient couverts de poussière et de boue. Là, et à mesure qu'elle avançait dans la ville, les huées de la populace et les malédictions de la multitude la poursuivirent. Enfin, à demi morte de fatigue, brisée de douleur, courbée de honte, elle arriva dans la maison du lord-prevôt ; mais à peine y fut-elle, que toute la population d'Édimbourg se pressa sur la place, avec des cris qui de temps en temps prenaient un caractère de menace effrayant. Plusieurs fois alors Marie voulut s'approcher de la fenêtre, espérant que son aspect, dont elle avait si souvent éprouvé l'in-

MARIE STUART.

fluence, désarmerait toute cette multitude ; mais à chaque
fois elle vit, comme un rideau sanglant, se déployer entre
elle et le peuple cette bannière, traduction terrible des
sentimens de la multitude.

Cependant toute cette haine s'adressait encore plutôt à
Bothwell qu'à elle ; c'était Bothwell que l'on poursuivait
dans la veuve de Darnley. Les malédictions étaient pour
Bothwell : Bothwell était l'adultère, Bothwell était le
meurtrier, Bothwell était le lâche ; tandis que Marie était
la femme faible et fascinée, qui, le soir même, donna
une nouvelle preuve de sa folie.

En effet, aussitôt que la nuit en s'avançant eut dis-
persé cette multitude, et qu'un peu de silence se fut réta-
bli, Marie, cessant d'être agitée pour son propre compte,
revint aussitôt à Bothwell, qu'elle avait été obligée d'abandonner, et qui à cette heure était proscrit et fugitif ; tandis qu'elle, à ce qu'elle croyait, allait reprendre son titre
et son rang de reine. Avec cette éternelle confiance de
la femme en son propre amour, auquel elle mesure toujours l'amour d'autrui, elle pensa que la plus grande douleur de Bothwell n'était point d'avoir perdu la richesse et
la puissance, mais de l'avoir perdue, elle. Elle lui écrivit
donc une longue lettre, où, s'oubliant elle-même, elle
lui promettait, avec les expressions de l'amour le plus
tendre, de ne jamais l'abandonner et de le rappeler auprès d'elle aussitôt que la séparation des lords confédérés
lui en donnerait le pouvoir ; puis cette lettre écrite, elle
appela un soldat, lui donna une bourse pleine d'or, et le
chargea d'aller porter cette lettre à Dumbar. où devait

CRIMES CÉLÈBRES.

être Bothwell, et, s'il en était déjà parti, de le suivre jusqu'à ce qu'il le rejoignît.

Alors elle se coucha et s'endormit plus tranquille ; car, toute malheureuse qu'elle était, elle croyait qu'elle venait d'adoucir des malheurs encore plus grands que les siens.

Le lendemain, la reine fut réveillée par le pas d'un homme armé qui entrait dans sa chambre. Étonnée et effrayée à la fois de cet oubli des convenances, qui ne lui indiquait rien de bon, Marie se souleva sur son lit, et, en écartant les rideaux, aperçut, debout, devant elle, lord Lindsay de Byres : c'était, elle le savait, un de ses plus vieux et de ses plus anciens ennemis ; aussi lui demanda-t-elle, d'une voix qu'elle essayait vainement de rendre assurée, ce qu'il voulait d'elle à une pareille heure.

— Connaissez-vous cet écrit, madame? demanda lord Lindsay d'une voix rude, en présentant à la reine la lettre qu'elle avait écrite pendant la nuit à Bothwell, et que le soldat avait portée aux lords confédérés, au lieu de la remettre à son adresse.

— Oui, sans doute, mylord, répondit la reine ; mais suis-je donc déjà prisonnière, que ma correspondance soit interceptée? ou bien n'est-il plus permis à une femme d'écrire à son mari?

— Quand le mari est un traître, répondit Lindsay, non, madame, il n'est plus permis à une femme d'écrire à son mari, à moins cependant que cette femme ne soit de moitié dans sa trahison ; ce qui me paraît, au reste, bien prouvé par la promesse que vous faites à ce misérable de le rappeler auprès de vous.

MARIE STUART.

— Mylord, s'écria Marie, interrompant Lindsay, vous oubliez que vous parlez à votre reine?

— Il y eut une époque, madame, répondit Lindsay, où je vous eusse parlé d'une voix plus douce et en inclinant les genoux, quoiqu'il ne soit point dans notre nature, à nous autres, vieux Écossais, de nous modeler sur vos courtisans de France; mais depuis quelque temps, grâce à vos changemens d'amours, vous nous tenez si souvent en campagne, le harnais sur le dos, que notre voix s'est enrouée à l'air glacé de la nuit, et que nos genoux raidis ne peuvent plus plier dans nos cuissards : il faut donc que vous me preniez tel que je suis, madame, aujourd'hui que, pour le bonheur de l'Écosse, vous n'êtes plus libre de choisir vos favoris.

Marie pâlit affreusement à ce manque de respect, auquel elle n'était point encore accoutumée; mais bientôt renfermant, autant qu'il lui était possible, sa colère en elle-même :

— Mais encore, mylord, dit-elle, si disposée que je sois à vous prendre tel que vous êtes, faut-il, au moins, que je sache à quel titre vous venez près de moi. Cette lettre, que vous tenez à la main me ferait penser que c'est comme espion, si votre facilité à entrer dans ma chambre sans y être demandé ne me portait à croire que c'est comme geôlier. Ayez donc la bonté de me dire duquel de ces deux noms il faut que je vous appelle.

— Ni de l'un ni de l'autre, madame : car je suis tout bonnement votre compagnon de route, le chef de l'escorte qui doit vous conduire au château de Lochleven,

CRIMES CÉLÈBRES.

votre future résidence. Et encore, à peine arrivé là, serai-je obligé de vous y laisser, pour venir aider les lords confédérés à choisir un régent au royaume.

— Ainsi, dit Marie, c'était comme prisonnière et non comme reine que je m'étais rendue à lord de Lagrange Les choses étaient convenues autrement, ce me semble ; mais je suis aise de voir combien de temps il faut à de nobles Écossais pour trahir les engagemens qu'ils ont jurés.

— Votre grâce oublie que ces engagemens étaient pris à une condition, reprit Lindsay

— Et à laquelle ? demanda Marie.

— C'est que vous vous sépareriez à tout jamais du meurtrier de votre mari ; et voilà qui fait foi, ajouta-t-il en montrant la lettre, que vous aviez oublié votre promesse avant que nous ne songions à révoquer la nôtre.

— Et pour quelle heure est fixé mon départ ? dit Marie, que cette discussion commençait à lasser.

— Pour onze heures, madame.

— C'est bien, mylord ; comme je ne veux pas faire attendre votre seigneurie, vous allez avoir la bonté, en vous retirant, de m'envoyer quelqu'un pour m'aider à m'habiller, à moins que je n'en sois réduite à me servir seule.

Et, en prononçant ces paroles, Marie fit un geste si impérieux, que, quelque envie qu'eût Lindsay de lui répondre, il s'inclina et sortit. Derrière lui Marie Seyton entra.

A l'heure dite la reine se trouva prête : elle avait tant

MARIE STUART.

souffert à Édimbourg, qu'elle en sortait sans aucun regret. Au reste, soit pour lui épargner les humiliations de la veille, soit pour dérober son départ à ce qui pourrait lui rester de partisans, une litière avait été préparée pour elle. Marie y monta sans aucune résistance, et après deux heures de route elle arriva à Duddington : là un petit bâtiment l'attendait, qui mit à la voile aussitôt qu'elle fut à bord, et le lendemain, au point du jour, elle débarquait de l'autre côté du golfe d'Édimbourg, dans le comté de Fife.

Marie ne fit halte au château de Rosithe que juste le temps qu'il lui fallait pour déjeuner; puis aussitôt elle se remit en route : car lord Lindsay avait déclaré qu'il voulait arriver ce même soir à sa destination. En effet, au moment où le soleil allait se coucher, Marie aperçut, dorées de ses derniers rayons, les hautes tours du château de Lochleven, situé sur une petite île au milieu du lac du même nom.

Sans doute, la royale prisonnière était déjà attendue au château de Lochleven ; car, en arrivant sur les bords du lac, l'écuyer de lord Lindsay déploya sa bannière, qui, jusque là, était restée dans son étui, et l'agita de droite à gauche pendant que son maître sonnait d'un petit cor de chasse qu'il portait suspendu à son côté. Aussitôt une barque se détacha de l'île et s'avança vers le cortége, mise en mouvement par quatre vigoureux rameurs, qui lui eurent bientôt fait franchir l'espace qui la séparait du rivage : Marie y monta toujours en silence, et s'assit à la poupe, tandis que lord Lindsay et son écuyer se tenaient debout devant elle ; et comme son conducteur ne paraissait pas plus disposé à parler qu'elle n'était disposée elle-même à lui répondre, elle eut tout le temps d'examiner sa future demeure.

Le château ou plutôt la forteresse de Lochleven, déjà passablement sombre par sa position et son architecture, empruntait encore une nouvelle tristesse de l'heure à laquelle elle apparaissait aux yeux de la reine. C'était, autant qu'elle en pouvait juger au milieu des vapeurs qui s'élevaient du lac, une de ces massives bâtisses du douzième siècle, qui semblent, tant elles sont bien fermées, les armures de pierre d'un géant : à mesure qu'elle en approchait, Marie commençait à distinguer les contours de deux grandes tours rondes qui flanquaient ses angles et lui donnaient le caractère sévère d'une prison d'état ; un bouquet de vieux arbres, qui, enfermé par une muraille élevée ou plutôt par un rempart, s'élevait vers sa face septentrionale, et semblait une végétation de pierre, complétait l'ensemble de cette triste demeure, tandis qu'au contraire, la vue, en s'écartant d'elle et en sautant d'îles en îles, allait se perdre à l'ouest, au nord et au midi dans la vaste plaine de Kinross, ou s'arrêter vers le sud aux cimes dentelées du Ben Lomond, dont les dernières collines venaient mourir sur les rives du lac.

Trois personnes attendaient Marie à la porte du château : c'était lady Douglas, Williams Douglas, son fils, et un jeune enfant de douze ans, que l'on appelait le petit Douglas, et qui n'était ni fils ni frère des habitans du château, mais seulement un parent éloigné. Comme on

MARIE STUART.

le pense bien, les complimens furent courts entre Marie
et ses hôtes, et la reine, conduite à son appartement, qui
était situé au premier et dont les fenêtres donnaient sur
le lac, fut bientôt laissée avec Marie Seyton, la seule de
ces quatre Maries à qui on eût permis de l'accompagner.

Cependant, si rapide qu'eût été l'entrevue, et quelque
courtes et mesurées que fussent les paroles échangées
entre la prisonnière et ses geôliers, Marie avait eu le temps,
d'après ce qu'elle en savait d'avance, de se faire une idée
assez exacte des personnages nouveaux qui venaient se
mêler à son histoire.

Lady Lochleven, femme de lord Williams Douglas,
dont nous avons déjà dit quelques mots au commencement
de cette histoire, était une femme de cinquante-cinq à
soixante ans, qui avait été assez belle dans sa jeunesse
pour fixer sur elle les regards du roi Jacques V, et qui en
avait eu un fils, qui était ce même Murray, que nous avons
déjà vu figurer si souvent dans l'histoire de Marie, et
qui, quoique sa naissance fût illégitime, avait toujours été
traité en frère par la reine. Un instant lady Lochleven
avait eu l'espoir, tant était grand l'amour du roi pour elle,
de devenir sa femme; ce qui, à tout prendre, était possible, la famille de Mar, dont elle descendait, étant l'égale
des plus vieilles et des plus nobles familles d'Écosse. Mais,
malheureusement, soit calomnie, soit médisance, quelques
propos qui avaient cours parmi les jeunes seigneurs de cette
époque revinrent aux oreilles de Jacques : on disait qu'en
même temps que son royal amant, la belle favorite en
avait un autre, qu'elle avait choisi, sans doute par curio-

CRIMES CÉLÈBRES.

sité, dans la dernière classe du peuple. On ajoutait que ce Porterfeld ou Porterfield était le véritable père de l'enfant, qui avait déjà reçu le nom de Jacques Stuart, et que le roi faisait élever comme son fils au monastère de Saint-André. Ces discours, vrais ou faux, avaient donc arrêté Jacques V au moment où, dans sa reconnaissance pour celle qui lui avait donné un fils, il était sur le point de l'élever au rang de reine; de sorte qu'au lieu de l'épouser lui-même, il l'avait invitée à faire un choix parmi les seigneurs de la cour; et comme elle était fort belle et que la faveur du roi accompagnait le mariage, ce choix, qui tomba sur lord Williams Douglas de Lochleven, n'éprouva de la part de celui-ci aucune résistance. Cependant, malgré cette protection directe, que Jacques V lui avait conservée toute sa vie, lady Douglas n'avait jamais pu oublier qu'elle avait touché du doigt à une plus haute fortune : aussi avait-elle pris en haine celle qui, selon elle, avait usurpé sa place, et la pauvre Marie avait naturellement hérité de l'animosité profonde que lady Douglas portait à sa mère, et qui s'était déjà fait jour dans les quelques paroles que les deux femmes avaient échangées entre elles. Au reste, en vieillissant, soit repentir de ses fautes, soit hypocrisie, lady Douglas s'était faite prude et puritaine; de sorte qu'elle joignait, à cette heure, à l'âcreté naturelle de son caractère toute la raideur de la religion nouvelle qu'elle avait adoptée.

Williams Douglas, qui était le fils aîné du lord de Lochleven, et qui se trouvait par sa mère le demi-frère de Murray, était un homme de trente-cinq à trente-six

MARIE STUART,

ans, à la force athlétique, aux traits durs et fortement prononcés, roux comme toute la branche cadette, et qui avait hérité de cette haine paternelle que, depuis un siècle, les Douglas nourrissaient contre les Stuarts, et qui s'était manifestée par tant de complots, de révoltes et d'assassinats. Selon que la fortune avait favorisé ou abandonné Murray, Williams Douglas avait vu les rayons de l'astre fraternel se rapprocher ou s'éloigner de lui; il avait alors senti qu'il vivait d'une vie étrangère, et s'était dévoué, corps et ame, à celui qui était son principe de grandeur ou sa cause d'abaissement. La chute de Marie, qui, nécessairement, devait élever Murray, était donc pour lui un sujet de joie, et les lords confédérés ne pouvaient mieux choisir qu'en confiant la garde de leur prisonnière à la rancune instinctive de lady Douglas et à la haine intelligente de son fils.

Quant au petit Douglas, c'était, comme nous l'avons dit, un enfant de douze ans, orphelin depuis quelques mois, que les Lochleven avaient pris auprès d'eux, et auquel, par toutes sortes de duretés, ils faisaient acheter le pain qu'ils lui donnaient. Il en était résulté que l'enfant, fier et haineux comme un Douglas, et sachant, quoique sa fortune fût inférieure, que sa naissance était égale à celle de ses orgueilleux parens, avait changé peu à peu sa reconnaissance primitive en une haine durable et profonde : car on avait l'habitude de dire qu'il y avait chez les Douglas un âge pour l'amour, mais qu'il n'y en avait pas pour la haine. Il en résulte que, sentant sa faiblesse et son isolement, l'enfant s'était renfermé en lui-même avec une

CRIMES CÉLÈBRES.

puissance au-dessus de son âge, et, humble et soumis en
apparence, n'attendait que le moment où, devenu jeune
homme, il pourrait s'éloigner de Lochleven et peut-être
même se venger de la protection orgueilleuse de ceux qui
l'habitaient. Cependant les sentimens que nous venons
d'exprimer ne s'étendaient pas à tous les membres de la
famille, et autant au fond du cœur le petit Douglas haïs-
sait Williams et sa mère, autant il aimait Georges, le second des fils de lady Lochleven, dont nous n'avons point
encore parlé, parce qu'étant absent du château au moment
où la reine y arriva, nous n'avons point trouvé occasion
de le présenter encore à notre lecteur.

Georges, qui pouvait avoir à cette époque vingt-cinq
ou vingt-six ans à peu près, était le second fils du lord de
Lochleven ; mais, par un hasard singulier, que la jeunesse
aventureuse de sa mère avait fait mal interpréter à sir
Williams, ce second fils ne présentait aucun des traits
distinctifs des Douglas, qui étaient d'avoir les joues larges
et hautes en couleur, les oreilles grandes et les cheveux
roux. Il en était résulté que le pauvre Georges, qui, au
contraire de cela, avait reçu de la nature des joues pâles,
des yeux bleus foncés et des cheveux noirs, avait été, dès
son arrivée en ce monde, l'objet de l'indifférence de son
père et de la haine de son frère aîné. Quant à sa mère,
soit qu'effectivement elle s'étonnât de bonne foi comme
lord Douglas de cette différence dans la race, soit qu'elle
en connût la cause et se la reprochât intérieurement,
Georges n'avait jamais été, ostensiblement du moins, l'objet d'un amour maternel bien vif de sa part : il en était ré-

MARIE STUART

sulté que le jeune homme, poursuivi dès sa jeunesse par une
fatalité qu'il ne s'expliquait pas, avait poussé comme un
arbuste sauvage, plein de séve et de force, mais inculte et
isolé. Aussi, dès l'âge de quinze ans, s'était-on habitué à
ses absences sans cause, que l'indifférence que chacun
lui portait rendait au reste parfaitement explicables; de
temps en temps seulement on le voyait reparaître au château, pareil à ces oiseaux voyageurs qui reviennent toujours au même endroit, mais ne s'y reposent qu'un instant; puis repartent sans qu'on sache vers quel point du
monde ils dirigent leur vol.

Un instinct de malheur pareil avait réuni le petit Douglas à Georges : Georges, en voyant l'enfant maltraité par
tous, s'était pris d'amitié pour lui, et le petit Douglas, en
se sentant aimé au milieu de cette atmosphère d'indifférence qui l'entourait, s'était tourné les bras et le cœur
ouverts du côté de Georges; il était résulté de cette affection mutuelle, qu'un jour que l'enfant avait commis je ne
sais quelle faute, et que Williams Douglas levait pour le
frapper le fouet avec lequel il battait ses chiens, Georges,
qui était assis triste et pensif sur une pierre, s'était élancé
aussitôt, avait arraché le fouet des mains de son frère et
l'avait jeté loin de lui. A cette insulte, Williams avait tiré
son épée, et Georges la sienne, de sorte que ces deux
frères, qui depuis vingt ans se haïssaient comme deux ennemis, allaient s'égorger, lorsque le petit Douglas, qui
avait ramassé le fouet, revenant se mettre à genoux devant Williams, lui avait présenté l'arme infamante, en lui
disant : Frappe, cousin, je l'ai mérité. — Cette action de

11.   7

l'enfant avait donné quelques minutes de réflexion aux deux jeunes hommes, qui, effrayés du crime qu'ils allaient commettre, avaient remis leur épée au fourreau, et s'é- taient éloignés en silence, et chacun de son côté. Depuis cette aventure, l'amitié de Georges et du petit Douglas avait pris une nouvelle force, et de la part de l'enfant elle était devenue une vénération.

Nous nous appesantissons sur tous ces détails un peu longuement peut-être, mais nos lecteurs nous les pardon- neront sans doute, lorsqu'ils verront de quelle utilité ils sont pour l'avenir.

Voilà au milieu de quelle famille, moins Georges, qui, comme nous l'avons dit, était absent au moment de son arrivée, la reine était tombée, passant en un instant du faîte de la puissance à l'état de prisonnière, car dès le lendemain de son arrivée, Marie avait pu voir que c'était à ce titre qu'elle était commensale du château de Lochleven. En ef- fet, lady Douglas s'était présentée devant elle dès le ma- tin, et avait, avec un embarras et une haine mal déguisés sous les apparences d'une indifférence respectueuse, invité Marie à la suivre pour prendre connaissance des diffé- rentes parties de la forteresse qui avaient été désignées d'avance pour son usage particulier. Alors elle lui avait fait traverser trois chambres, dont l'une était destinée à lui servir de chambre à coucher, la seconde de salon, et la troisième d'antichambre; puis, descendant la première un escalier en spirale, qui donnait dans la grande salle du château, sa seule issue, elle avait traversé cette salle, et avait conduit Marie dans le jardin, dont la reine avait vu à

MARIE STUART.

son arrivée les arbres dépasser les hautes murailles : c'était un petit carré de terrain, formant un parterre, au milieu duquel s'élevait une fontaine artificielle. On y entrait par une porte fort basse, qui se répétait sur le mur opposé; cette seconde porte donnait sur le lac, et comme toutes les portes du château, dont les clefs cependant ne quittaient jamais le ceinturon ou le chevet de Williams Douglas, elle était gardée jour et nuit par une sentinelle. C'était là tout le domaine de celle qui avait eu à elle les palais, les plaines et les montagnes de tout un royaume.

Marie, en rentrant dans sa chambre, trouva le déjeûner préparé et Williams Douglas debout près de la table : il venait remplir près de la reine les fonctions d'écuyer tranchant et de dégustateur. Malgré leur haine pour Marie, les Douglas auraient regardé comme une tache éternelle à leur honneur qu'il arrivât quelque accident à la prisonnière tout le temps qu'elle habiterait leur château : or c'était pour que la reine elle-même ne conçût aucune crainte à cet égard que Williams Douglas, en sa qualité de châtelain, avait non seulement voulu tailler devant la reine, mais même déguster en sa présence et avant elle tous les mets qui lui étaient servis, ainsi que l'eau et les différens vins qui lui devaient être apportés. Cette précaution attrista plus Marie qu'elle ne la rassura; car elle comprit que, pendant le temps qu'elle serait au château, cette étiquette ôterait toute intimité à sa table. Cependant la chose venait d'une intention trop noble pour qu'elle pût en faire un crime à ses hôtes : elle se résigna donc à cette compagnie, quelque insupportable qu'elle lui

CRIMES CÉLÈBRES.

fût; seulement, à compter de ce jour, elle abrégea tellement ses repas, qu'à peine, pendant tout le temps qu'elle
fut à Lochleven, ses dîners, les plus longs durèrent-ils
un quart d'heure.

Le surlendemain de son arrivée, Marie, en se mettant
à table pour le déjeûner, trouva sur son assiette une
lettre à son adresse, qui y avait été déposée par Williams
Douglas. Marie reconnut l'écriture de Murray, et son premier sentiment fut tout à la joie; car s'il lui restait un
rayon d'espoir, il lui venait du côté de son frère, pour lequel elle avait toujours été parfaitement bonne, que de
prieur de Saint-André elle avait fait comte, en lui donnant les magnifiques terres qui faisaient partie de l'ancien
comté de Murray, et auquel depuis, ce qui était bien plus
encore, elle avait pardonné ou feint de pardonner la part
qu'il avait prise dans l'assassinat de Rizzio. Son étonnement fut donc grand, lorsque, ayant ouvert la lettre, elle y
trouva des reproches amers contre sa conduite, une exhor-
tation à faire pénitence, et une assurance plusieurs fois réi-
térée de ne jamais sortir de sa prison. Il terminait sa lettre
en lui annonçant que, malgré le dégoût qu'il avait pour
les affaires publiques, il avait été forcé d'accepter la régence, ce qu'il avait fait moins encore pour sa patrie que
pour sa sœur, attendu que c'était le seul moyen qu'il eût
de s'opposer au procès infamant que les nobles voulaient
lui faire, comme auteur, ou du moins comme principale
complice de la mort de Darnley. C'était donc, à l'entendre,
un grand bonheur pour elle que cette captivité, et elle
devait en remercier le ciel, comme d'un adoucissement au

MARIE STUART.

sort qui l'eût attendu, s'il n'eût point intercédé pour elle.

Cette lettre fut un coup de foudre pour Marie : seulement, comme elle ne voulait pas donner à ses ennemis la joie de la voir souffrir, elle renferma sa douleur en elle-même, et se retournant vers Williams Douglas :

— Mylord, lui dit-elle, cette lettre contient des nouvelles que vous savez sans doute déjà, car, quoique nous ne soyons pas enfans de la même mère, celui qui m'écrit est notre parent à un égal degré, et n'aura pas voulu écrire à sa sœur sans écrire en même temps à son frère : d'ailleurs, en bon fils, il aura désiré faire part à sa mère des grandeurs inattendues qui lui arrivent.

— Oui, madame, répondit Williams, nous savons depuis hier que, pour le bonheur de l'Écosse, mon frère a été nommé régent du royaume; et comme c'est un fils aussi respectueux pour sa mère que dévoué à sa patrie, nous espérons qu'il réparera le mal que, depuis cinq ans, les favoris de tous genres et de toute espèce ont fait à toutes deux.

— C'est d'un bon fils et en même temps d'un hôte courtois, que de ne pas remonter plus haut dans l'histoire d'Écosse, répondit Marie Stuart, et de ne pas faire rougir la fille des fautes du père : car j'ai entendu dire que le mal dont se plaint votre seigneurie était antérieur à l'époque où vous le fixez, et que le roi Jacques V avait eu aussi autrefois des favoris et même des favorites. Il est vrai que l'on ajoute que les uns ont aussi mal reconnu son amitié que les autres son amour. C'est, si vous l'ignorez, mylord, ce dont pourrait vous instruire, au cas où il vivrait encore,

CRIMES CÉLÈBRES.

un certain Portefel ou Portefield, je ne sais lequel, m'entendant mal à retenir et à prononcer ces noms de gens du peuple, mais sur lequel, à mon défaut, votre noble mère pourrait vous donner des renseignemens.

A ces mots, Marie Stuart se leva, et, laissant Williams Douglas rouge de colère, rentra dans sa chambre à coucher, et verrouilla la porte derrière elle.

De toute cette journée Marie ne descendit point, et demeura devant sa fenêtre, d'où elle jouissait au moins d'une magnifique vue, qui s'étendait sur les plaines et le village de Kinross; mais cette vaste étendue ne faisait que lui resserrer encore le cœur, lorsque, ramenant ses regards de l'horizon au pied du château, elle voyait ses murailles entourées de tous côtés par les eaux profondes du lac, sur la vaste surface duquel se balançait comme un point une seule barque, où le petit Douglas était occupé à pêcher. Depuis quelques instans les yeux de Marie s'étaient arrêtés machinalement sur cet enfant, qu'elle avait déjà aperçu à son arrivée, lorsque tout-à-coup le bruit d'un cor retentit du côté de Kinross. Au même instant le petit Douglas jeta sa ligne, et se mit à ramer du côté par où était venu le signal, avec une adresse et une force au-dessus de son âge. Marie, qui, sans motif, avait arrêté son regard sur lui, continua de le suivre des yeux, et le vit se diriger vers un point du rivage si éloigné, que la barque ne lui sembla plus qu'un point imperceptible; mais bientôt elle reparut, grandissant à mesure qu'elle s'approchait, et Marie alors put remarquer qu'elle ramenait vers le château un nouveau passager, qui, ayant pris à son tour les rames, faisait voler

MARIE STUART.

la petite barque sur l'eau tranquille du lac, où elle laissait un sillon étincelant aux derniers rayons du soleil.
Bientôt, emportée avec la vitesse d'un oiseau, elle fut
assez proche pour que Marie pût remarquer que l'adroit
et vigoureux rameur était un jeune homme de vingt-cinq à
vingt-six ans, aux longs cheveux noirs, vêtu d'un justaucorps de drap vert, et portant sur la tête une toque de mon-
tagnard, ornée d'une plume d'aigle : puis, comme il approchait en tournant le dos à la fenêtre, le petit Douglas, qui
était appuyé sur son épaule, lui dit quelques mots qui le
firent retourner du côté de la reine : aussitôt Marie, par
un mouvement instinctif encore plus que par la crainte
d'être l'objet d'une vaine curiosité, se rejeta en arrière,
mais point si vite cependant qu'elle n'eût pu voir la belle et
pâle figure de l'inconnu, qui, lorsqu'elle se remit à sa fenêtre, avait disparu derrière un des angles du château.

Tout est motif de conjectures pour une prisonnière ;
il semblait à Marie que la figure de ce jeune homme ne
lui était pas inconnue , et que déjà elle s'était offerte à ses
yeux ; cependant, avec quelque soin qu'elle interrogeât sa
mémoire, elle ne lui rappelait aucun souvenir distinct ; si
bien que la reine finit par croire que c'était un jeu de
son imagination, ou que quelque vague et lointaine res-
semblance l'avait trompée.

Cependant, malgré Marie, cette pensée avait pris une
place importante dans son esprit : elle voyait sans cesse
cette petite barque rasant l'eau, et le jeune homme et
l'enfant qui la montaient se rapprochant d'elle comme pour
lui apporter du secours. Il en résulta que, quoiqu'il n'y eût

CRIMES CÉLÈBRES.

rien de positif dans tous ces rêves de captive, elle dormit cette nuit d'un sommeil plus tranquille qu'elle n'avait encore fait depuis qu'elle était au château de Lochleven.

Le lendemain, en se levant, Marie courut à sa fenêtre : le temps était beau, et tout semblait lui sourire, l'eau, le ciel et la terre. Cependant, sans se rendre compte du motif qui la retenait, elle ne voulut pas descendre au jardin avant le déjeûner; mais lorsque la porte s'ouvrit, elle se retourna rapidement : c'était, comme la veille, Williams Douglas qui venait remplir son office de dégustateur.

Le déjeûner fut court et silencieux ; puis, dès que Douglas fut retiré, Marie descendit à son tour ; en traversant la cour, elle aperçut deux chevaux tout sellés, qui indiquaient le prochain départ d'un maître et d'un écuyer. Était-ce le jeune homme aux cheveux noirs qui repartait déjà ? c'est ce que Marie n'osa ou ne voulut point demander. Elle continua, en conséquence, sa route, et entra dans le jardin : du premier coup d'œil elle l'embrassa dans toute son étendue, il était solitaire.

Marie s'y promena un instant; puis bientôt se lassant de la promenade, elle remonta à sa chambre : en repassant dans la cour, elle avait remarqué que les chevaux n'y étaient plus. Aussitôt rentrée dans son appartement, elle alla donc à la fenêtre pour voir si elle ne découvrirait rien sur le lac qui pût la guider dans ses conjectures : en effet, une barque s'éloignait, et dans cette barque étaient les deux chevaux et les deux cavaliers ; l'un de ces cavaliers était Williams Douglas, l'autre un simple écuyer de la maison.

MARIE STUART.

Marie suivit la barque des yeux jusqu'à ce qu'elle eût touché le rivage. Arrivés là, les deux cavaliers en sortirent, tirèrent leurs chevaux après eux, et s'éloignèrent au grand galop, suivant le même chemin par lequel la reine était venue ; de sorte que comme les chevaux étaient couverts d'un harnais complet, Marie pensa que Williams Douglas se rendait à Édimbourg. Quant à la barque, à peine eut-elle déposé ses deux passagers sur la rive opposée, qu'elle revint vers le château.

En ce moment, Marie Seyton annonça à la reine que lady Douglas demandait la permission d'être introduite auprès d'elle.

C'était la seconde fois, qu'après une longue haine de la part de lady Douglas, et une indifférence méprisante de la part de la reine, les deux femmes allaient se trouver en face l'une de l'autre : aussi la reine, avec ce mouvement instinctif de coquetterie qui pousse les femmes, dans quelque situation qu'elles se trouvent, à vouloir être belles, surtout pour les femmes, fit-elle un signe de la main à Marie Seyton, et allant devant une petite glace accrochée au mur dans un lourd encadrement gothique, elle arrangea les boucles de ses cheveux, rajusta la dentelle de sa collerette ; puis s'étant assise, dans la pose qui lui était la plus avantageuse, sur un grand fauteuil, le seul qui se trouvât dans le salon, elle dit en souriant à Marie Seyton qu'elle pouvait faire entrer lady Douglas, qui à l'instant même fut introduite.

L'attente de Marie ne fut pas trompée : lady Douglas, malgré sa haine pour la fille de Jacques V, et si maîtresse qu'elle se crût d'elle-même, ne put s'empêcher de témoigner par un mouvement de surprise l'impression que cette beauté merveilleuse faisait sur elle : elle avait cru trouver Marie écrasée par son malheur, pâlie par ses fatigues, désenorgueillie par la captivité, et elle la voyait calme, belle et hautaine comme d'habitude. Marie s'aperçut de l'effet qu'elle produisait, et s'adressant, avec un sourire ironique, moitié à Marie Seyton, qui était appuyée au dossier de sa chaise, et moitié à celle qui lui rendait cette visite imprévue:

—Nous sommes heureuse aujourd'hui, dit-elle, car nous allons, à ce qu'il paraît, jouir de la société de notre bonne hôtesse, que nous remercions d'ailleurs d'avoir bien voulu garder encore vis-à-vis de nous le vain cérémonial de l'annonce, chose dont elle aurait pu se dispenser, ayant les clefs de notre appartement.

—Si ma présence est importune à votre grâce, répondit lady Lochleven, j'en suis d'autant plus désespérée, que les circonstances me feront un devoir de la lui imposer deux fois par jour, du moins pendant tout le temps que durera l'absence de mon fils, qui est appelé à Édimbourg par le régent; c'est ce dont je venais prévenir votre grâce, non point avec le vain cérémonial de la cour, mais avec les égards que lady Lochleven doit à toute personne qui a reçu l'hospitalité dans son château.

— Notre bonne hôtesse s'est méprise à notre intention, reprit Marie avec une bonhomie affectée, et le régent lui-même peut nous rendre témoignage du plaisir que nous avons toujours eu à rapprocher de nous les per-

MARIE STUART.

sonnes qui peuvent nous rappeler, même indirectement,
notre bien-aimé père, Jacques V. Ce serait donc à tort
que lady Douglas interpréterait d'une façon désagréable
pour elle notre surprise en la voyant; et l'hospitalité
qu'elle nous offre avec tant d'obligeance ne nous promet
pas, malgré sa bonne volonté, assez ne distractions, pour
que nous nous privions de celles que ne peuvent manquer
de nous procurer ses visites.

— Malheureusement, madame, répondit lady Lochleven, que Marie tenait debout devant elle, quelque plaisir
que j'éprouvasse moi-même à ses visites, je serai forcée
de m'en priver, excepté aux heures que je vous ai dites.
Je suis maintenant trop vieille pour supporter la fatigue,
et j'ai toujours été trop fière pour souffrir les sarcasmes.

— En effet, Seyton, s'écria Marie avec un apparent
retour sur elle-même, nous n'avions pas songé que lady
Lochleven ayant gagné ses droits au tabouret à la cour
du roi mon père, avait dû les conserver dans la prison de
la reine sa fille. Avancez un tabouret, Seyton, que nous
ne soyons pas privée sitôt, et par un manque de mémoire
de notre part, de la compagnie de notre gracieuse hôtesse;
ou même, continua Marie en se levant et en indiquant à
lady Lochleven, qui faisait un mouvement pour se retirer, son propre siége, si un tabouret ne vous convient
pas, mylady, prenez ce fauteuil, vous ne serez pas la première personne de votre famille qui se soit mise à ma
place.

A cette dernière allusion, qui lui rappelait l'usurpation
de Murray, lady Lochleven allait sans doute faire quelque

réponse pleine d'amertume, lorsque le jeune homme aux cheveux bruns parut, sans être annoncé, sur le seuil de la porte, et s'avançant vers lady Lochleven sans saluer Marie:

— Madame, lui dit-il en s'inclinant devant elle, la barque qui a conduit mon frère vient de revenir, et l'un des hommes qui la montent est chargé pour vous d'une recommandation pressée, que lord Williams a oublié de vous faire à vous-même.

Puis saluant la vieille dame avec le même respect, il sortit aussitôt de la chambre, sans même tourner les yeux du côté de la reine, qui, blessée de cette impertinence, se retourna vers Marie Seyton, et avec son calme ordinaire :

— Que nous avait-on raconté, Seyton, de bruits injurieux qui s'étaient répandus sur notre digne hôtesse, à propos d'un enfant à visage pâle et à cheveux noirs? Si cet enfant, comme j'ai tout lieu de le croire, est devenu le jeune homme qui sort d'ici, je suis prête à affirmer à tous les incrédules que c'est un véritable Douglas, sinon pour le courage, dont nous ne pouvons pas juger, mais pour l'insolence, dont il vient de nous donner des preuves. Rentrons, mignonne, continua la reine en s'appuyant sur le bras de Marie Seyton; car notre bonne hôtesse pourrait se croire, par courtoisie, obligée à nous tenir compagnie plus long-temps, tandis que nous savons qu'elle est impatiemment attendue ailleurs.

A ces mots, Marie rentra dans sa chambre à coucher, tandis que la vieille lady, encore toute étourdie de la nuée

MARIE STUART.

de sarcasmes que la reine avait fait pleuvoir sur elle, se retirait en murmurant : Oui, oui, c'est un Douglas, et avec l'aide de Dieu, il le prouvera, je l'espère.

La reine avait eu de la force, tant qu'elle avait été soutenue par la présence de son ennemie; mais à peine fut-elle seule qu'elle se laissa tomber sur une chaise, et n'ayant plus d'autre témoin de sa faiblesse que Marie Seyton, se mit à fondre en larmes. En effet, elle venait d'être cruellement frappée : jusque alors aucun homme ne s'était approché d'elle qu'il n'eût rendu hommage, soit à la majesté de son rang, soit à la beauté de son visage. Et celui-là justement sur lequel elle avait conçu sans savoir pourquoi des espérances instinctives l'insultait à la fois dans son double orgueil de reine et de femme : aussi demeura-t-elle renfermée jusqu'au soir.

A l'heure du dîner, ainsi que lady Lochleven en avait prévenu Marie, elle monta à l'appartement de la reine, vêtue de sa robe d'honneur et précédant quatre domestiques, qui portaient les différens plats dont devait se composer le repas de la prisonnière, et qui à leur tour étaient suivis du vieil intendant du château, ayant, comme aux jours des grandes cérémonies, sa chaîne d'or au cou et sa canne d'ivoire à la main. Les domestiques placèrent les plats sur la table, et attendirent en silence qu'il plût à la reine de sortir de sa chambre; mais en ce moment la porte s'ouvrit, et au lieu de la reine, ce fut Marie Seyton qui parut.

—Madame, dit-elle en entrant, sa grâce s'est trouvée indisposée pendant la journée et ne prendra rien ce soir;

il serait donc inutile que vous l'attendissiez plus long-
temps.

— Permettez-moi d'espérer, répondit lady Lochleven,
qu'elle changera de résolution; en tout cas, voyez-moi
m'acquitter de mon devoir.

A ces mots, un domestique présenta à lady Lochleven
du pain et du sel sur un plateau d'argent, tandis que le
vieil intendant, qui, en l'absence de Williams Douglas,
remplissait les fonctions d'écuyer tranchant, lui servait
sur une assiette du même métal un morceau de chacun
des plats qu'on avait apportés; puis, cette opération terminée :

— Ainsi la reine ne paraîtra point aujourd'hui ? demanda lady Lochleven.

— C'est la résolution de sa majesté, répondit Marie
Seyton.

— Notre présence est donc inutile, dit la vieille dame ;
mais, en tout cas, la table est servie, et si sa grâce avait
besoin de quelque autre chose, elle n'aurait qu'à appeler.

A ces mots, lady Lochleven, avec la même raideur et
la même dignité qu'elle était venue, se retira, suivie de
ses quatre domestiques et de son intendant.

Ainsi que lady Lochleven l'avait prévu, la reine, cédant
aux instances de Marie Seyton, sortit enfin de sa chambre,
vers les huit heures du soir, se mit à table, et, servie par
la seule dame d'honneur qui lui restât, mangea quelque
peu de chose; puis, se levant, elle alla se mettre à sa
fenêtre.

Il faisait une de ces magnifiques soirées d'été pendant

MARIE STUART.

lesquelles la nature toute-entière semble en fête : le ciel
était parsemé d'étoiles qui se réfléchissaient dans le lac, et
au milieu d'elles, comme une étoile plus ardente, brillait
la flamme d'un réchaud, brûlant à la poupe d'une petite
barque : la reine, à la lueur de la lumière qu'elle répan-
dait, aperçut Georges Douglas et le petit Douglas qui pê-
chaient au feu. Quelque envie qu'elle eût de profiter de
cette belle soirée pour respirer l'air pur de la nuit, la vue
de ce jeune homme, qui lui avait fait le jour même une
grossière insulte, l'impressionna si vivement, qu'elle referma aussitôt sa fenêtre, et se retirant dans sa chambre,
se coucha, et se fit lire à haute voix quelques prières par
sa compagne de captivité ; puis, ne pouvant s'endormir,
tant elle était agitée, elle se releva, et passant une robe
de chambre, elle alla se remettre à sa fenêtre : la barque
avait disparu.

Marie resta une partie de la nuit les regards perdus
dans l'immensité du ciel ou dans les profondeurs du lac ;
et, cependant, malgré la nature des pensées qui l'agitaient, elle n'éprouva pas moins un soulagement physique
très-grand dans le contact de cet air pur, et dans la contemplation de cette nuit calme et silencieuse : aussi le
lendemain se réveilla-t-elle plus tranquille et plus résignée. Malheureusement la vue de lady Lochleven, qui se
présenta devant elle à l'heure du déjeûner pour remplir
ses fonctions de dégustatrice, lui rendit toute son irrita-
bilité. Peut-être, cependant, les choses se seraient-elles
passées tranquillement, si lady Lochleven, au lieu de demeurer debout près du buffet, se fût retirée après avoir

CRIMES CÉLÈBRES.

goûté les différens mets qui composaient le service ; mais cette insistance à rester près d'elle pendant tout le repas, qui n'était peut-être au fond qu'une marque de respect, parut à la reine une tyrannie insupportable.

— Mignonne, dit-elle en s'adressant à Marie Seyton, as-tu déjà oublié que notre bonne hôtesse s'est plaint hier de la fatigue qu'elle éprouvait à rester debout ? Approche-lui donc un des deux tabourets qui forment notre ameublement royal, et aie soin que ce ne soit pas celui dont le pied est cassé.

— Si l'ameublement du château de Lochleven est en si mauvais état, madame, répondit la vieille lady, c'est la faute des rois d'Écosse : les pauvres Douglas ont eu, depuis près d'un siècle, si peu de part aux faveurs de leurs souverains, qu'ils n'ont pas pu maintenir la splendeur de leurs ancêtres à la hauteur de celle de simples particuliers, et qu'il y a eu en Écosse tel musicien qui dépensait, à ce que l'on assure, en un mois leur revenu de toute une année.

— Ceux qui savent si bien prendre, mylady, répondit la reine, n'ont pas besoin qu'on leur donne : les Douglas, ce me semble, n'ont rien perdu pour attendre, et il n'y a pas de fils cadet de cette noble famille qui ne puisse aujourd'hui aspirer aux plus hautes alliances : il est fâcheux, vraiment, que notre sœur la reine d'Angleterre ait fait, à ce qu'on assure, vœu de virginité.

— Ou bien, interrompit lady Lochleven, que la reine d'Écosse ne soit pas veuve de son troisième mari. Au reste, continua la vieille dame avec un feint retour sur

MARIE STUART.

elle-même, je ne dis point cela pour faire un reproche à votre grâce, les catholiques regardent le mariage comme un sacrement, et, à ce titre, le reçoivent le plus souvent qu'ils peuvent.

— C'est donc, répondit Marie, la différence qui existe entre eux et les huguenots ; car ceux-ci, n'ayant point le même respect pour lui, croient dans certaines circonstances qu'il leur est permis de s'en dispenser.

Lady Lochleven, à ce sarcasme terrible, fit un pas vers Marie Stuart, tenant à la main le couteau dont elle venait de se servir pour tailler un morceau de la viande qu'on lui avait donnée à goûter ; mais la reine se leva devant elle, avec un si grand calme et une telle majesté, que, soit respect involontaire soit honte de ce premier mouvement, elle laissa tomber l'arme qu'elle tenait, et ne trouvant rien d'assez fort à répondre pour exprimer les sentimens qui l'agitaient, elle fit signe aux domestiques de la suivre, et sortit de l'appartement avec toute la dignité que la colère lui permit d'appeler à son secours.

«A peine lady Lochleven eut elle quitté la place, que la reine se rassit, joyeuse et triomphante de la victoire qu'elle venait de remporter, et mangea de meilleur appétit qu'elle n'avait encore fait depuis qu'elle était prisonnière, tandis que Marie Seyton déplorait, à demi-voix et avec tout le respect possible, ce funeste don de la répartie que Marie avait reçu du ciel, et qui fut, avec sa beauté, une des causes de tous ses malheurs ; mais la reine ne fit que rire de toutes ses observations, disant qu'elle était curieuse de voir la

CRIMES CÉLÈBRES.

figure que ferait sa bonne hôtesse à l'heure du dîner.

Après le déjeûner, la reine descendit au jardin : son orgueil satisfait lui avait rendu une partie de sa gaîté, si bien que, voyant, en traversant la salle d'honneur, une mandoline oubliée sur une chaise, elle ordonna à Marie Seyton de la prendre, pour voir, dit-elle, si elle se rapelait encore son ancien talent. En effet, la reine était une des meilleures musiciennes de l'époque, et jouait admirablement, dit Brantôme, du luth et de la viole d'amour, instrument qui ressemblait beaucoup à la mandoline. Marie Seyton obéit.

Arrivée dans le jardin, la reine s'assit sous le bosquet le plus sombre, et là, ayant accordé son instrument, elle en tira d'abord des accords vifs et légers, qui bientôt s'assombrirent peu à peu, en même temps que son visage prenait une teinte de mélancolie profonde. Marie Seyton la regardait avec inquiétude, quoiqu'elle fût depuis long-temps habituée à ces variations soudaines dans le caractère de sa maîtresse, et elle allait lui demander la cause de ce voile sombre qui s'était tout-à-coup étendu sur son visage, lorsque, régularisant ses accords, Marie commença de chanter, à voix basse et comme pour elle seule, les vers suivans :

> Antres, prés, monts et plaines,
> Rochers, forêts et bois,
> Ruisseaux, fleuves, fontaines,
> Où perdu je me vois,
> D'une plainte incertaine,
> De sanglots toute pleine,
> Je veux chanter

MARIE STUART.

La misérable peine
Qui me fait lamenter.

Mais qui pourra entendre
Mon soupir gémissant ?
Ou qui pourra comprendre
Mon ennui languissant ?
Sera-ce cet herbage,
Ou l'eau de ce rivage,
    Qui, s'écoulant,
Porte de mon visage
Ce ruisseau distillant ?

Hélas ! non, car la plaie
Cherche en vain guérison,
Qui pour secours essaie,
Aux choses sans raison.
Il vaut mieux que ma plainte
Raconte son atteinte
    Amèrement
A toi qui as contrainte
Mon ame en tel tourment.

O déesse immortelle,
Écoute donc ma voix,
Toi qui tiens en tutelle
Mon pouvoir sous tes lois,
Afin que si ma vie
Se voit en bref tarie,
    Ta cruauté
La confesse périe
Par ta seule beauté.

On voit bien que ma face
S'écoule peu à peu,
Comme la froide glace
A la chaleur du feu.
Et néanmoins la flamme
Qui me brûle et m'enflamme

CRIMES CÉLÈBRES.

De passion,
N'émeut jamais ton ame
D'aucune affection.

Et cependant ces arbres,
Qui sont autour de moi,
Ces rochers et ces marbres,
Savent bien mon émoi.
Bref, rien dans la nature
N'ignore ma blessure,
Hors seulement
Toi, qui prends nourriture
De mon cruel tourment.

Mais s'il t'est agréable
De me voir misérable
En tourment tel,
Mon malheur déplorable
Soit alors immortel!

Ce dernier vers s'en alla expirant, comme si la reine fût arrivée au bout de sa force, en même temps la mandoline lui échappa des mains, et serait tombée à terre, si Marie Seyton ne se fût jetée à genoux et ne l'eût retenue. La jeune fille demeura quelque temps ainsi aux pieds de sa maîtresse, la regardant en silence, et comme elle vit qu'elle s'enfonçait de plus en plus dans de sombres pensées :

— Ces vers ont rappelé à votre majesté un triste souvenir? demanda-t-elle en hésitant.

— Oh! oui, répondit la reine : ils m'ont rappelé le malheureux qui les a faits.

— Et puis-je, sans indiscrétion, continua Marie Seyton, demander à votre grâce quel en est l'auteur?

MARIE STUART.

⁓ Hélas ! c'était un noble, brave et beau jeune homme, au cœur dévoué et à la tête ardente, qui me défendrait aujourd'hui, si alors je l'eusse défendu ; mais sa hardiesse m'a paru de la témérité, et sa faute un crime. Que veux-tu ? je ne l'aimais pas. Pauvre Chatelard, j'ai été bien cruelle envers lui !

— Ce n'est pas vous qui l'avez poursuivi, c'est votre frère ; ce n'est pas vous qui l'avez condamné, ce sont les juges.

— Oui, oui ; je sais que c'est encore une victime de Murray, et c'est sans doute pour cela que son souvenir m'est revenu à cette heure. Mais je pouvais lui faire grâce, Marie, et j'ai été inflexible : j'ai laissé monter sur l'échafaud un homme dont le seul crime était de m'avoir trop aimée ; et maintenant je m'étonne et me plains d'être abandonnée de tous. Écoute, mignonne, il y a une chose qui m'effraie : c'est que, lorsque je descends en moi-même, je trouve que non seulement j'ai mérité mon sort, mais encore que Dieu ne me punit pas assez sévèrement.

— Dans quelles idées va se perdre votre grâce ! s'écria Marie, et voyez où vous ont menée ces malheureux vers qui vous sont revenus à la mémoire, aujourd'hui justement où vous commenciez à reprendre un peu de votre gaîté.

— Hélas ! répondit la reine en secouant la tête et en poussant un profond soupir, il s'est écoulé bien peu de jours, depuis six ans, sans que j'aie dit ces vers tout bas, quoique ce soit aujourd'hui la première fois que je les répète tout haut. C'était encore un Français, Marie : ils

m'ont exilé, pris ou tué tous ceux qui me venaient de
France. Te rappelles-tu ce vaisseau qui s'engloutit devant
nous, lorsque nous sortîmes du port de Calais ; je m'écriai
alors que c'était un triste présage : vous voulûtes tous
me rassurer ; eh bien ! maintenant, qui avait raison de
vous ou de moi ?

La reine était dans un de ces accès de tristesse dont les
larmes sont le seul remède ; aussi Marie Seyton, s'apercevant que non seulement toute consolation serait vaine,
mais encore inopportune, bien loin de continuer à réagir
contre la mélancolie de sa maîtresse, abonda-t-elle dans
son sens : il en résulta que la reine, qui étouffait, finit enfin par pleurer, et que ses pleurs la soulagèrent ; puis peu
à peu elle reprit son empire sur elle-même, et cette crise
passa comme d'habitude, la laissant plus ferme et plus résolue que jamais, de sorte que lorsqu'elle remonta dans sa
chambre, il était impossible de lire sur son visage la moindre altération.

L'heure du dîner s'approchait, et Marie, qui le matin
l'attendait avec impatience pour jouir de son triomphe sur
lady Lochleven, la voyait s'avancer à cette heure avec
inquiétude : l'idée seule de se retrouver en face de cette
femme, dont on était toujours obligé de combattre l'orgueil par l'insolence, était, après les fatigues morales de
la journée, une fatigue nouvelle. Aussi résolut-elle, comme
la veille, de ne point paraître au dîner : elle fut d'autant
plus aise d'avoir pris cette résolution, que, cette fois, ce
n'était pas lady Lochleven qui venait remplir auprès d'elle
les fonctions qu'un membre de la famille s'était imposées

MARIE STUART.

pour tranquilliser la reine, mais Georges Douglas, que sa mère, dans son mécontentement de la scène du matin envoyait pour la remplacer. Aussi, lorsque Marie Seyton eut dit à la reine qu'elle voyait le jeune homme aux cheveux bruns traverser la cour pour se rendre chez elle, Marie se félicita-t-elle encore davantage du parti qu'elle avait pris; car l'insolence de ce jeune homme lui avait fait une blessure plus profonde au cœur que toutes les orgueilleuses insultes de sa mère. La reine ne fut donc pas peu étonnée lorsqu'au bout de quelques minutes Marie Seyton rentra dans sa chambre, et lui annonça que Georges Douglas, après avoir renvoyé les domestiques, désirait avoir l'honneur de lui parler pour affaire d'importance. La reine refusa d'abord; mais Marie Seyton lui dit que l'air et les manières de ce jeune homme étaient tellement différens, cette fois, de ce qu'elle les avait vus deux jours auparavant, qu'elle croyait que sa maîtresse aurait tort de lui refuser sa demande. La reine alors se leva, et, avec la hauteur et la majesté qui lui étaient habituelles, entra dans la chambre voisine, et, après avoir fait trois pas, s'arrêta d'un air dédaigneux, attendant que Georges lui adressât la parole.

Marie Seyton avait dit vrai; Georges Douglas n'était plus le même homme : autant Marie l'avait vu hautain et orgueilleux la veille, autant aujourd'hui il semblait respectueux et craintif. Il fit à son tour un mouvement vers la reine; mais voyant Marie Seyton debout derrière elle :

— Madame, lui dit-il, je désirais parler à votre majesté seule, n'obtiendrai-je point cette grâce?

— Marie Seyton n'est pas quelqu'un pour moi, monsieur : c'est ma sœur, c'est mon amie ; c'est plus que tout cela, c'est ma compagne de captivité.

— Et à tous ces titres, madame, j'ai pour elle la vénération la plus grande ; cependant ce que j'ai à vous dire ne peut être entendu par d'autres oreilles que par les vôtres. Ainsi donc, madame, comme l'occasion offerte en ce moment ne se représenterait peut-être pas, au nom de ce que vous avez de plus cher au monde, accordez-moi ce que je vous demande.

Il y avait dans la voix de Georges une telle expression de respectueuse prière, que Marie se retourna vers la jeune fille, et lui faisant de la main un signe d'amitié :

— Va donc, mignonne, lui dit-elle ; mais sois tranquille, tu n'y perdras rien, pour ne pas entendre. Va.

Marie Seyton se retira ; la reine la suivit des yeux en souriant, jusqu'à ce que la porte fût refermée ; puis alors, se retournant vers Georges :

— Maintenant, monsieur, lui dit-elle, nous sommes seuls, parlez.

Mais Georges, au lieu de lui répondre, s'avança vers la reine, et, mettant un genou en terre, tira de sa poitrine un papier qu'il lui présenta. Marie le prit avec étonnement, le déplia en regardant Douglas, qui demeurait toujours dans la même attitude, et lut ce qui suit :

« Nous, comtes, lords et barons, ayant considéré que notre reine est détenue à Lochleven, et que ses fidèles sujets ne peuvent avoir accès auprès de sa personne ; voyant, d'autre part, que notre devoir nous engage à

pourvoir à sa sûreté, promettons et jurons d'employer
tous les moyens raisonnables qui dépendront de nous pour
la remettre en liberté à des conditions compatibles avec
l'honneur de sa majesté, avec le bien du royaume, et même
avec la sûreté de ceux qui la retiennent en prison, pourvu
qu'ils consentent à la délivrer; que s'ils refusent, nous
déclarons que nous sommes dans la disposition de nous
employer, nous et nos enfans, nos amis, nos domestiques,
nos vassaux, nos biens, nos corps et nos vies, pour la remettre en liberté, pour procurer la sûreté du prince et
pour concourir au châtiment des meurtriers du feu roi.
Si l'on nous attaque pour cet effet, soit en corps, soit en
particulier, nous promettons de nous défendre et de nous
assister les uns les autres, sous peine d'infamie et de par-
jure. Ainsi Dieu nous soit en aide.

» Signé de nos propres mains à Dumbarton,

» S. André, Argyle, Huntly, Arbroath, Galloway,
Ross, Fleming, Herris, Skirling, Kilwinning,
Wilt, Hamilton et Saint-Clair, chevalier. »

— Et Seyton! s'écria Marie, je ne vois pas, parmi
toutes ces signatures, celle de mon fidèle Seyton.

Douglas, toujours à genoux, tira un second papier de
sa poitrine, et le présenta à la reine avec les mêmes marques de respect. Il ne contenait que ces quelques paroles.

« Fiez-vous à Georges Douglas; car votre majesté
n'a pas d'ami plus dévoué dans tout son royaume.

» Seyton. »

CRIMES CÉLÈBRES.

Alors Marie abaissa ses yeux vers Douglas avec une expression qui n'appartenait qu'à elle; puis lui tendant la main pour se relever :

— Ah! dit-elle avec un soupir où il y avait plus de joie que de douleur, je vois bien que Dieu ne m'a point, malgré mes fautes, abandonnée encore; mais comment se fait-il, dans ce château, que vous, un Douglas... — Oh! c'est à n'y pas croire!

— Madame, répondit Georges, il y a sept ans que je vous ai vue pour la première fois en France, et il y a sept ans que je vous aime. — Marie fit un mouvement; mais Douglas étendit la main et secoua la tête avec un air de si profonde tristesse, qu'elle comprit qu'elle pouvait entendre ce qu'avait à lui dire le jeune homme; il continua : —Rassurez-vous, madame, je ne vous eusse jamais fait cet aveu, si cet aveu, en vous expliquant ma conduite, n'eût pas dû vous donner une confiance plus grande en moi. Oui, il y a sept ans que je vous aime; mais comme on aime une étoile qu'on ne peut atteindre, une madone qu'on ne peut que prier; depuis sept ans, je vous ai suivie partout sans que jamais vous ayez fait attention à moi, sans que jamais j'aie dit un mot ni fait un geste pour attirer vos regards. J'étais sur la galère du chevalier de Mévillon lorsque vous passâtes en Écosse; j'étais parmi les soldats du régent lorsque vous battîtes Huntly; j'étais de l'escorte qui vous accompagna lorsque vous allâtes voir le roi malade à Glascow; j'arrivai à Édimbourg une heure après que vous en étiez partie pour Lochleven; et alors il me sembla que, pour la première fois, ma mission

MARIE STUART.

m'était révélée, et que cet amour, que jusque alors je m'é-
tais reproché comme un crime, était au contraire une faveur de Dieu. J'appris que les nobles étaient rassemblés
à Dumbarton : j'y courus. J'engageai mon nom, j'engageai mon honneur, j'engageai ma vie; et j'obtins d'eux,
grâce à la facilité que j'avais de rentrer dans cette forteresse, le bonheur de vous apporter l'acte qu'ils venaient
de signer. Maintenant, madame, oubliez tout ce que je
vous ai dit, excepté les assurances de mon dévouement et
de mon respect : oubliez que je suis près de vous ; je suis
habitué à ne pas être vu : seulement, si vous avez besoin de
ma vie, faites un signe ; car depuis sept ans ma vie est à
vous.

— Hélas! répondit Marie, je me plaignais ce matin de
n'être plus aimée, et je devrais me plaindre, au contraire,
de ce que l'on m'aime encore : car l'amour que j'inspire
est fatal et mortel. Si jeune que je sois, Douglas, tournez
les yeux en arrière, et comptez les tombeaux que j'ai déjà
laissés sur ma route, François II, Chatelard, Rizzio,
Darnley... Oh! il faut plus que de l'amour maintenant
pour s'attacher à ma fortune, il faut de l'héroïsme et du dévouement, d'autant plus, vous l'avez dit, Douglas, que c'est
un amour sans récompense possible, entendez-vous bien?

— O madame, madame, répondit Douglas, n'est-
ce point une récompense au-dessus de mes mérites, que
celle de vous voir tous les jours, de nourrir l'espérance
que la liberté vous sera rendue par moi, et d'avoir au
moins, si je ne vous la rends pas, la certitude de mourir
sous vos yeux!

— Pauvre jeune homme! murmura Marie, les regards levés au ciel, et comme si elle y lisait d'avance le sort qui attendait son nouveau défenseur.

— Heureux Douglas! au contraire, s'écria Georges en saisissant la main de la reine et en la baisant avec plus de respect encore peut-être que d'amour, — heureux Douglas! car il a déjà obtenu de votre majesté plus qu'il n'espérait, en obtenant un soupir.

— Et qu'avez-vous décidé avec mes amis? dit la reine en relevant Douglas, qui jusque là s'était tenu à genoux devant elle.

— Rien encore, répondit Georges, car à peine avons-nous eu le temps de nous voir : votre évasion, impossible sans moi, est encore difficile même avec moi, et votre majesté a vu, qu'il m'a fallu lui manquer publiquement de respect, pour obtenir de ma mère la confiance qui me vaut aujourd'hui le bonheur de la voir : si cette confiance s'étend jamais, de la part de ma mère ou de mon frère, jusqu'à me remettre les clefs du château, alors vous êtes sauvée! Que votre majesté ne s'étonne donc de rien : devant tous je serai toujours pour elle un Douglas, c'est-à-dire un ennemi, et jusqu'à ce qu'il y ait péril de vie pour vous, madame, je ne dirai pas une parole, je ne ferai pas un geste qui puisse trahir la foi que je vous ai jurée ; mais, de votre côté, que votre grâce sache bien, que présent comme absent, que je me taise ou que je parle, que j'agisse ou que je demeure en repos, tout ne sera qu'apparence, excepté mon dévouement. Seulement, continua Douglas en s'approchant de la fenêtre, et en montrant à la reine

MARIE STUART.

une petite maison située sur la colline de Kinross,—Seulement regardez tous les soirs dans cette direction, madame, et tant que vous y verrez briller une lumière, c'est que vos amis veilleront pour vous, et qu'il ne faut pas perdre l'espérance.

— Merci, Douglas, merci, dit la reine, cela fait du bien de retrouver de temps en temps un cœur comme le vôtre, oh ! merci !

— Et maintenant, madame, répondit le jeune homme, il faut que je quitte votre majesté ; demeurer plus longtemps près de vous serait donner des soupçons, et un seul soupçon sur moi, songez-y bien, madame, et cette lumière, qui est votre seul phare, s'éteint, et tout rentre dans la nuit.

A ces mots, Douglas s'inclina plus respectueusement qu'il n'avait encore fait, et se retira, laissant Marie pleine d'espérance et plus encore d'orgueil ; car cette fois, c'était bien pour la femme, et non pour la reine, qu'était l'hommage qu'elle venait de recevoir.

Ainsi que le lui avait dit la reine, Marie Seyton sut tout, même l'amour de Douglas, et les deux femmes attendirent avec impatience le soir, pour voir si l'étoile qui leur avait été promise brillerait à l'horizon ; leur espoir ne fut pas trompé : à l'heure dite, le phare s'alluma, la reine en tressaillit de joie, car c'était la confirmation de ses espérances, et sa compagne ne pouvait pas l'arracher de la fenêtre, où elle restait les yeux fixés sur la petite maison de Kinross. Enfin elle céda aux prières de Marie Seyton, et consentit à se coucher ; mais deux fois, dans la nuit,

CRIMES CÉLÈBRES.

elle se releva sans bruit pour aller à sa fenêtre : la lumière brillait toujours et ne s'éteignit qu'au crépuscule, avec ses sœurs, les étoiles.

Le lendemain, au déjeûner, Georges annonça à la reine le retour de son frère Williams Douglas : il arrivait le soir même; quant à lui, Georges, il devait quitter Lochleven le lendemain matin, pour s'entendre avec les lords qui avaient signé la déclaration, et qui s'étaient séparés aussitôt pour lever des troupes dans leurs différens comtés. La reine ne pouvait tenter avec fruit aucune évasion, qu'au moment où elle serait sûre de rassembler autour d'elle une armée assez forte pour tenir la campagne, quant à lui, Douglas, on était tellement habitué à ses disparitions silencieuses et à ses retours inattendus, qu'il n'y avait point lieu de craindre que son départ inspirât aucun soupçon.

Tout se passa comme l'avait dit Georges : le soir, le son du cor annonça l'arrivée de Williams Douglas; il avait avec lui lord Ruthwen, le fils de celui qui avait assassiné Rizzio, et qui, exilé avec Morton, à la suite de ce meurtre, était mort en Angleterre de la maladie dont il était déjà atteint le jour de la catastrophe terrible à laquelle nous l'avons vu prendre une si large part. Il précédait d'un jour lord Lindsay de Byres et sir Robert Melvil, frère de l'ancien ambassadeur de Marie auprès d'Élisabeth, tous trois étaient chargés d'une mission du régent pour la reine.

Le lendemain tout rentra dans l'ordre accoutumé, et Williams Douglas reprit ses fonctions d'écuyer tranchant. Le déjeûner se passa sans que Marie apprît rien du départ de Georges, ni de l'arrivée de Ruthwen. En se levant de

table elle se mit à sa fenêtre: à peine y était-elle, qu'elle
entendit le son du cor retentir sur les rives du lac, et
qu'elle vit une petite troupe de cavaliers faire halte, en attendant que la barque vînt chercher ceux d'entre eux qui
devaient se rendre au château.

La distance était trop grande pour que Marie pût reconnaître aucun de ceux qui venaient lui rendre visite;
mais il était évident, aux signes d'intelligence échangés
entre la petite troupe et les habitans de la forteresse, que les
nouveaux arrivans étaient de ses ennemis. Ce fut une raison
pour que, dans son inquiétude, la reine ne perdît pas un
instant de vue la barque qui les allait chercher. Elle y
vit descendre deux hommes seulement, et aussitôt la barque reprendre le chemin du château.

À mesure que la barque s'approchait, les pressentimens de Marie se changeaient en craintes véritables, car
dans l'un des hommes qui s'avançaient, elle croyait reconnaître lord Lindsay de Byres, le même qui, huit jours
auparavant, l'avait amenée dans sa prison. En effet, c'était
lui-même, couvert comme d'habitude d'un casque d'a-
cier sans visière, qui laissait voir son visage rude et fait
pour exprimer les fortes passions, et sa longue barbe
noire, parsemée de quelques poils gris, qui lui tombait
jusque sur la poitrine; son corps était protégé, comme
s'il était en guerre, de sa fidèle cuirasse autrefois polie
et bien dorée, mais qui, sans cesse exposée à la pluie et
aux brouillards, était maintenant rongée par la rouille;
il portait sur le dos, à peu près comme on porte un car-
quois, une grande épée, si lourde qu'on ne pouvait la

CRIMES CÉLÈBRES.

manier qu'à deux mains, et si longue, que, tandis que la poignée s'élevait jusqu'à l'épaule gauche, la pointe descendait jusqu'à l'éperon droit : en un mot, c'était toujours le même soldat, brave jusqu'à la témérité, mais brutal jusqu'à l'insolence, ne connaissant rien que le droit et la force, et toujours prêt à user de la force quand il se croyait dans le droit.

La reine était tellement préoccupée de la vue de lord Lindsay de Byres, que ce ne fut qu'au moment où la barque était près de toucher le rivage qu'elle jeta les yeux sur son compagnon et reconnut Robert Melvil ; ce fut une consolation pour elle, car, quelque chose qui arrivât, elle savait au moins trouver en celui-ci une sympathie, sinon ostensible du moins secrète. Au reste, son costume, par lequel on aurait pu le juger, ainsi que lord Lindsay par le sien, formait un contraste parfait avec celui de son compagnon : il se composait d'un pourpoint de velours noir, avec une toque et une plume de la même couleur, attachée par une agrafe d'or ; sa seule arme offensive et défensive était une petite épée, qu'il semblait porter plutôt pour indiquer son rang, que pour attaquer ou pour se défendre : quant à ses traits et à ses manières, ils étaient en harmonie avec cette apparence pacifique. Son visage pâle exprimait à la fois la finesse et l'intelligence : son œil vif, était plein de douceur, et sa voix insinuante, sa taille mince et légèrement courbée par l'habitude, plutôt que par les années, puisqu'il n'avait à cette époque que quarante-cinq ans, indiquaient en lui un caractère facile et conciliant.

MARIE STUART.

Cependant la présence de cet homme de paix, qui
semblait chargé de veiller sur le démon de la guerre, ne
put rassurer la reine, et comme pour se rendre au dé-
barcadère, situé devant la grande porte du château, la
barque venait de disparaître à l'angle d'une tour, elle ordonna à Marie Seyton de descendre, afin de tâcher d'apprendre quelle cause amenait lord Lindsay à Lochleven,
sachant bien qu'avec la force de caractère dont elle était
douée, elle n'avait besoin de connaître cette cause que
quelques minutes auparavant, pour donner à son visage,
quelle qu'elle fût, ce calme et cette majesté dont elle
avait toujours éprouvé l'influence sur ses ennemis.

Restée seule, Marie reporta ses yeux sur la petite maison de Kinross, son seul espoir, mais la distance était
trop grande pour qu'on y pût rien distinguer; d'ailleurs,
ses contre-vents restaient fermés tout le jour, et semblaient ne s'ouvrir que le soir, pareils aux nuages, qui,
après avoir couvert le ciel toute une matinée, s'écartent
enfin pour laisser voir au matelot perdu une seule étoile.
Elle n'en était pas moins demeurée ainsi immobile et les
yeux toujours fixés sur le même objet, lorsqu'elle fut
tirée de cette contemplation muette par les pas de Marie
Seyton.

— Eh bien! mignonne? demanda la reine en se retournant.

— Votre majesté ne s'est point trompée, répondit la
messagère, c'était bien sir Robert Melvil et lord Lindsay;
mais, dès hier, il était arrivé, avec sir Williams Douglas,
un troisième ambassadeur, dont le nom, je le crains bien,

CRIMES CÉLÈBRES.

sera encore plus odieux à votre majesté qu'aucun des deux que je viens de prononcer.

— Tu te trompes, Marie, répondit la reine : ni le nom de Melvil ni celui de Lindsay ne me sont odieux ; celui de Melvil, au contraire, est, dans les circonstances où je me trouve, un de ceux que mon oreille a le plus de plaisir à entendre; quant à celui de lord Lindsay, il ne m'est point agréable sans doute, mais ce n'en est pas moins un nom honorable, toujours porté par des hommes brusques et sauvages, c'est vrai, mais incapables de trahison. Dis-moi donc quel est ce nom, Marie, car, tu le vois, je suis calme et préparée.

— Hélas! madame, reprit Marie, si calme et si pré-parée que vous soyez, rappelez encore toutes vos forces, non seulement pour entendre prononcer ce nom, mais encore pour recevoir dans quelques instans l'homme qui le porte; car ce nom est celui de lord Ruthwen.

Marie Seyton avait dit vrai, et ce nom eut une influence terrible sur la reine : car, à peine se fut-il échappé des lèvres de la jeune fille, que Marie Stuart jeta un cri, et pâlissant comme si elle allait s'évanouir, se retint au rebord de la croisée. Marie Seyton, effrayée de l'effet qu'avait produit ce nom fatal, s'élança aussitôt vers la reine pour la soutenir; mais celle-ci étendant une main vers elle, tandis qu'elle appuyait l'autre sur son cœur :

— Ce n'est rien, dit-elle, et dans un instant je serai remise; oui, Marie, oui, tu l'as dit, c'est un nom fatal et mêlé à un de mes plus sanglans souvenirs. Ce que viennent me demander de pareils hommes doit être bien terrible.

MARIE STUART.

Mais n'importe, bientôt je serai prête à recevoir les ambassadeurs de mon frère, car sans doute ils sont envoyés en son nom. Toi, mignonne, empêche qu'ils n'entrent, car j'ai besoin de quelques instans pour me remettre : tu me connais ; ce ne sera pas long.

A ces mots, la reine se retira d'un pas ferme vers la porte de sa chambre à coucher.

Marie Seyton resta seule, admirant cette force de caractère qui faisait de Marie Stuart, si complètement femme sous tous les autres rapports, un homme au moment du danger. Aussitôt elle alla vers la porte pour la fermer avec la traverse de bois que l'on passait entre deux anneaux de fer, mais la traverse était enlevée, de sorte qu'il n'y avait aucun moyen de la fermer en dedans. Au bout d'un instant elle entendit qu'on montait l'escalier, et devinant au pas lourd et résonnant de celui qui arrivait, que ce devait être lord Lindsay, elle regarda encore une fois autour d'elle si elle ne voyait pas quelque chose qui pût remplacer la traverse, et ne trouvant rien à sa portée, elle passa son bras dans les anneaux, décidée à se le faire briser, plutôt que de laisser entrer près de sa maîtresse avant le moment qu'il lui conviendrait. En effet, à peine ceux qui montaient furent-ils arrivés sur le pallier, qu'on frappa violemment, et qu'une voix brusque s'écria :

— Allons, allons, qu'on ouvre la porte, qu'on ouvre a l'instant

— Et de quel droit, dit Marie Seyton, m'ordonne-t-on aussi insolemment d'ouvrir la porte de la reine d'Écosse ?

CRIMES CÉLÈBRES.

— Du droit qu'a l'ambassadeur du régent d'entrer partout en son nom : je suis lord Lindsay, et je viens pour parler à lady Marie Stuart.

— Pour être ambassadeur, répondit Marie Seyton, on n'est point dispensé de se faire annoncer chez une femme, et à plus forte raison chez une reine ; et si cet ambassadeur est, ainsi qu'il le dit, lord Lindsay, il attendra, comme le ferait à sa place tout noble Écossais, le loisir de sa souveraine.

— Par saint André! s'écria lord Lindsay, ouvrez, ou j'enfonce cette porte.

— N'en faites rien, mylord, je vous en supplie, dit une autre voix, que Marie Seyton reconnut pour être celle de Melvil, attendons plutôt un instant lord Ruthwen, qui n'est point encore prêt.

— Sur mon ame, s'écria Lindsay en secouant la porte, je n'attendrai pas une seconde. Puis, voyant qu'elle résistait : Que me disais-tu donc, drôle, continua Lindsay en s'adressant à l'intendant, que la traverse avait été enlevée ?

— C'est la vérité, répondit celui-ci.

— Alors, reprit Lindsay, avec quoi cette péronnelle retient-elle la porte ?

— Avec mon bras, mylord, que j'ai passé dans les anneaux, comme fit, pour le roi Jacques Ier, une Douglas, au temps où les Douglas avaient les cheveux noirs, au lieu de les avoir roux, et étaient fidèles au lieu d'être traîtres.

— Puisque tu sais si bien ton histoire, répondit Lind-

MARIE STUART.

say avec rage, **tu** dois te rappeler que cette faible barrière n'arrêta point Graham, que le bras de Catharine Douglas fut brisé comme une baguette de saule, et que Jacques Ier fut tué comme un chien.

— Mais vous, mylord, répondit la courageuse jeune fille, vous devez savoir aussi la ballade que l'on chante encore de nos jours :

> Honni soit Robert Graham,
> Du roi l'assassin infâme
> Robert Graham honni soit
> L'assassin de notre roi.

— Marie, s'écria la reine, qui avait entendu cette altercation de sa chambre à coucher, Marie, je vous ordonne d'ouvrir la porte à l'instant même, entendez-vous ?

Marie obéit, et lord Lindsay entra, suivi de Melvil, qui marchait derrière lui, la tête baissée et à pas lents. Arrivé au milieu de la seconde chambre, lord Lindsay s'arrêta, et regardant autour de lui .

— Eh bien, où est-elle donc ? demanda-t-il, et ne nous a-t-elle point fait déjà assez attendre dehors, sans nous faire encore attendre dedans? ou bien se figurerait-elle, malgré ces murs et ces barreaux, qu'elle est toujours reine ?

— Patience, mylord, murmura sir Robert : vous voyez bien que lord Ruthwen n'est point encore arrivé, et puisque nous ne pouvons rien faire sans lui, attendons-le.

— Attendra qui voudra, répondit Lindsay enflammé de colère ; mais ce ne sera pas moi, et où elle sera, j'irai la chercher.

CRIMES CÉLÈBRES.

A ces mots, il fit quelques pas vers la chambre à coucher de Marie Stuart ; mais au même instant la reine ouvrit la porte, sans paraître émue, ni de la visite, ni de l'insolence du visiteur, et si belle et si pleine de majesté, que chacun, et jusqu'à Lindsay lui-même, demeura en silence à son aspect, et, comme obéissant à une force supérieure, s'inclina respectueusement devant elle.

— J'ai peur de vous avoir fait attendre, mylord, dit la reine, sans répondre autrement que par une légère inclinaison de tête au salut des ambassadeurs ; mais une femme n'aime point à recevoir, même des ennemis, sans avoir passé quelques minutes à sa toilette. Il est vrai que les hommes tiennent moins à ce cérémonial, ajouta-t-elle en jetant un coup d'œil indicateur sur l'armure rouillée et sur le pourpoint sale et percé de lord Lindsay. —Bonjour, Melvil, continua-t-elle sans faire attention aux quelques paroles d'excuse que balbutiait Lindsay ; soyez le bien venu dans ma prison, comme vous l'étiez dans mon palais, car je vous crois aussi fidèle à l'une qu'à l'autre. Puis se retournant vers Lindsay, qui interrogeait des yeux la porte, impatient qu'il était de voir arriver Ruthwen :

— Vous avez là, mylord, dit-elle, en montrant du doigt le glaive qu'il portait sur son épaule, un compagnon fidèle, quoique un peu lourd ; vous seriez-vous attendu, en venant ici, à trouver des ennemis contre qui l'employer ? Dans le cas contraire, c'est une parure étrange pour se présenter devant une femme. Mais n'importe, mylord, je suis trop Stuart pour craindre la vue d'une épée, fût-elle nue, je vous en préviens.

MARIE STUART.

— Elle n'est point déplacée ici, madame, répondit Lindsay en la faisant passer devant lui et en appuyant son coude sur la croix de sa poignée, car c'est une vieille connaissance de votre famille.

— Vos ancêtres, mylord, étaient assez braves et assez loyaux, pour que je ne révoque pas en doute ce que vous me dites. Au reste, une si bonne lame a dû leur rendre de bons services.

— Oui, madame, oui, certes, elle leur en a rendu ; mais de ces services que les rois ne pardonnent point. Celui qui la fit faire pour lui, fut Archibald Attache-grelot, et il en était armé le jour où, pour justifier son nom, il alla prendre jusque sous la tente du roi Jacques III, votre aïeul, ses indignes favoris, Cochran, Hummel, Léonard et Torpichen, qu'il fit pendre sur le pont de Lauder avec les licous des chevaux de ses soldats : c'est encore avec cette épée qu'il tua d'un seul coup, en champ clos, Spens de Kilspindie, qui l'avait insulté en présence du roi Jacques IV, comptant sur la protection que lui accordait son maître, et qui ne le garantit pas plus contre elle que son bouclier, qu'elle fendit en deux. A la mort de son maître, qui eut lieu deux ans après la défaite de Flodden, sur le champ de bataille de laquelle il laissa ses deux fils et deux cents guerriers du nom de Douglas, elle passa aux mains du comte d'Angus, qui la tira du fourreau lorsqu'il chassa les Hamilton d'Édimbourg, et cela si rapidement et si complètement, qu'on appela cette affaire le balayage des rues. Enfin, votre père Jacques V la vit luire au combat du pont de la Tweed lorsque Buccleuch, soulevé par lui, voulut l'arracher à la tutelle des Douglas, et que quatre-vingts guerriers du nom de Scott restèrent sur le champ de bataille.

— Mais, dit la reine, comment cette arme, après de pareils exploits, n'est-elle point restée comme un trophée dans la famille des Douglas? Sans doute il a fallu au comte d'Angus une grande occasion pour le déterminer à se défaire en votre faveur de cette moderne Caliburn [1].

— Oui, sans doute, madame, ce fut dans une grande occasion, répondit Lindsay, malgré les signes suppliants que lui faisait Melvil, et celle-là aura du moins l'avantage sur les autres, d'être assez rapprochée de nous pour que vous vous la rappeliez. C'était, il y a dix jours, sur le champ de bataille de Carberry-Hill, madame, quand l'infâme Bothwell eut l'audace de publier un cartel par lequel il défiait en combat singulier quiconque oserait soutenir qu'il n'était pas innocent du meurtre du roi votre époux. Je lui fis répondre alors, moi troisième, qu'il était un assassin. Et comme il refusait de se battre avec les deux autres sous prétexte qu'ils n'étaient que barons, je me présentai à mon tour moi qui suis comte et lord. Ce fut à cette occasion que le noble comte de Morton me fit présent de cette bonne épée pour le combattre à outrance. De sorte que s'il eût été un peu plus présomptueux, ou un peu moins lâche, les chiens et les vautours mangeraient à cette heure les morceaux qu'avec l'aide de cette bonne lame je leur aurais découpés sur la carcasse de ce traître.

A ces paroles, Marie Seyton et Robert Melvil se re-

MARIE STUART.

gardèrent effrayés; car les événemens qu'elles rappelaient étaient si proches, qu'ils étaient, pour ainsi dire, vivans encore dans le cœur de la reine ; mais elle, avec une impassibilité incroyable et le sourire du mépris sur les lèvres :

— Il est facile, dit-elle, mylord, de vaincre un ennemi qui ne se présente point au combat ; cependant, croyez-moi, si Marie eût hérité du glaive des Stuarts, comme elle a hérité de leur sceptre, votre épée, si longue qu'elle soit, aurait pu vous paraître encore trop courte. Mais comme vous n'avez à nous raconter en ce moment, mylord, que ce que vous comptiez faire, et non ce que vous avez fait, trouvez bon que je vous ramène à quelque chose de plus réel, car je ne présume pas que vous vous soyez donné la peine de venir ici purement et simplement pour ajouter un chapitre au petit traité des rodomontades espagnoles de M. de Brantôme.

— Vous avez raison, madame, répondit Lindsay en rougissant de colère, et vous connaîtriez déjà l'objet de notre mission, si lord Ruthwen ne se faisait pas si ridiculement attendre. Mais, ajouta-t-il, ayez patience, la chose ne sera pas longue maintenant, car le voici.

En effet, en ce moment on entendit des pas qui montaient l'escalier et se rapprochaient de la chambre, et au bruit de ces pas, la reine, qui avait supporté avec tant de fermeté les insultes de Lindsay, pâlit si visiblement que Melvil, qui ne la quittait pas des yeux, étendit la main vers le fauteuil comme pour le pousser vers elle; mais la reine fit signe qu'il n'en était pas besoin, et fixa avec un calme apparent son regard sur la porte. Lord Ruthwen parut : c'était la première fois qu'elle revoyait le fils, depuis que Rizzio avait été assassiné par le père.

Lord Ruthwen était à la fois un guerrier et un homme d'état, et dans ce moment son costume tenait de l'une et de l'autre de ces deux professions : c'était un justaucorps de buffle brodé, assez élégant pour être porté en négligé de cour, et sur lequel, au besoin, on pouvait boucler une cuirasse pour en faire une parure de bataille ; comme son père, il était pâle ; comme son père, il devait mourir jeune, et, de plus que son père, il portait sur sa physionomie cette tristesse de mauvais augure, à laquelle les devins reconnaissent ceux qui doivent périr de mort violente.

Lord Ruthwen réunissait en lui la dignité polie d'un homme de cour et le caractère inflexible d'un ministre : aussi, tout décidé qu'il était à obtenir de Marie Stuart, fût-ce par la violence, ce qu'il venait lui demander au nom du régent, il ne lui fit pas moins, en entrant, un salut froid, mais respectueux, auquel la reine répondit par une révérence : puis, l'intendant approcha du fauteuil vide une lourde table sur laquelle avait été préparé tout ce qu'il fallait pour écrire, et sur un signe des deux lords, sortit, laissant la reine et sa compagne seule avec les trois ambassadeurs. Alors, la reine, jugeant que cette table et ce fauteuil étaient préparés pour elle, alla s'asseoir ; puis, après un moment, interrompant elle-même ce silence plus sombre qu'aucune parole n'aurait pu être :

— Mylords, dit-elle, vous voyez que je vous attends : ce message que vous avez à me communiquer est-il donc si terrible, que deux hommes de guerre aussi renommés que

MARIE STUART.

le sont lord Lindsay et lord Ruthwen hésitent au moment de me le transmettre?

— Madame, répondit Ruthwen, je ne suis pas d'une famille, vous le savez, qui hésite jamais à remplir un devoir, si pénible qu'il soit: au reste, nous espérons que votre captivité vous a préparée à entendre ce que nous avons à vous dire de la part du conseil secret.

— Le conseil secret! dit la reine; et de quel droit, institué par moi, agit-il sans moi? N'importe, j'attends ce message; je présume que c'est une pétition pour implorer ma miséricorde en faveur des hommes qui ont osé toucher à un pouvoir que je ne tenais que de Dieu.

— Madame, répondit Ruthwen, qui paraissait s'être chargé du rôle pénible d'orateur, tandis que Lindsay, muet et impatient, tourmentait la poignée de sa longue épée, il m'est pénible d'avoir encore à vous détromper sur ce point : ce n'est point votre miséricorde que je viens vous demander, c'est au contraire, le pardon du conseil secret que je viens vous offrir.

— A moi, mylord, à moi! s'écria Marie : des sujets offrent le pardon à leur reine! Oh! la chose est si nouvelle et si miraculeuse, que la surprise l'emporte chez moi sur l'indignation, et que je vous prierai de continuer, au lieu de vous arrêter là, comme je devrais peut-être le faire.

— Et je vous obéirai d'autant plus volontiers, madame, continua Ruthwen sans se troubler, que ce pardon n'est accordé qu'à certaines conditions consignées dans ces actes destinés à rétablir la tranquillité de l'état, si cruellement compromise par les fautes qu'ils viennent réparer.

CRIMES CÉLÈBRES.

— Et me sera-t-il permis, mylord, de lire ces actes, ou dois-je, entraînée par ma confiance en ceux qui me les présentent, les signer les yeux fermés?

— Non, madame, répondit Ruthwen ; le conseil secret désire, au contraire, que vous en preniez connaissance, car c'est librement que vous devez les signer.

— Lisez-moi donc ces actes, mylord, car cette lecture est, je crois, dans les fonctions étranges que vous avez acceptées.

Lord Ruthwen prit l'un des deux papiers qu'il tenait à la main, et lut, avec son impassibilité de voix ordinaire, la pièce suivante :

« Appelée dès ma plus tendre jeunesse au gouvernement du royaume et à la couronne d'Écosse, j'ai donné tous mes soins à l'administration ; mais j'ai éprouvé tant de fatigues et de peines, que je ne me trouve plus l'esprit assez libre ni les forces assez grandes pour supporter le fardeau des affaires de l'état : en conséquence, et comme la faveur divine nous a accordé un fils, à qui nous désirons voir porter de notre vivant la couronne qui lui est acquise par droit de naissance, nous avons résolu de nous démettre et nous démettons en sa faveur par ces présentes, librement et volontairement, de tous nos droits à la couronne et au gouvernement de l'Écosse, voulant qu'il monte sur-le-champ au trône, comme s'il y était appelé par notre mort naturelle, et non par l'effet de notre propre volonté ; et pour que notre présente abdication ait un effet plus complet et plus solennel, et que personne n'en puisse prétendre cause d'ignorance, nous donnons

pleins pouvoirs à nos féaux et fidèles cousins, les lords
Lindsay de Byres et Williams Ruthwen, de comparaître
en notre nom devant la noblesse, le clergé et les bourgeois
d'Écosse, dont ils convoqueront une assemblée à Stirling,
et d'y renoncer, publiquement et solennellement, de notre
part, à tous nos droits à la couronne et au gouvernement
de l'Écosse.

« Signé librement et comme le témoignage d'une de
nos dernières volontés royales, en notre château de Lochleven, le   juin 1567. » La date était en blanc.

Il se fit un moment de silence après cette lecture,
puis :

— Avez-vous entendu, madame? demanda Ruthwen.

— Oui, répondit Marie Stuart, oui, j'ai entendu des
paroles rebelles que je n'ai pas comprises, et j'ai pensé
que mes oreilles, qu'on essaie d'habituer depuis quelque
temps à un étrange langage, me trompaient encore, et
cela je l'ai pensé pour votre honneur, mylord Williams
Ruthwen et mylord Lindsay de Byres.

— Madame, répondit Lindsay, impatienté d'avoir
gardé si long-temps le silence, notre honneur n'a rien à
faire de l'opinion d'une femme qui a su si mal veiller sur
le sien.

— Mylord! dit Melvil en hasardant un mot.

— Laissez-le dire, Robert, répondit la reine, nous
avons dans notre conscience une cuirasse aussi bien trempée que celle dont est si prudemment revêtu mylord Lindsay, quoique, à la honte de la justice, nous n'ayons plus de
glaive. Continuez, mylord, reprit la reine en se retour-

CRIMES CÉLÈBRES.

nant vers lord Ruthwen; est-ce tout ce que mes sujets requièrent de moi? Une date et une signature, ah! c'est trop peu sans doute; et ce second papier, que vous avez gardé pour observer la gradation, contient probablement quelque demande plus difficile à accorder que celle de céder à un enfant âgé d'un an à peine, une couronne qui m'appartient par droit de naissance, et d'abandonner mon sceptre pour prendre une quenouille.

— Cet autre papier, répondit Ruthwen sans se laisser intimider par le ton d'amère ironie qu'avait pris la reine, est l'acte par lequel votre grâce confirme la décision du conseil secret, qui a nommé votre frère bien-aimé, le comte de Murray, régent du royaume.

— Comment donc? reprit Marie, le conseil secret pense qu'il a besoin de ma confirmation pour un acte de si peu d'importance? et mon frère bien-aimé, pour le porter sans remords, a besoin que ce soit moi qui ajoute un nouveau titre à ceux de comte de Mar et de Murray que je lui ai déjà donnés? mais tout cela est on ne peut plus respectueux et plus touchant, et j'aurais grand tort de me plaindre. Mylords, continua la reine en se levant et en changeant de ton, retournez vers ceux qui vous ont envoyés, et dites-leur qu'à de pareilles demandes, Marie Stuart n'a point de réponse à faire.

— Prenez garde, madame, répondit Ruthwen, car je vous l'ai dit, ce n'est qu'à ces conditions que votre pardon peut vous être accordé.

— Et si je refuse ce pardon généreux, demanda Marie, qu'arrivera-t-il?

MARIE STUART.

— Je ne puis pas préjuger sur un arrêt, madame;
mais votre grâce connaît assez les lois, et surtout l'histoire
de l'Écosse et de l'Angleterre, pour savoir que le meurtre
et l'adultère sont des crimes pour lesquels plus d'une reine
a été punie de mort.

— Et sur quelles preuves fonderait-on une accusation
pareille, mylord? Pardon de mon insistance, qui vous prend
un temps précieux; mais je suis assez intéressée à la
chose pour qu'on me permette une pareille question.

— La preuve, madame, répondit Ruthwen, il n'y en
a qu'une, je le sais; mais celle-là est irrécusable: c'est le
mariage précipité de la veuve de l'assassiné avec le chef
des assassins, et les lettres qui nous ont été remises par
Jacques de Balfour, qui prouvent que les coupables avaient
uni leurs cœurs adultères avant qu'il ne leur fût permis
d'unir leurs mains sanglantes.

— Mylord, s'écria la reine, oubliez-vous certain repas
donné dans une taverne de Londres, par ce même Bothwell, à ces mêmes nobles qui le traitent aujourd'hui d'a-
dultère et de meurtrier; oubliez-vous qu'à la suite de ce
repas, et sur la table même où il avait été donné, un
écrit fut signé pour inviter cette même femme, à qui vous
faites aujourd'hui un crime de la rapidité de ses nouvelles
noces, à quitter le deuil de veuve pour revêtir la robe d'é-
pousée? car si vous l'avez oublié, mylords, ce qui ne ferait
pas plus d'honneur à votre sobriété qu'à votre mémoire,
je me chargerais de vous la remettre sous les yeux, moi
qui l'ai conservée, et peut-être qu'en cherchant bien nous
trouverions au nombre des signatures les noms de Lind-

CRIMES CÉLÈBRES.

say de Byres et de Williams Ruthwen. O noble lord
Herris, s'écria Marie, loyal Jacques Melvil, vous seuls
aviez donc raison, quand vous vous jetiez à mes pieds, en
me suppliant de ne point conclure ce mariage, qui n'était,
je le vois bien aujourd'hui, qu'un piége tendu à une
femme ignorante par des conseillers perfides ou des seigneurs déloyaux.

— Madame, s'écria Ruthwen, commençant malgré sa
froide impassibilité à s'emporter lui-même, tandis que
Lindsay donnait des signes encore plus bruyans et moins
équivoques d'impatience, — madame, toutes ces discussions
nous éloignent de notre but : revenez-y donc, je vous prie,
et dites-nous si, votre vie et votre honneur assurés, vous
consentez à vous démettre de la couronne d'Écosse.

— Et quelle garantie aurai-je que les promesses que
vous me faites ici seront tenues ?

— Notre parole, madame, répondit fièrement Ruthwen.

— Votre parole, mylord, c'est un bien faible gage à
offrir, quand on oublie si vite sa signature; n'auriez-vous
pas quelque bagatelle à y ajouter pour me faire un peu
plus tranquille que je ne le serais avec elle ?

— Assez, Ruthwen, assez, s'écria Lindsay, ne voy ez-
vous pas que depuis une heure cette femme ne répond
que par des insultes à toutes nos propositions ?

— Oui, partons, dit Ruthwen, et ne vous en prenez
qu'à vous, madame, le jour où se brisera le fil qui retient
l'épée suspendue sur votre tête.

— Mylords, s'écria Melvil, mylords, au nom du ciel,

MARIE STUART.

un peu de patience, et pardonnez quelque chose à celle qui, habituée à commander, est aujourd'hui forcée d'obéir.

— Eh bien! dit Lindsay en se retournant, restez donc auprès d'elle et tâchez d'obtenir par vos paroles dorées ce qu'on refuse à notre franche et loyale demande. Dans un quart d'heure nous reviendrons, dans un quart d'heure que la réponse soit prête!

A ces mots, les deux seigneurs sortirent, laissant Melvil avec la reine; et l'on put compter leurs pas, au bruit que faisait la grande épée de Lindsay, en retentissant sur chaque marche de l'escalier.

A peine furent-ils seuls, que Melvil se jeta aux pieds de la reine

— Madame, lui dit-il, vous disiez tout-à-l'heure que lord Herris et mon frère avaient donné à votre majesté un conseil qu'elle se repentait de n'avoir point suivi; eh bien! madame, songez à celui que je vous donne à mon tour; car il est plus important que l'autre, car vous regretterez, avec plus d'amertume encore, de ne pas l'avoir écouté. Ah! vous ne savez pas ce qui peut arriver, vous ignorez ce dont votre frère est capable.

— Il me semble cependant, répondit la reine, qu'il vient de m'instruire sous ce rapport; que fera-t-il de plus que ce qu'il a déjà fait? Un procès public! oh! c'est tout ce que je demande : qu'ils me laissent seulement plaider ma cause, et nous verrons quels juges oseront me condamner.

— Aussi voilà ce qu'ils se garderont bien de faire, madame; car il faudrait qu'ils fussent insensés, quand ils vous tiennent ici dans ce château isolé, sous la garde de

CRIMES CÉLÈBRES.

vos ennemis, n'ayant pour témoin que Dieu, qui venge
le crime, mais qui ne le prévient pas. Rappelez-vous,
madame. ce qu'a dit Machiavel : Jamais le tombeau d'un
roi n'est loin de sa prison : vous êtes d'une famille où l'on
meurt jeune, madame, et presque toujours d'une mort
fatale : deux de vos aïeux ont péri par le fer, et un par
le poison.

— Oh! si la mort était prompte et facile, s'écria Marie, oui, je l'accepterais comme une expiation de mes
fautes; car si je suis fière quand je me compare Melvil,
je suis humble quand je me juge : c'est injustement qu'on
m'accuse d'être complice de la mort de Darnley; mais
c'est justement qu'on me condamne pour avoir épousé
Bothwell.

— Le temps presse, madame! le temps presse, s'écria
Melvil en regardant le sablier qui, posé sur la table, me-
surait les heures. Ils vont revenir, dans un instant ils
seront ici; et, cette fois, il leur faudra une réponse. Écoutez, madame, et tirez du moins de votre position tout le
parti possible. Vous êtes ici seule avec une femme, sans
amis, sans garde, sans pouvoir : une abdication signée
dans une pareille conjoncture ne paraîtra jamais à votre
peuple avoir été accordée librement, mais passera toujours
pour avoir été arrachée par la force; et s'il le faut, madame, si le jour vient de faire valoir une protestation,
eh bien, alors, vous aurez deux témoins de la violence
qui vous aura été faite : l'un sera Marie Seyton, et l'autre,
ajouta-t-il à voix basse et en regardant avec inquiétude
autour de lui, l'autre sera Robert Melvil.

MARIE STUART.

A peine achevait-il ces mots, que l'on entendit de nouveau dans l'escalier les pas des deux lords qui revenaient avant même que le quart d'heure fût écoulé : un instant après la porte s'ouvrit, et Ruthwen parut, tandis qu'au-dessus de son épaule on apercevait la tête de Lindsay.

— Madame, dit Ruthwen, nous voici de retour ; votre grâce est-elle décidée? Nous venons chercher sa réponse.

— Oui, dit Lindsay, poussant de côté Ruthwen, qui lui barrait le passage, et s'avançant vers la table; oui, une réponse nette, précise, positive et sans arrière-pensée.

— Vous êtes exigeant, mylord, dit la reine. A peine auriez-vous le droit d'attendre cela de moi si j'étais de l'autre côté du lac en pleine liberté, et entourée d'une escorte fidèle; mais entre ces murs, derrière ces barreaux, au fond de cette forteresse, je vous dirais que je signe volontairement, que vous ne le croiriez pas. Mais n'importe, vous voulez ma signature ; eh bien ! je vais vous la donner; Melvil, passez-moi la plume.

— J'espère, cependant, dit lord Ruthwen, que votre grâce ne compte pas arguer un jour de la position où elle se trouve pour protester contre ce qu'elle va faire?

Déjà la reine était penchée pour écrire, déjà elle avait posé la main sur le papier, lorsque lord Ruthwen lui adressa ces paroles. Mais à peine furent-elles prononcées, qu'elle se releva fièrement, et laissant tomber la plume :

— Mylord, lui dit-elle, tout-à-l'heure ce que vous me demandiez n'était qu'une abdication pure et simple, et j'allais la signer. Mais si à cette abdication est jointe cette apostille, que je renonce de mon propre mouvement, et comme m'en jugeant indigne, au trône d'Écosse, c'est ce que je ne ferais pas pour les trois couronnes réunies que l'on m'a volées tour à tour.

— Prenez garde, madame, s'écria lord Lindsay, saisissant le bas du poignet de la reine avec son gantelet de fer et le serrant de toute la force de sa colère, prenez garde, car notre patience est à bout, et nous pourrions bien finir par rompre ce qui ne voudrait pas plier.

La reine resta debout, et quoiqu'une rougeur violente eût passé comme une flamme sur son visage, elle ne dit pas un mot et ne fit pas un mouvement; seulement ses yeux se fixèrent avec une expression de mépris si grande sur les yeux du grossier baron, que celui-ci, plein de honte de l'emportement auquel il s'était laissé aller, lâcha la main qu'il avait saisie et fit un pas en arrière. Alors, relevant la manche de sa robe et montrant les traces violettes imprimées à son bras par le gantelet de fer de lord Lindsay :

— Voilà ce que j'attendais, mylords, dit-elle aux ambassadeurs, et rien ne m'arrête plus pour signer; oui, j'abdique librement le trône et la couronne d'Écosse, et voilà la preuve que ma volonté n'a point été forcée.

A ces mots, elle prit la plume, et signa rapidement les deux actes, les tendit à lord Ruthwen, et, faisant un salut plein de dignité, elle se retira lentement dans sa chambre, accompagnée de Marie Seyton; Ruthwen la suivit des yeux, et lorsqu'elle eut disparu : —N'importe, dit-il, elle

MARIE STUART.

a signé, et quoique le moyen que vous ayez employé, Lindsay, soit assez inusité en diplomatie, il n'en est pas moins efficace, à ce qu'il paraît.

— Ne plaisantez pas, Ruthwen, dit Lindsay ; car c'est une noble créature, et si j'avais osé, je me serais jeté à ses pieds, pour lui demander pardon.

— Il en est encore temps, répondit Ruthwen, et Marie, dans la situation où elle est, ne vous tiendra pas rigueur : peut-être est-elle résolue à en appeler au jugement de Dieu pour prouver son innocence, et, dans ce cas, un champion tel que vous pourrait bien changer la face des choses.

— Ne plaisantez pas, Ruthwen, reprit une seconde fois Lindsay avec plus de violence que la première ; car si j'avais la conviction de son innocence, aussi bien que j'ai celle de son crime, je vous réponds que personne ne toucherait un cheveu de sa tête, pas même le régent.

— Diable ! mylord, dit Ruthwen, je ne vous savais pas si impressionnable à une douce voix et à un œil en pleurs ; vous connaissez l'histoire de la lance d'Achille, qui guérissait avec sa rouille les blessures qu'elle faisait avec son tranchant : faites comme elle, mylord, faites.

— Assez, Ruthwen, assez, répondit Lindsay ; vous ressemblez à une cuirasse d'acier de Milan, qui est trois fois plus brillante qu'une armure de fer de Glascow, mais qui est en même temps trois fois plus dure : nous nous connaissons tous deux, Ruthwen, ainsi trève de railleries ou de menaces ; assez, croyez-moi, assez.

Et après ces paroles, lord Lindsay sortit le premier, suivi de Ruthwen et de Melvil, le premier la tête haute

CRIMES CÉLÈBRES.

et affectant un air d'insolente indifférence, et le second
triste, le front penché et ne cherchant pas même à dissimuler l'impression douloureuse que lui avait faite cette
scène [8].

La reine ne sortit de sa chambre que le soir, pour venir prenore sa place à la fenêtre qui donnait sur le lac;
à l'heure accoutumée, elle vit briller dans la petite maison de Kinross la lumière qui faisait désormais sa seule
espérance; pendant tout un long mois elle n'eut d'autre
consolation que de la revoir, chaque nuit, fixe et fidèle.

Enfin, au bout de ce temps, et comme elle commençait à désespérer de revoir Georges Douglas, un matin, en
ouvrant la fenêtre, elle poussa un cri. Marie Seyton ac-
courut, et la reine, sans avoir la force de prononcer une
parole, lui montra au milieu du lac la petite barque à
l'ancre, et dans la barque le petit Douglas et Georges
qui se livraient à la pêche, leur amusement favori. Le
jeune homme était arrivé de la veille, et comme chacun
était habitué à ses retours inattendus, la sentinelle n'avait
pas même sonné du cor, et la reine n'avait pas su qu'enfin il lui revenait un ami.

Cependant, elle fut trois jours encore sans voir cet
ami autrement qu'elle ne venait de le faire, c'est-à-dire
sur le lac; il est vrai que du matin au soir Georges Douglas ne quittait pas cet endroit, d'où il pouvait contem-
pler les fenêtres de la reine, et la reine elle-même, lorsque, pour découvrir un plus large horizon, elle appuyait
son visage contre les barreaux. Enfin, le matin du qua-
trième jour, la reine fut réveillée par un grand bruit de

MARIE STUART.

chiens et de cors : elle courut aussitôt à sa fenêtre, car
pour le prisonnier tout est événement, et elle vit Williams Douglas qui s'embarquait avec une meute et des
piqueurs. En effet, faisant trève pour un jour à ses fonctions de geôlier, pour prendre un plaisir plus en harmonie
avec son rang et avec sa naissance, il allait chasser dans
les bois qui couvrent la dernière croupe du Ben-Lhomond,
et qui viennent, en s'abaissant toujours, mourir sur les
rives du lac.

La reine tressaillit de joie; car elle espéra que lady
Lochleven lui conserverait rancune, et qu'alors Georges
remplacerait son frère : cette espérance ne fut pas trompée. A l'heure accoutumée, la reine entendit les pas de
ceux qui lui apportaient son déjeuner; la porte s'ouvrit,
et elle vit entrer Georges Douglas précédant les domestiques qui portaient les plats. Georges la salua à peine;
mais la reine avait été prévenue par lui de ne s'étonner de rien, elle lui rendit son salut d'un air dédaigneux;
puis, les domestiques remplirent leur office et sortirent
comme ils en avaient l'habitude.

— Enfin, dit la reine, vous voilà donc de retour.

Georges fit un signe du doigt, s'en alla écouter à la
porte si tous les domestiques s'éloignaient bien réellement, et si aucun n'était resté là pour les espionner.
Alors, revenant plus tranquille et s'inclinant respectueusement :

— Oui, madame, lui répondit-il, et, grâce au ciel,
porteur de bonnes nouvelles.

— Oh, dites vite ! s'écria la reine; car c'est un enfer

CRIMES CÉLÈBRES.

qu'un séjour dans ce château. Vous avez su qu'ils y étaient venus, n'est-ce pas, et qu'ils m'avaient forcée à signer une abdication?

— Oui, madame, répondit Douglas ; mais nous avons su aussi que la violence seule avait pu obtenir de vous cette signature, et notre dévouement à votre majesté s'en est augmenté encore, s'il est possible.

— Mais enfin, qu'avez-vous fait?

— Les Seyton et les Hamilton, qui sont, comme votre majesté le sait, les plus fidèles de ses serviteurs,—Marie se retourna en souriant, et tendit la main à Marie Seyton,—ont déjà, continua Georges, rassemblé leurs troupes, qui se tiennent prêtes au premier signal ; cependant, comme à eux seuls ils ne seraient pas en nombre suffisant pour tenir la campagne, nous nous dirigerons directement sur Dumbarton, dont le gouverneur est à nous, et qui, par sa situation et par sa force, peut tenir assez long-temps contre toutes les troupes du régent pour donner aux cœurs fidèles qui vous resteront le temps de venir nous rejoindre.

— Oui, oui, dit la reine; je vois bien ce que nous ferons, une fois sortis d'ici ; mais comment en sortirons-nous ?

— Voilà la circonstance, madame, répondit Douglas, pour laquelle il faudra que votre majesté rappelle à elle ce courage dont elle a donné de si grandes preuves.

— Si je n'ai besoin que de courage et de sang-froid, répondit la reine, soyez tranquille, ni l'un ni l'autre ne me manqueront.

MARIE STUART.

— Voici une lime, dit Georges en remettant à Marie Seyton cet instrument qu'il jugeait indigne de toucher les mains de la reine, et ce soir j'apporterai à votre majesté des cordes pour faire une échelle. Vous scierez un des barreaux de cette fenêtre, elle n'est élevée que de vingt pieds; je monterai à vous autant pour l'essayer que pour vous soutenir; un des hommes de la garnison m'est vendu, il nous livrera passage par la porte qu'il sera chargé de garder, et vous serez libre.

— Et quand cela? s'écria la reine.

— Il faut attendre deux choses, madame, répondit Douglas : la première, c'est que nous ayons réuni à Kinross une escorte suffisante à la sûreté de votre majesté; la seconde, c'est que le tour de garde nocturne de Thomas Warden arrive à une porte isolée que nous puissions gagner sans être vus.

— Et comment saurez-vous cela? restez-vous donc au château?

— Hélas! non, madame, répondit Georges; au château, je suis pour vous un ami inutile et même dangereux, tandis qu'une fois au-delà du lac, je puis vous servir d'une manière efficace.

— Et comment saurez-vous que le tour de garde de Warden est arrivé?

— La flamme de la girouette de la tour du nord, au lieu de tourner avec les autres au vent, restera fixée contre lui.

— Mais moi, comment serai-je prévenue?

— Tout est encore prévu de ce côté: la lumière qui

CRIMES CÉLÈBRES.

brille chaque nuit dans la petite maison de Kinross vous dit incessamment que vos amis veillent pour vous; mais lorsque vous voudrez savoir si l'heure de votre délivrance s'approche ou est reculée, placez à votre tour une lumière devant cette fenêtre. Aussitôt l'autre disparaîtra : alors comptez en mettant la main sur votre poitrine les battemens de votre cœur, si vous arrivez jusqu'au nombre vingt sans que la lumière reparaisse, rien n'est fixé encore; si vous arrivez seulement jusqu'au nombre de dix, c'est que le moment approche; si la lumière ne vous laisse pas le temps de compter au-delà de cinq, c'est que votre évasion est fixée à la nuit du lendemain; si elle ne reparaît plus, c'est que c'est pour le soir même; alors le cri de la chouette, répété trois fois dans la cour, sera le signal; jetez donc l'échelle quand vous l'entendrez.

— Oh! Douglas, s'écria la reine, il n'y avait que vous pour tout prévoir et tout calculer ainsi. Merci, cent fois! merci!—Et elle lui tendit sa main à baiser.

Une vive rougeur colora les joues du jeune homme; mais presque aussitôt, se rendant maître de son émotion, il mit un genou en terre, et, renfermant en lui-même l'expression de cet amour dont il avait parlé une seule foi à la reine en lui promettant de ne lui en plus parler jamais, il prit la main que lui tendait Marie et la baisa avec tant de respect, que nul n'aurait pu voir autre chose dans cette action que l'hommage du dévouement et de la fidélité.

Puis, ayant salué la reine, il sortit pour qu'un plus

MARIE STUART.

long séjour auprès d'elle n'inspirât point de soupçons.

A l'heure du dîner, Douglas apporta, comme il l'avait dit, un paquet de cordes. Il était insuffisant; mais le soir Marie Seyton le déroulerait en laissant pendre le bout par la fenêtre, et Georges y attacherait le reste : la chose se fit comme elle avait été dite et sans accident aucun, une heure après que les chasseurs furent revenus.

Le lendemain Georges avait quitté le château.

La reine et Marie Seyton n'avaient point perdu de temps pour se mettre à l'échelle de corde, aussi le troisième jour était-elle achevée. Le même soir, la reine, dans son impatience, et plutôt encore pour s'assurer de la vigilance de ses partisans que dans l'espoir que le terme de sa délivrance était si proche, approcha sa lampe de la fenêtre : aussitôt, et comme le lui avait dit Georges Douglas, la lumière de la petite maison de Kinross disparut : la reine alors mit la main sur son cœur, et compta jusqu'à vingt-deux; puis la lumière reparut : on se tenait prêt à tout, mais rien n'était encore arrêté.

Pendant huit jours la reine interrogea ainsi la lumière et les battemens de son cœur, sans que rien fût changé dans le nombre des chiffres; enfin, le neuvième jour elle compta jusqu'à dix seulement, au onzième la lumière reparut.

La reine crut s'être trompée, elle n'osait espérer ce qu'on lui annonçait; elle retira la lampe, puis, au bout d'un quart d'heure, la représenta de nouveau : le correspondant inconnu comprit, avec son intelligence ordinaire, que c'était une nouvelle épreuve qu'on lui demandait, et à son tour la lumière de la petite maison disparut. Marie interrogea de nouveau les pulsations de son cœur, et, si rapide qu'il bondît, avant le douzième battement, l'étoile propice brillait à l'horizon il n'y avait plus de doute, tout était arrêté.

Marie ne put dormir de toute la nuit; cette persistance de ses partisans lui inspirait une reconnaissance qui allait jusqu'aux larmes. Le jour vint, et la reine interrogea plusieurs fois sa compagne, pour s'assurer que ce n'était point un rêve qu'elle avait fait : à chaque bruit qu'elle entendait, il lui semblait que le projet d'où dépendait sa liberté était découvert, et lorsque, à l'heure du déjeuner et du dîner, Williams Douglas entra comme d'habitude, à peine osa-t-elle le regarder, de peur de lire sur son visage l'annonce que tout était perdu.

Le soir la reine interrogea de nouveau la lumière, elle fit la même réponse : rien n'avait changé; le phare était toujours à l'espoir.

Pendant cinq jours il continua d'indiquer ainsi comme proche le moment de l'évasion; le soir du sixième, avant que la reine eût compté cinq pulsations, la lumière reparut; la reine s'appuya sur Marie Seyton : elle avait failli s'évanouir tout à la fois de joie et de crainte. Son évasion était fixée pour la soirée du lendemain.

La reine renouvela l'épreuve, et obtint la même réponse : il n'y avait plus de doute, tout était prêt, excepté le courage de la prisonnière, car pour un instant il lui manqua, et, si Marie Seyton n'eût approché à temps un siége, elle fût tombée de toute sa hauteur; mais, le pre--

MARIE STUART.

mier moment passé, elle se remit comme d'habitude, et se retrouva plus forte et plus résolue que jamais.

Jusqu'à minuit la reine demeura à la fenêtre, les yeux fixés sur cette bienheureuse lumière ; enfin Marie Seyton obtint d'elle qu'elle se couchât, lui offrant, si elle ne voulait pas dormir, de lui lire quelques vers de M. Ronsard ou quelques chapitres de la Mer des Histoires ; mais Marie ne voulut entendre en ce moment aucune lecture profane, et se fit lire ses heures, répondant aux prières comme elle eût fait si elle eût assisté à une messe dite par un prêtre catholique : vers le jour, cependant, elle s'assoupit, et comme Marie Seyton, de son côté, tombait de fatigue, elle s'endormit aussitôt dans le fauteuil qui était au chevet du lit de la reine.

Le lendemain elle se réveilla en sentant qu'on lui frappait sur l'épaule : c'était la reine qui était déjà levée.

— Viens donc voir, mignonne, lui dit-elle, viens donc voir le beau jour que Dieu nous donne : oh ! comme la nature est vivante, comme j'aurai du bonheur à me retrouver libre par ces plaines et par ces montagnes ! Décidément, le ciel est pour nous.

— Madame, répondit Marie, j'aimerais mieux voir un temps moins beau : il nous promettrait une nuit plus sombre ; et songez-y, ce qu'il nous faut, c'est de l'obscurité et non de la lumière.

— Écoute, dit la reine ; c'est à cela que nous allons reconnaître si véritablement Dieu est pour nous : si le temps reste ainsi qu'il est, oui, tu as raison, c'est qu'il nous abandonne ; mais s'il se couvre, oh ! alors, mignonne,

CRIMES CÉLÈBRES.

n'est-ce pas? ce sera une preuve évidente de sa protection.»

Marie Seyton sourit en faisant signe de la tête qu'elle adoptait la superstition de sa maîtresse; alors la reine, incapable de demeurer oisive dans une si grande préoccupation d'esprit, réunit les quelques bijoux qu'elle avait conservés, les enferma dans une cassette, apprête pour le soir une robe noire, afin de se perdre encore mieux dans l'obscurité : puis, ces préparatifs terminés, elle revint s'asseoir à sa fenêtre, reportant sans cesse ses yeux du lac sur la petite maison de Kinross, close et muette comme d'habitude.

L'heure du déjeuner arriva : la reine était si heureuse, qu'elle reçut Williams Douglas avec plus de bienveillance que de coutume, et que ce fut à grand'peine si elle put rester assise tout le temps que dura le repas; cependant elle se contint, et Williams Douglas se retira sans paraître avoir remarqué son agitation.

A peine fut-il sorti, que Marie courut à la fenêtre; elle avait soif d'air, et d'avance dévorait des yeux ces vastes horizons qu'elle allait de nouveau franchir; il lui semblait qu'une fois libre, elle ne se renfermerait plus jamais dans un palais, mais serait sans cesse errante par la campagne; puis, au milieu de tous ces tressaillemens de joie, il lui prenait de temps en temps un serrement de cœur inattendu. Alors elle se retournait vers Marie Seyton, essayant de retremper sa force dans la sienne, et la jeune fille la soutenait, plutôt encore par devoir que par conviction.

Si lentes qu'elles parussent à la reine, les heures passaient cependant : vers l'après-midi quelques nuages tra-

MARIE STUART.

versèrent en flottant l'azur du ciel ; la reine les fit remarquer avec joie à sa compagne ; Marie Seyton s'en applaudit, non point à cause du présage imaginaire qu'y cherchait la reine, mais à cause de l'importance réelle que le temps fût couvert pour que l'obscurité vînt en aide à leur fuite. Comme les deux prisonnières suivaient au ciel leurs vagues vaporeuses et mouvantes, le moment du dîner arriva : c'était encore une demi-heure de contrainte et de dissimulation d'autant plus pénible, que, sans doute, reconnaissant de l'espèce de bienveillance que la reine lui avait montrée le matin, Williams Douglas se crut obligé, à son tour, d'accompagner ses fonctions de quelques complimens d'usage, qui forcèrent la reine de prendre à la conversation une part plus active que sa préoccupation d'esprit ne le lui permettait : au reste, Williams Douglas ne parût aucunement remarquer ces absences, et tout se passa comme au déjeuner.

Aussitôt qu'il fut sorti, la reine courut à la fenêtre ; les quelques nuages qui couraient dans le ciel une heure auparavant s'étaient épaissis et étendus, et tout azur s'était effacé pour faire place à une teinte terne et mate comme celle de l'étain. Les pressentimens de Marie Stuart se réalisaient donc : quant à la petite maison de Kinross qu'on apercevait encore dans le crépuscule, elle était toujours fermée et semblait solitaire.

La nuit vint : la lumière brilla comme d'habitude, la reine fit le signal, elle disparut. Marie Stuart attendit vainement, tout resta dans l'ombre ; c'était pour le soir même. La reine entendit successivement sonner huit

CRIMES CÉLÈBRES.

heures, neuf heures et dix heures. A dix heures, on releva les sentinelles; Marie Stuart, entendit les patrouilles
passer sous ses fenêtres, les pas de la ronde s'éloigner :
puis tout rentra dans le silence, une demi-heure s'écoula
ainsi; tout-à-coup le cri de la chouette retentit trois fois,
la reine reconnut le signal de Georges Douglas ; le moment
suprême était venu.

C'était dans ces circonstances que la reine retrouvait
toute sa force, elle fit signe à Marie Seyton d'enlever le
barreau et de fixer l'échelle de corde, tandis qu'éteignant
la lumière, elle alla chercher à tâtons dans sa chambre à
coucher la cassette qui contenait les quelques bijoux qui
lui restaient : lorsqu'elle revint, Georges Douglas était déjà
dans la chambre.

—Tout va bien ! madame, lui dit-il ; vos amis attendent
de l'autre côté du lac, Thomas Warden veille à la poterne,
et Dieu nous a envoyé une nuit sombre.

La reine, sans lui répondre, lui tendit la main ; Georges
fléchit le genou et porta cette main à ses lèvres ; mais en
la touchant il la sentit tremblante et glacée.

— Madame, lui dit-il, au nom du ciel, rappelez tout
votre courage, et ne vous laissez point abattre en un pareil moment.

— Notre-Dame-de-Bon-Secours, murmura Marie
Seyton, venez-nous en aide !

— Appelez à vous l'esprit des rois vos aïeux, répondit Georges, car à cette heure ce n'est point la résignation d'une chrétienne qu'il vous faut, mais la force et la
résolution d'une reine.

MARIE STUART.

— O Douglas! Douglas, s'écria douloureusement
Marie ! un devin m'a prédit que je mourrais en prison et
de mort violente, l'heure de la prédiction n'est-elle point
arrivée?

— Peut-être, dit Georges, mais mieux vaut mourir
en reine, que de vivre en ce vieux château, prisonnière et
calomniée.

— Vous avez raison, Georges, dit la reine, mais le
premier mouvement est tout à la femme : pardonnez-moi,
puis après une pause d'un instant : Allons, dit-elle, je suis
prête.

Georges alla aussitôt à la fenêtre, assura de nouveau
l'échelle et d'une manière plus solide, puis, montant sur
l'appui et se tenant d'une main aux barreaux, il tendit
l'autre à la reine, qui, aussi résolue qu'un instant auparavant elle était craintive, monta sur un tabouret, et avait
déjà posé un pied sur le rebord de la croisée, lorsque tout-
à-coup le cri : *Qui vive !* retentit au pied de la tour. La reine
se rejeta vivement en arrière, moitié par instinct, moitié
repoussée par Georges qui, au contraire, se pencha hors
de la fenêtre pour voir d'où venait ce cri qui, deux fois
renouvelé encore, resta deux fois sans réponse, et fut
aussitôt suivi de la détonation et de la lumière d'une arme
à feu : au même instant, la sentinelle en faction sur la
tour sonna du cor, une autre mit en branle la cloche d'a-
larme, et les cris :—Aux armes, aux armes! et trahison,
trahison ! retentirent par tout le château.

— Oui, oui, trahison, trahison! s'écria Georges Douglas en sautant dans la chambre. Oui, l'infâme Warden

nous a trahis; puis, s'avançant vers Marie, froide et immobile comme une statue : — Du courage, madame, lui dit-il, du courage! quelque chose qui arrive, il vous reste encore un ami dans le château, c'est le petit Douglas.

A peine avait-il achevé ces mots, que la porte de l'appartement de la reine s'ouvrit, et que Williams Douglas et lady Lochleven, précédés de serviteurs portant des torches et de soldats armés, parurent sur le seuil : l'appartement se trouva aussitôt plein de monde et de lumière.

— Ma mère, dit Williams Douglas, montrant son frère debout devant Marie Stuart et la couvrant de son corps, me croyez-vous maintenant? Regardez.

La vieille lady fut un moment sans pouvoir répondre; puis enfin retrouvant la parole, et faisant un pas en avant :

— Parlez, Georges Douglas, s'écria-t-elle, parlez, et lavez-vous à l'instant même de l'accusation qui pèse sur votre honneur; dites ces seules paroles : Un Douglas n'a jamais manqué à son devoir; et je vous crois.

— Oui, ma mère, reprit Williams, un Douglas!... mais lui, lui, ce n'est pas un Douglas.

— Que Dieu accorde à ma vieillesse la force nécessaire, s'écria lady Lochleven, pour supporter de la part d'un de mes fils un pareil malheur, et de la part de l'autre une pareille injure. O femme née sous un astre funeste, continua-t-elle en s'adressant à la reine, quand cesseras-tu donc d'être, aux mains du démon, un instrument de perdition et de mort pour tout ce qui t'approche! O vieille maison de Lochleven, maudite soit l'heure où cette enchanteresse a franchi ton seuil!

MARIE STUART.

— Ne dites pas cela, ma mère, ne dites pas cela, s'écria Georges; béni soit, au contraire, l'instant qui prouve que s'il est des Douglas qui ne se souviennent plus de ce qu'ils doivent à leurs souverains, il y en a d'autres qui ne l'ont jamais oublié.

— Douglas! Douglas! murmura Marie Stuart, ne vous l'avais-je pas dit?

— Et moi, madame, dit Georges, que vous avais-je répondu alors? que c'était à tout fidèle sujet de votre majesté un devoir et un honneur de mourir pour elle.

— Eh bien, meurs donc, s'écria Williams Douglas, s'élançant sur son frère l'épée haute, tandis que celui-ci, faisant un bond en arrière, tirait la sienne, et, par un mouvement rapide comme la pensée et ardent comme la haine, se mettait en défense. Mais au même instant Marie Stuart s'élança entre les deux jeunes gens.

— Ne faites pas un pas de plus, lord Douglas, dit-elle; remettez votre épée au fourreau, Georges, ou si vous vous en servez, que ce soit pour sortir d'ici, et contre tout autre que votre frère. J'ai besoin encore de votre vie, ménagez-la.

— Ma vie, comme mon bras et comme mon honneur, est à votre disposition, madame, et dès que vous l'ordonnez, je la conserverai pour vous

A ces mots, s'élançant vers la porte avec une violence et une résolution qui ne permettaient point qu'on l'arrêtât:

— Arrière, cria-t-il aux domestiques qui barraient le passage, faites place au jeune maître de Douglas, ou malheur à vous!

CRIMES CÉLÈBRES.

— Arrêtez-le, cria Williams ; qu'on le saisisse mort ou vif ; faites feu sur lui, tuez-le comme un chien !

Deux ou trois soldats, n'osant désobéir à Williams, firent semblant de poursuivre son frère. Puis on entendit quelques coups de fusil, et une voix qui criait que Georges Douglas venait de se précipiter dans le lac.

— Il s'est donc echappé ? s'écria Williams.

Marie Stuart respira, la vieille lady leva les mains au ciel.

— Oui, oui, murmura Williams ; oui, remerciez le ciel de la fuite de votre fils ; car sa fuite couvre de honte toute notre maison, car, à compter de cette heure, nous serons regardés comme les complices de sa trahison.

— Aie pitié de moi, Williams, s'écria lady Lochleven en se tordant les bras, au nom du ciel, aie pitié de ta vieille mère ! ne vois-tu pas que je me meurs ?

A ces mots, elle se renversa en arrière, pâle et chancelante ; l'intendant et un domestique la retinrent dans leurs bras.

— Je crois, mylord, dit Marie Seyton s'avançant, que votre mère a autant besoin en ce moment de soins, que la reine a besoin de repos : ne jugeriez vous pas qu'il est temps de vous retirer ?

— Oui, oui, dit Williams, pour vous donner le temps de filer de nouvelles toiles, n'est-ce pas ? et de chercher quels nouveaux moucherons vous pouvez y prendre ? C'est bien, continuez votre œuvre ; mais vous venez de voir qu'il n'est pas facile de tromper Williams Douglas. Jouez votre jeu, je jouerai le mien. Puis, se retournant vers les domestiques : Sortez tous, ajouta-t-il, et vous, venez ma mère.

MARIE STUART

Les serviteurs et les soldats obéirent : puis, Williams Douglas sortit le dernier, soutenant lady Lochleven, et la reine l'entendit fermer derrière lui, et à double tour, les deux portes de sa prison.

A peine Marie fut-elle seule et certaine qu'elle n'était plus regardée ni entendue, que toute sa force l'abandonna, et que, se laissant aller sur un fauteuil, elle éclata en sanglots.

En effet, il lui avait fallu tout son courage pour se soutenir jusque là, et ce courage, c'était la vue seule de ses ennemis qui le lui avait donné; mais à peine furent-ils sortis, que sa situation se présenta devant elle dans toute sa fatale rigueur. Détrônée, prisonnière, sans autre ami, dans ce château imprenable, qu'un enfant auquel elle avait fait attention à peine, et qui était le seul et dernier fil qui rattachait ses espérances passées à ses espérances à venir, que restait-il à la reine Marie Stuart de ses deux trônes et de sa double puissance? son nom, voilà tout; son nom, avec lequel, en liberté, elle eût sans doute remué l'Écosse, mais qui petit à petit allait s'effacer au cœur de ses partisans, et que de son vivant l'oubli peut-être allait couvrir comme un linceul. Une pareille idée était insupportable pour une ame aussi élevée que l'était celle de Marie Stuart, et pour une organisation qui, pareille à celle des fleurs, avait besoin, avant tout, d'air, de lumière et de soleil.

Heureusement il lui restait la plus aimée de ses quatre Maries, qui, toujours fidèle et consolante, s'empressa de la secourir et de la consoler; cependant, cette fois ce n'é-

tait pas chose facile, et la reine la laissait faire et dire
sans lui répondre autrement que par ses sanglots et par
ses larmes ; lorsque tout-à-coup, en regardant par la fenêtre dont elle avait approché le fauteuil de sa maîtresse :

— La lumière ! s'écria-t-elle, madame, la lumière ! En
même temps elle soulevait la reine, et, le bras tendu hors
de la fenêtre, elle lui montrait le phare, éternel symbole
d'espérance, qui s'était rallumé au milieu de cette nuit
sombre sur la colline de Kinross : il n'y avait pas à s'y
tromper, pas une étoile ne brillait au ciel.

— Mon Dieu, Seigneur, je vous rends grâces, dit la
reine en tombant à genoux et en élevant les bras au ciel
avec un geste de reconnaissance : Douglas est sauvé, et
mes amis veillent toujours.

Puis, après une fervente prière qui lui rendit un peu
de force, la reine rentra dans sa chambre, et, brisée par
les émotions diverses qui s'étaient succédées, elle s'endormit d'un sommeil inquiet et agité, sur lequel l'infati-
gable Marie Seyton veilla jusqu'au jour.

Williams Douglas l'avait dit: à compter de ce moment,
la reine fut véritablement prisonnière, et la permission de
descendre au jardin ne lui fut plus accordée que sous la
surveillance de deux soldats; aussi cette gêne lui parut-
elle si insupportable, qu'elle préféra renoncer à cette dis-
traction, qui environnée de pareilles mesures devenait un
supplice. Elle se renferma donc dans son appartement,
trouvant une certaine jouissance amère et orgueilleuse
dans l'excès même de son infortune.

MARIE STUART.

Huit jours après les événemens que nous avons racontés, comme neuf heures du soir venaient de sonner à la cloche du château, et que la reine et Marie Seyton étaient assises devant une table où elles faisaient de la tapisserie, une pierre lancée de la cour passa à travers les barreaux de la fenêtre, brisa une vitre, et tomba dans la chambre. Le premier mouvement de la reine fut de croire à un accident ou à une insulte; mais Marie Seyton, en se retournant, s'aperçut que la pierre était enveloppée d'un papier; elle la ramassa aussitôt. Le papier était une lettre de Georges Douglas, conçue en ces termes :

« Vous m'avez ordonné de vivre, madame, je vous ai obéi, et votre majesté a pu reconnaître, à la lumière de Kinross, que ses serviteurs continuaient de veiller pour elle. Cependant, pour ne pas inspirer de soupçons, les soldats rassemblés pour cette nuit fatale se sont dispersés dès le point du jour, et ne se réuniront que lorsqu'une tentative nouvelle rendra leur présence nécessaire. Mais, hélas ! cette tentative, ce serait vous perdre que de la renouveler en ce moment, où les geôliers de votre majesté sont sur leurs gardes. Laissez-leur donc prendre toutes leurs précautions, madame ; laissez-les s'endormir dans leur sécurité, tandis que nous, nous continuerons de veiller dans notre dévouement.

Patience et courage ! »

— Cœur brave et loyal, s'écria Marie, plus constamment dévoué au malheur que les autres ne le sont à la prospérité ! Oui, j'aurai la patience et le courage, et tant que cette lumière brillera, je croirai encore à la liberté.

CRIMES CÉLÈBRES.

Cette lettre rendit à la reine tout son ancien courage :
elle avait avec Georges un moyen de communication par
le petit Douglas ; car sans doute c'était lui qui avait jeté
cette pierre. Elle s'empressa d'écrire à son tour une lettre
adressée à Georges, et dans laquelle elle le chargeait de
l'expression de sa reconnaissance pour tous les lords qui
avaient signé la protestation, et dans laquelle elle les sup-
pliait, au nom de la fidélité qu'ils lui avaient jurée, de ne
pas se refroidir dans leur dévouement, leur promettant
que de son côté elle en attendrait le résultat avec cette
patience et ce courage qu'ils lui demandaient.

La reine ne s'était pas trompée : le lendemain, comme
elle était à sa fenêtre, le petit Douglas vint jouer au pied
de la tour, et, sans lever la tête, s'arrêta juste au-dessous d'elle pour creuser un trébuchet à prendre des oiseaux. La reine regarda si personne ne pouvait la voir,
et, s'étant assurée que cette partie de la cour était solitaire, elle laissa tomber la pierre enveloppée dans sa
lettre : d'abord elle craignit d'avoir commis une erreur
grave : car le petit Douglas ne se retourna pas même
au bruit, et ce ne fut qu'après un instant, pendant lequel le cœur de la prisonnière fut serré d'une horrible
anxiété, qu'indifféremment, et comme s'il cherchait toute
autre chose, l'enfant mit la main sur la pierre, et sans
se hâter, sans relever la tête, sans donner enfin aucun
signe d'intelligence à celle qui l'avait jetée, il mit la lettre
dans sa poche, achevant avec le plus grand calme l'ouvrage
commencé, et indiquant à la reine, par ce sang-froid au-
dessus de son âge, quel fond elle pouvait faire sur lui.

MARIE STUART.

Dès ce moment, la reine reprit un nouvel espoir ; cependant les jours, les semaines, les mois s'écoulèrent sans apporter aucun changement à sa situation : l'hiver arriva ; la prisonnière vit la neige s'étendre sur les plaines et sur les montagnes, et le lac lui offrir, si elle eût pu franchir seulement la porte, un chemin solide pour gagner l'autre rive ; mais aucune lettre ne vint pendant tout ce temps lui apporter la consolante nouvelle qu'on s'occupait de sa délivrance ; seulement chaque soir la lumière fidèle lui annonçait qu'un ami veillait.

Bientôt la nature se réveilla de son sommeil de mort, quelques rayons hâtifs de soleil percèrent les nuages de ce sombre ciel d'Écosse ; la neige fondit, le lac brisa sa croûte de glace, les premiers bourgeons poussèrent, la verdure reparut ; chaque chose sortit de sa prison à l'approche joyeuse du printemps, et ce fut une grande tristesse pour Marie de voir qu'elle seule était condamnée à un hiver éternel.

Enfin un soir elle crut remarquer aux mouvemens de la lumière qu'il se passait quelque chose de nouveau ; elle avait interrogé si souvent cette pauvre étoile vacillante, et si souvent elle lui avait laissé compter plus de vingt fois les battemens de son cœur, que, pour s'épargner la douleur du désappointement, depuis long-temps elle ne l'interrogeait plus ; cependant elle résolut de faire une dernière tentative, et presque sans espoir elle approcha la lumière de la fenêtre, et l'éloigna aussitôt ; toujours fidèle au signal, l'autre disparut à l'instant même, et reparut au onzième battement du cœur de la reine. Au même instant, et par une coïncidence étrange, une pierre, passant par la fenêtre, tomba aux pieds de Marie Seyton. Elle était, comme la première, enveloppée dans une lettre de Georges; la reine la prit des mains de sa compagne, l'ouvrit et lut.

« Le moment approche; vos partisans sont réunis; rappelez tout votre courage.

» Laissez demain à onze heures du soir pendre une corde par votre fenêtre, et enlevez le paquet que l'on y attachera.»

Il restait dans l'appartement de la reine le superflu des cordages qui avaient servi à l'échelle enlevée par les gardes le soir de l'évasion manquée : le lendemain, à l'heure dite, les deux prisonnières enfermèrent la lampe dans la chambre à coucher, afin qu'aucune lumière ne les trahît, et Marie Seyton, s'approchant de la fenêtre, laissa pendre la corde. Au bout d'un instant, elle sentit à ses mouvemens qu'on y attachait quelque chose. Marie Seyton tira, et un paquet assez volumineux se présenta aux barreaux, qu'il ne put franchir à cause de sa grosseur. Alors la reine vint en aide à sa compagne. Le paquet fut dénoué, et les objets qu'il contenait, séparés les uns des autres, passèrent facilement. Les deux prisonnières les emportèrent dans la chambre à coucher, et, s'étant barricadées en dedans, elles commencèrent leur inventaire : c'étaient deux habits d'hommes complets à la livrée des Douglas. La reine n'y comprenait rien, lorsqu'elle vit une lettre attachée au collet d'un de ces deux justaucorps. Empressée de connaître le mot de cette énigme, elle l'ouvrit aussitôt, et lut ce qui suit :

MARIE STUART.

« Ce n'est qu'à force d'audace que votre majesté peut reconquérir sa liberté : que votre majesté lise donc cette lettre, et suive ponctuellement, si elle daigne les adopter, les instructions qu'elle y trouvera.

» Les clefs du château ne quittent point pendant le jour la ceinture du vieil intendant ; lorsque le couvre-feu est sonné, et qu'il a fait sa ronde pour s'assurer que toutes les portes sont bien fermées, il les remet à Williams Douglas, qui, s'il veille, les attache au ceinturon de son épée, ou, s'il dort, les met sous son chevet. Depuis cinq mois, le petit Douglas, qu'on est habitué à voir travailler à la forge de l'armurier du château, est occupé à exécuter des clefs assez semblables aux autres, pour qu'une fois substituées, Williams puisse s'y tromper. Hier le petit Douglas a achevé la dernière.

» A la première occasion favorable, que sa majesté saura être prête à s'offrir en interrogeant chaque jour avec soin la lumière, le petit Douglas substituera les fausses clefs aux vraies, entrera dans la chambre de la reine, qu'il trouvera revêtue, ainsi que miss Marie Seyton, de leurs costumes d'hommes, et marchera devant elles pour les conduire, par le chemin qui offrira le plus de chances à leur évasion ; une barque sera préparée et les attendra.

» Jusque là, chaque soir, autant pour s'habituer à ces nouveaux costumes que pour leur donner l'apparence d'avoir été portés, sa majesté et miss Marie Seyton revêtiront les habits qu'elles devront garder, de neuf heures à minuit. D'ailleurs il est possible que, sans avoir eu le

CRIMES CÉLÈBRES.

temps de les prévenir, leur jeune conducteur vienne
tout-à-coup les chercher : il est donc urgent qu'il les
trouve prêtes.

» Les vêtemens doivent aller parfaitement à sa majesté et à sa compagne, la mesure en ayant été prise sur
miss Marie Fleming et miss Marie Livingston, qui sont
absolument de leurs tailles.

» On ne peut trop recommander à sa majesté d'appeler à son aide, dans la circonstance suprême où elle se
trouve, le sang-froid et le courage dont elle a donné de
si fréquentes preuves en d'autres occasions. »

Les deux prisonnières restèrent étourdies de la hardiesse de ce plan : au premier abord, elles se regardèrent
consternées ; car il leur sembla que la réussite était impossible. Elles n'en essayèrent pas moins leur travestis-
sement : ainsi que le disait Georges, il leur allait à chacune comme si on avait pris mesure sur elles-mêmes.

Chaque soir la reine, ainsi que Georges le lui avait recommandé, interrogea la lumière, et cela pendant tout
un long mois, où chaque soir la reine et Marie Seyton,
quoique cette lumière n'annonçât rien de nouveau, revê-
tirent, ainsi qu'il en était convenu, leurs habits d'homme,
mais aussi elles en acquirent toutes deux une telle habitude, qu'ils leur étaient devenus aussi familiers que ceux
de leur sexe.

Enfin, le 2 mai 1568, la reine fut réveillée par le son
du cor : inquiète de ce qu'il annonçait, elle passa une
robe de chambre, et courut à la fenêtre, où Marie Seyton
vint aussitôt la rejoindre. Une troupe assez nombreuse

MARIE STUART.

de cavaliers faisait halte de l'autre côté du lac, ayant la bannière des Douglas déployée, et trois barques ramaient ensemble et à l'envi pour aller chercher les nouveaux arrivans.

Cet événement fut un motif d'effroi pour la reine : au point où elle en était, le moindre changement dans les habitudes prises au château était à craindre ; car il pouvait renverser tous les projets arrêtés. Cette appréhension redoubla quand les barques se rapprochant, la reine reconnut dans la plus grande lord Douglas, mari de lady Lochleven et père de Williams et de Georges. Le vieux chevalier, qui était gardien des marches dans le nord, venait faire une visite à son vieux manoir, dans lequel, il n'était point rentré depuis trois ans.

C'était un événement pour le château de Lochleven ; aussi, quelques instans après l'arrivée des barques, Marie Stuart entendit-elle les pas du vieil intendant qui montait l'escalier ; il venait annoncer à la reine l'arrivée de son maître, et, comme ce devait être fête pour tous ceux qui habitaient le château de Lochleven lorsque le maître y rentrait, il venait inviter la reine au dîner qui allait célébrer ce retour : soit instinct, soit répugnance, la reine refusa.

Toute la journée la cloche et le cor retentirent ; lord Douglas, en véritable seigneur féodal, voyageait avec une suite de prince. On ne voyait que soldats et serviteurs nouveaux, passant et repassant sous les fenêtres de la reine : valets et écuyers portaient, au reste une livrée

CRIMES CÉLÈBRES.

Marie attendait la nuit avec impatience. La veille encore, elle avait interrogé sa lumière, et elle lui avait annoncé comme toujours, en reparaissant au onzième ou douzième battement de son cœur, que le moment de l'évasion était proche; mais elle craignait fort que l'arrivée de lord Douglas n'eût tout dérangé, et que le signal de ce soir ne lui annonçât un retard. Aussi, à peine eut-elle vu s'allumer la lumière, qu'elle approcha sa lampe de la fenêtre; l'autre disparut aussitôt, et Marie Stuart, avec une angoisse épouvantable, commença de l'interroger. Cette angoisse augmenta quand elle eut dépassé quinze battemens. Alors elle cessa de compter, abattue et les yeux fixés machinalement sur l'endroit où avait été la lumière. Mais quel fut son étonnement, lorsqu'au bout de quelques minutes, elle ne la vit point reparaître, et lorsqu'une demi-heure écoulée, tout fut demeuré sombre. La reine alors renouvela son signal, mais n'obtint aucune réponse: l'évasion était pour le soir même.

La reine et Marie Seyton s'attendaient si peu à cet événement, que, contre leur coutume, elles n'avaient pas revêtu ce soir-là leurs vêtemens d'homme: elles se précipitèrent aussitôt dans la chambre à coucher de la reine, dont elles barricadèrent la porte sur elles, et commencèrent à s'habiller. Elles achevaient à peine leur toilette précipitée, qu'elles entendirent une clef tourner dans la serrure: elles soufflèrent aussitôt la lampe. Des pas légers s'approchèrent de la porte. Les deux femmes s'appuyèrent l'une sur l'autre; car elles étaient près de tomper toutes deux. On frappa doucement. La reine demanda

MARIE STUART.

qui était là, et la voix du petit Williams répondit par les deux premiers vers d'une vieille ballade :

> Douglas, Douglas,
> Tendre et fidèle.

Marie ouvrit aussitôt ; c'était le mot d'ordre convenu avec Georges Douglas.

L'enfant était sans lumière. Il étendit la main et rencontra celle de la reine : à la clarté des étoiles, Marie Stuart le vit s'agenouiller ; puis elle sentit sur ses doigts l'impression de ses lèvres.

— Votre majesté est-elle prête à me suivre ? demanda-t-il à voix basse et en se relevant.

— Oui, mon enfant, répondit la reine ; mais c'est donc pour ce soir ?

— Avec la permission de votre majesté, oui, c'est pour ce soir.

— Tout est donc prêt ?

— Tout.

— Que faut-il faire ?

— Me suivre partout.

— O mon Dieu, mon Dieu, s'écria Marie Stuart, ayez pitié de nous ! Puis, ayant fait une courte prière à voix basse tandis que Marie Seyton prenait la cassette où étaient les bijoux de la reine : — Je suis prête, dit-elle, et toi, mignonne ?

— Moi aussi, répondit Marie Seyton.

— Venez donc alors, dit le petit Douglas.

Les deux prisonnières suivirent l'enfant ; la reine marchant la première, et Marie Seyton ensuite. Leur jeune conducteur referma avec soin la porte derrière lui, afin que, si une ronde venait à passer, elle ne s'aperçût de rien; puis il commença de descendre l'escalier tournant. Arrivés à moitié des marches, le bruit du festin parvint jusqu'à eux, mélange d'éclats de rire, de voix confuses et de chocs de verres. La reine mit la main sur l'épaule de son jeune guide :

— Où nous conduis-tu? lui demanda-t-elle avec effroi.

— Hors du château, répondit l'enfant.

— Mais il nous faudra passer par la grande salle?

— Sans doute; et voilà justement ce qu'avait prévu Georges. Au milieu des valets, dont votre majesté porte la livrée, personne ne la reconnaîtra.

— O mon Dieu! mon Dieu! murmura la reine, en s'appuyant au mur.

— Du courage, madame, dit tout bas Marie Seyton, ou nous sommes perdues !

— Tu as raison, répondit la reine; allons.—Et elles se remirent en marche, toujours guidées par leur conducteur.

Au bas de l'escalier il s'arrêta, et présentant à la reine une cruche de grès pleine de vin :

—Placez cette cruche sur votre épaule droite, madame, lui dit-il; elle cachera votre visage aux convives, et, portant quelque chose, votre majesté inspirera moins de soupçons. Vous, miss Marie, donnez-moi cette cassette, et mettez sur votre tête cette corbeille pleine de pain. Maintenant, c'est bien; vous sentez-vous la force?

MARIE STUART.

— Vois-tu? continua l'enfant, étendant le bras vers le corps ennemi qui s'avançait au galop.

— Quoi?

— Chaque homme à cheval a en croupe un arquebusier; de sorte que la troupe est du double plus nombreuse qu'elle ne le paraît.

— C'est vrai, sur mon ame, et l'enfant a de bons yeux. Que quelqu'un parte à l'instant même au grand galop, et donne avis de cette circonstance au comte d'Argyle.

— Moi! moi! s'écria le petit Williams. C'est moi qui les ai vus le premier, c'est moi qui ai le droit de porter cette nouvelle.

— Va donc, mon enfant, dit Douglas, et que Dieu te garde!

L'enfant s'élança rapide comme la foudre, n'entendant point, ou feignant de ne point entendre la reine, qui le rappelait. On le vit traverser le défilé et s'enfoncer dans le chemin creux, au moment où Argyle débouchait à son extrémité et venait en aide à Seyton et à Arbroath. Pendant ce temps, le détachement ennemi avait rejeté à terre son infanterie, qui, formée aussitôt en corps, s'é-parpillait sur les bords du ravin par des sentiers impraticables aux chevaux.

— Williams arrivera trop tard, s'écria Douglas, ou même, arrivât-il à temps, cette nouvelle leur est maintenant inutile. O insensés, insensés que nous sommes! voilà toujours comme nous avons perdu toutes nos batailles.

— La bataille est-elle donc perdue? demanda Marie en pâlissant.

— Non, madame, non, s'écria Douglas, non, grâce au ciel, pas encore; mais, par trop de précipitation, nous l'avons mal engagée.

— Et Williams? dit Marie Stuart.

— Il fait maintenant son apprentissage d'armes; car, si je ne me trompe, il doit être à cette heure à l'endroit même où ces arquebusiers font de si rapides décharges.

— Pauvre enfant! s'écria la reine, s'il lui arrivait malheur, je ne m'en consolerais jamais.

— Hélas! madame, répondit Douglas, j'ai bien peur que sa première bataille ne soit sa dernière, et que tout ne soit déjà fini pour lui; car, si je ne me trompe, voilà son cheval qui revient sans cavalier.

— O mon Dieu! mon Dieu! dit la reine en pleurant et en levant les mains au ciel, il est donc dit que je serai fatale à tout ce qui m'entoure!

Georges ne s'était pas trompé; c'était le cheval de Williams qui revenait sans son jeune maître et tout couvert de sang.

— Madame, dit Douglas, nous sommes mal ici; gagnons cette éminence sur laquelle est situé le château de Crockstone: de là nous découvrirons tout le champ de bataille.

— Non, pas de ce côté! pas de ce côté! dit la reine avec effroi; c'est dans ce château que je suis venue passer les premiers jours de mon mariage avec Darnley: il me porterait malheur.

— Eh bien! sous cet if alors, dit Georges, montrant un autre monticule situé près du premier; mais il est

MARIE STUART.

important que nous ne perdions aucun détail de cet engagement. Tout dépend peut-être, pour votre majesté, d'une manœuvre mal jugée ou d'une minute perdue.

— Conduisez-moi donc, dit la reine ; car, pour moi, je n'y vois plus. Chaque coup de cette artillerie terrible me répond jusqu'au fond du cœur.

Cependant, si bien disposée que fût cette hauteur pour découvrir de son sommet tout le champ de bataille, les décharges multipliées de l'artillerie et de la fusillade le couvraient d'un tel nuage de fumée, qu'il était impossible d'y rien distinguer autre chose que des masses perdues au milieu de ce brouillard homicide. Enfin, au bout d'une heure de ce combat acharné, on vit, par les extrémités de cette mer de vapeur, déborder les fuyards, qui se dispersaient de tous les côtés, suivis par les vainqueurs. Seulement, à cette distance, il était impossible de distinguer qui avait gagné ou perdu la bataille, et les bannières, qui étaient des deux côtés aux armes d'Écosse, ne pouvaient en rien éclaircir cette confusion.

En ce moment, on vit descendre des collines de Glascow tout ce qui restait de la réserve de l'armée de Murray : elle venait, à grande course de cheval, se mêler à la bataille ; mais cette manœuvre pouvait avoir aussi bien pour but de soutenir des amis défaits, que d'achever la défaite des ennemis. Cependant bientôt il n'y eut plus de doute ; car cette réserve chargea sur les fuyards, au milieu desquels elle répandit une nouvelle confusion. L'armée de la reine était vaincue. Au même moment, trois ou quatre cavaliers parurent en deçà du ravin, s'avançant au grand galop de leurs chevaux. Douglas les reconnut pour des ennemis.

— Fuyez, madame, s'écria Georges ; fuyez sans perdre une seconde, car ceux qui nous arrivent là sont suivis par d'autres. Gagnez du chemin, tandis que je vais les arrêter. Et vous, ajouta-t-il en s'adressant à l'escorte, faites-vous tuer jusqu'au dernier plutôt que de laisser prendre votre reine.

— Georges ! Georges ! s'écria la reine, immobile et comme clouée à sa place.

Mais déjà Georges s'était élancé de toute la vitesse de son cheval, et comme il était merveilleusement monté, il franchissait l'espace avec la rapidité de la foudre, et était arrivé au défilé avant les ennemis. Là il s'arrêta, mit sa lance en arrêt, et, seul contre cinq, attendit bravement le choc.

Quant à la reine, elle n'avait pas voulu partir ; mais, au contraire, comme pétrifiée, elle était restée à la même place et les regards fixés sur ce combat qui avait lieu à cinq cents pas d'elle à peine. Tout-à-coup, en jetant les yeux sur ses ennemis, elle vit que l'un d'eux portait au milieu de son bouclier un cœur sanglant, qui était les armoiries de Douglas. Alors elle jeta un cri de douleur, et abaissant sa tête :

— Douglas contre Douglas ; frère contre frère ! murmura-t-elle ; il me manquait ce dernier coup.

— Madame ! madame ! crièrent les soldats de l'escorte, il n'y a pas un instant à perdre : le jeune maître de Douglas ne peut tenir long-temps ainsi seul contre cinq ; fuyons !

MARIE STUART.

fuyons!—Et deux d'entre eux prenant le cheval de la reine par la bride, le mirent au galop, au moment où Georges, après avoir abattu deux de ses ennemis et en avoir blessé un troisième, était renversé à son tour sur la poussière, frappé au cœur par le fer d'une lance. La reine poussa un gémissement en le voyant tomber; puis, comme si lui seul l'eût retenue, et que, lui tué, elle fût sans intérêt pour toute autre chose, elle mit Rosabelle au galop, et comme elle et sa troupe étaient parfaitement montées, on eut bientôt perdu de vue le champ de bataille.

Elle courut ainsi soixante milles sans prendre aucun repos et sans cesser de verser des larmes ou de soupirer; enfin, après avoir traversé les comtés de Renfrew et d'Ayr, elle arriva à l'abbaye de Dundrennan, dans le Galloway, et, certaine d'être, momentanément du moins, à l'abri de tout danger, elle donna l'ordre de s'y arrêter. Le prieur vint respectueusement la recevoir à la porte du couvent.

— Je vous amène le malheur et la destruction, mon père, dit la reine en descendant de cheval.

— Ils sont les bienvenus, répondit le prieur, puisqu'ils m'arrivent accompagnés du devoir.

La reine recommanda Rosabelle à un des hommes d'armes qui l'avaient accompagnée, et s'appuyant sur Marie Seyton, qui ne l'avait pas quittée d'une minute, et sur lord Herris, qui l'avait rejoint pendant la route, elle entra dans le couvent.

Lord Herris n'avait point caché à Marie Stuart sa position; la bataille avait été entièrement perdue, et avec

CRIMES CÉLÈBRES.

la bataille toutes les espérances de remonter, du moins
pour le moment, sur le trône d'Écosse. Il ne restait à la
reine que trois partis à prendre : se retirer en France, en
Espagne ou en Angleterre : sur l'avis de lord Herris, qui
s'accordait avec son propre sentiment, elle s'arrêta au
dernier; et la nuit même elle écrivit à Élisabeth ce double
billet en vers et en prose :

« Ma chère sœur,

» Je vous ai assez souvent priée de recevoir mon navire
agité en votre port durant la tourmente. Si à ce coup elle
y trouve port de salut, j'y jetterai mes ancres pour jamais : autrement la barque est en la garde de Dieu, car
elle est prête et calfeutrée pour se défendre en course
contre toutes les tourmentes; j'ai pleinement procédé
avecques vous, encore fais-je : ne prenez point en mauvaise part si j'écris ainsi, ce n'est point défiance que j'ai
de vous, comme il appert, car je me repose du tout sur
votre amitié. »

Ce sonnet accompagnait la lettre :

> Un seul penser qui me profite et nuit,
> Amer et doux change en mon cœur sans cesse
> Entre le doute et l'espoir qui m'oppresse,
> Tant que la paix et le repos me fuit.

> Donc, chère sœur, si cette carte suit
> L'affection de vous voir qui m'oppresse,
> C'est que je vis en peine et en tristesse,
> Si promptement doux effet ne s'ensuit.

MARIE STUART.

J'ai vu ma néf relâcher par contrainte
En haute mer, proche d'entrer au port,
Et temps serein se convertir en trouble;

Ainsi je suis en soucy et en crainte;
Non pas de vous, mais si souvent à tort
Fortune rompt violle et cordage double!

Élisabeth tressaillit de joie en recevant cette double lettre; depuis huit ans que sa haine allait croissant chaque jour contre Marie Stuart, elle l'avait constamment suivie des yeux, comme une louve une gazelle; enfin, la gazelle venait chercher un refuge dans l'antre de la louve; Élisabeth n'en avait jamais espéré autant : elle expédia aussitôt l'ordre au sheriff du Cumberland de faire savoir à Marie Stuart qu'elle était prête à la recevoir. Un matin, on entendit sonner du cor sur le rivage de la mer; c'était l'envoyé de la reine Élisabeth qui venait chercher la reine Marie Stuart.

Alors il y eut de grandes instances autour de la fugitive, pour qu'elle ne se fiât point ainsi à une rivale de puissance, de gloire et de beauté; mais la pauvre reine dépossédée était pleine de confiance dans celle qu'elle appelait sa bonne sœur, et croyait qu'elle allait, libre et exempte de soins, occuper à la cour d'Élisabeth la place due à son rang et à ses malheurs : elle persista donc, malgré tout ce qu'on put lui dire. De nos jours, nous avons vu même vertige s'emparer d'un autre fugitif royal, qui se fia, comme Marie Stuart, à la générosité de l'Angleterre, son ennemie; comme Marie Stuart, il fut cruellement puni de sa confiance, et retrouva dans le climat meurtrier de Sainte-Hélène l'échafaud de Fotheringay.

Marie Stuart se mit donc en route avec sa petite suite: arrivée au bord du golfe de Solway, elle y trouva le gardien des frontières anglaises : c'était un gentilhomme nommé Lawther, qui reçut la reine avec les plus grands égards, mais qui lui signifia qu'il ne pouvait permettre qu'à trois de ses femmes de l'accompagner ; Marie Seyton réclama aussitôt son privilége.... la reine lui tendit la main.

— Hélas ! mignonne, lui dit-elle, ce devrait cependant bien être le tour d'une autre, et tu as déjà assez souffert pour moi et avec moi.

Mais Marie, sans pouvoir répondre, se cramponna à sa main, faisant de la tête signe que rien au monde ne pourrait la séparer de sa maîtresse.

Alors tous ceux qui accompagnaient la reine renouvelèrent leurs instances pour qu'elle ne persistât point dans cette fatale résolution, et comme elle était déjà au tiers de la planche qui conduisait à la chaloupe, le prieur de Dundrennan, qui avait offert à Marie Stuart une si dangereuse et si touchante hospitalité, entra jusqu'aux genoux dans l'eau pour essayer de la retenir; mais tout fut inutile : la reine avait pris sa résolution. En ce moment Lawther s'approcha de la reine.—Madame, lui dit-il, recevez de nouveau mes regrets de ce que je ne puis offrir une réception cordiale en Angleterre à tous ceux qui voudraient vous y suivre ; mais notre reine nous a donné des ordres positifs, et il est de notre devoir de les exécuter. M'est-il permis de faire observer à votre majesté que la marée est favorable?

MARIE STUART.

— Des ordres positifs! s'écria le prieur; vous l'entendez, madame? Oh! vous êtes perdue si vous quittez ce rivage! Arrière, pendant qu'il en est temps encore! arrière, madame, au nom du ciel! A moi! sires chevaliers, à moi! s'écria-t-il en se retournant vers lord Herris et les autres seigneurs qui avaient accompagné Marie Stuart; ne permettez pas que votre reine vous abandonne, et vous fallût-il lutter à la fois contre elle et contre les Anglais, retenez-la, messeigneurs, au nom du ciel! retenez-la!

— Que signifie cette violence, sire prêtre? dit le gardien des frontières; je suis venu ici sur la demande expresse de votre reine; elle est libre de retourner vers vous, et il n'y a pas besoin de recourir à la force pour cela.—Puis s'adressant à la reine : —Madame, lui dit-il, de votre pleine et entière volonté, vous convient-il de me suivre en Angleterre? Répondez, je vous en supplie, car il est important à mon honneur que le monde tout entier sache que vous m'avez suivi librement.

— Monsieur, répondit Marie Stuart, je vous demande pardon, au nom de ce digne serviteur de Dieu et de sa reine, de ce qu'il a pu dire d'offensant pour vous. C'est librement que je quitte l'Écosse et que je me remets entre vos mains, dans la confiance où je suis que je serai maîtresse ou de rester en Angleterre près de ma royale sœur, ou de retourner en France, près de mes dignes parens. Puis se retournant vers le prêtre : Votre bénédiction, mon père, et que Dieu vous protége.

— Hélas! hélas! murmura l'abbé en obéissant à la

CRIMES CÉLÈBRES.

reine, ce n'est pas nous qui avons besoin de la protection de Dieu, mais bien vous, ma fille. Puisse la bénédiction d'un pauvre prêtre écarter de votre tête royale
les malheurs que je prévois. Allez, et qu'il en soit de
vous ce que le Seigneur a décidé dans sa sagesse et
dans sa miséricorde.

Alors la reine tendit la main au sheriff, qui la conduisit
dans l'esquif, suivie de Marie Seyton et de deux autres
femmes seulement. Aussitôt les voiles furent déployées,
et le petit bâtiment commença de s'éloigner des rivages
du Galloway, pour s'avancer vers le Cumberland. Tant
qu'on put l'apercevoir, ceux qui avaient accompagné la
reine demeurèrent sur la plage, lui faisant des signes
d'adieu, que, debout sur la poupe de la nef qui l'em-
menait, elle leur rendait avec son mouchoir. Enfin, la
barque disparut, et tous éclatèrent en plaintes ou en sanglots. Ils avaient raison, car les pressentimens du bon
prieur de Dundrennan n'étaient que trop vrais, et c'était
la dernière fois qu'ils avaient vu Marie Stuart.

En arrivant sur les côtes d'Angleterre, la reine d'Écosse
trouva des messagers d'Élisabeth chargés de lui exprimer
de sa part tout le regret que leur maîtresse éprouvait de
ne pouvoir ni l'admettre en sa présence, ni lui faire l'ac-
cueil affectueux auquel la portait son cœur. Mais il était
essentiel, ajoutèrent-ils, qu'auparavant la reine se justifiât
de la mort de Darnley, dont la famille, étant sujette de la
reine d'Angleterre, avait droit à sa protection et à sa
justice.

Marie Stuart était si aveuglée, qu'elle ne vit point le

MARIE STUART.

piége, et offrit aussitôt de prouver son innocence à la satisfaction de sa sœur Élisabeth ; mais à peine celle-ci eut-elle entre les mains la lettre de Marie Stuart, que d'arbitre, elle se fit juge, et, nommant des commissaires pour entendre les parties, somma Murray de comparaître et de venir accuser sa sœur. Murray, qui connaissait les intentions secrètes d'Élisabeth à l'égard de sa rivale, n'hésita point un instant. Il arriva en Angleterre porteur de la cassette qui contenait les trois lettres que nous avons rapportées, des vers et quelques autres documens qui prouvaient que la reine avait non seulement été la maîtresse de Bothwell du vivant de Darnley, mais encore avait eu connaissance de l'assassinat de son mari. De leur côté, lord Herris et l'évêque de Ross, avocats de la reine, soutinrent que ces lettres avaient été supposées, que l'écriture en était contrefaite, et demandèrent, pour vérifier ce fait, des experts qu'ils ne purent obtenir ; de sorte que cette grande contestation resta pendante pour les siècles à venir, et que rien encore, à cette heure, n'est résolu affirmativement sur ce sujet, par les savans ni par les historiens.

Après cinq mois d'enquête, la reine d'Angleterre fit savoir aux parties que, n'ayant, par cette procédure, rien pu découvrir contre l'honneur de l'accusateur ni de l'accusée, toutes choses resteraient dans le même état jusqu'à ce que l'un ou l'autre pût lui fournir de nouvelles preuves.

En conséquence de cette étrange décision, Élisabeth eût dû renvoyer le **régent** en Écosse et laisser Marie

Stuart libre d'aller où elle voulait. Mais, au lieu de cela, elle fit transporter sa prisonnière, du château de Bolton, dans celui de Carlisle, de la terrasse duquel, pour comble de douleur, la pauvre Marie Stuart apercevait les montagnes bleuâtres de son Écosse.

Cependant, parmi les juges nommés par Élisabeth pour examiner la conduite de Marie Stuart était Thomas Howard, duc de Norfolk. Soit qu'il eût reconnu l'innocence de Marie, soit qu'il fût poussé par le projet ambitieux qui servit depuis de base à son accusation, et qui n'était rien autre chose que d'épouser Marie Stuart, de fiancer sa fille au jeune roi et de devenir régent d'Écosse, il résolut de tirer la reine de sa prison. Plusieurs membres de la haute noblesse d'Angleterre, parmi lesquels étaient les comtes de Westmoreland et de Northumberland, entrèrent dans ce complot et s'engagèrent à le soutenir de toute leur puissance. Mais leur projet ayant été communiqué au régent, il le dénonça à Élisabeth, qui fit arrêter Norfolk. Prévenus à temps, Westmoreland et Northumberland passèrent les frontières et se réfugièrent dans les marches du royaume d'Écosse, qui étaient favorables à la reine Marie. Le premier gagna la Flandre, où il mourut en exil; le second, livré à Murray, fut envoyé au château de Lochleven, qui le garda plus fidèlement qu'il n'avait fait de sa royale prisonnière. Quant à Norfolk, il fut exécuté. Comme on le voit, l'astre de Marie Stuart n'avait rien perdu de sa fatale influence.

Cependant, le régent était revenu à Édimbourg, riche des présens d'Élisabeth et ayant gagné, de fait, sa cause

MARIE STUART.

auprès d'elle, puisque Marie était restée prisonnière : il s'était aussitôt occupé de disperser les restes de ses partisans, et à peine eut-il fermé les portes du château de Lochleven sur Westmoreland, qu'il poursuivit, au nom du jeune roi Jacques VI, ceux qui avaient soutenu la cause de sa mère, et parmi ceux-ci plus particulièrement les Hamilton, qui, depuis l'affaire *du balayage des rues d'Édimbourg*, étaient restés personnellement les ennemis mortels des Douglas : six des principaux membres de cette famille furent condamnés à mort, et n'obtinrent la commutation de leur peine en un exil éternel que sur les instances de John Knox, qui était si influent alors en Écosse, que Murray n'osa lui refuser leur grâce.

L'un des amnistiés était un certain Hamilton de Bothwellhaugh, homme des anciens jours de l'Écosse, sauvage et vindicatif comme les seigneurs du temps de Jacques Ier. Il était retiré dans les montagnes où il avait trouvé un asile, lorsqu'il apprit que Murray, qui, en vertu de la confiscation prononcée contre les exilés, avait donné ses biens à un de ses favoris, avait eu la cruauté de chasser sa femme malade et alitée de sa propre maison, et cela sans lui donner le temps de s'habiller, et quoiqu'on fût dans les temps froids de l'année. La pauvre femme, au reste, sans asile, sans vêtemens, sans pain, était devenue folle, avait erré quelque temps ainsi, objet de pitié, mais en même temps de terreur ; car chacun avait peur de se compromettre en la secourant. Enfin, elle était revenue mourir de misère et de froid au seuil de la porte dont elle avait été chassée.

CRIMES CÉLÈBRES.

En apprenant cette nouvelle, Bothwellhaugh, malgré son caractère violent, ne manifesta aucune colère ; seulement il répondit avec un sourire terrible : — C'est bien ; je la vengerai.

Le lendemain, Bothwellhaugh quitta ses montagnes et descendit, déguisé, dans la plaine, muni d'un ordre de l'archevêque de Saint-André, pour qu'on lui ouvrît une maison que ce prélat, qui, ainsi qu'on se le rappelle, avait suivi la fortune de la reine jusqu'au dernier moment, avait à Linlitgow. Cette maison, située dans la rue principale, avait un balcon en bois qui donnait sur la place et une porte qui s'ouvrait sur la campagne. Bothwellhaugh y entra de nuit, se logea au premier, étendit un drap noir sur les murs, pour que son ombre ne fût point aperçue de l'extérieur, couvrit le plancher de matelas, pour que ses pas ne fussent point entendus du rez-de-chaussée, attacha un cheval de course tout sellé et tout bridé dans le jardin, échancra le dessus de la petite porte qui donnait sur la campagne afin d'y pouvoir passer au galop, s'arma d'une arquebuse chargée, et s'enferma dans la chambre.

Tous ces préparatifs avaient été faits, on le devine, parce que Murray devait passer le lendemain à Linlitgow. Cependant, si secrets qu'ils fussent, ils faillirent devenir inutiles, car des amis du régent le prévinrent qu'il n'y aurait pas sûreté pour lui à traverser la ville, qui appartenait presque entièrement aux Hamilton, et lui conseillèrent de la tourner. Mais Murray était brave et habitué à ne point reculer devant un danger réel, il ne

MARIE STUART.

fit donc que rire d'un péril qu'il regardait comme imaginaire, et suivit hardiment son premier plan, qui était de
ne point se déranger de son chemin. En conséquence,
comme la rue dans laquelle donnait le balcon de l'archevêque de Saint-André était sur son passage, il s'y engagea, non point marchant rapidement et précédé de
gardes qui lui ouvrissent le chemin, comme le lui avaient
encore conseillé ses amis, mais s'avançant au pas, retardé
qu'il était par la grande foule qui encombrait les rues
afin de le voir. Arrivé en face du balcon, comme si le
hasard eût été d'accord avec le meurtrier, la presse devint si grande, que Murray fut forcé de faire halte un
instant : ce repos donna à Bothwellhaugh le temps de
l'ajuster à coup posé. Il appuya son arquebuse sur le
balcon, et l'ayant visé avec tout le temps et le sang-
froid nécessaire, il lâcha le coup. Bothwellhaugh avait
mis dans l'arquebuse une telle charge, que la balle, après
avoir traversé la poitrine du régent, alla tuer le cheval
d'un gentilhomme qui était à sa droite ; Murray tomba
aussitôt en disant : — Mon Dieu ! je suis mort.

Comme on avait vu de quelle fenêtre était parti le
coup, les gens de la suite du régent s'étaient aussitôt pré-
cipités contre la grande porte de la maison qui donnait sur
la rue et l'avaient enfoncée ; mais ils étaient arrivés à temps
seulement pour voir Bothwellhaugh fuir par la petite
porte du jardin sur le cheval qu'il avait préparé : ils re-
montèrent aussitôt sur leurs chevaux qu'ils avaient laissés
dans la rue, et, traversant la maison, ils se mirent à sa
poursuite. Bothwellhaugh avait un bon cheval et quel-

que avance sur ses ennemis ; et cependant, quatre d'entre
eux, le pistolet au poing, étaient si bien montés, qu'ils
commençaient à gagner sur lui. Alors Bothwellhaugh,
voyant que le fouet et les éperons étaient insuffisans, tira
son poignard et s'en servit pour aiguillonner son cheval.
Son cheval, sous ce stimulant terrible, reprit une nouvelle
vigueur, et, franchissant un ravin de dix-huit pieds, mit
entre son maître et ceux qui le poursuivaient une barrière que ceux-ci n'osèrent franchir.

Le meurtrier chercha un asile en France, où il se
retira sous la protection des Guises. Là, comme le coup
hardi qu'il avait tenté lui avait acquis une haute réputation,
on lui fit, quelques jours avant la Saint-Barthélemy, des
propositions pour assassiner l'amiral de Coligny. Mais
Bothwellhaugh repoussa ces ouvertures avec indignation,
disant qu'il était le vengeur de ses injures, et non un assassin, et que ceux qui avaient à se plaindre de l'amiral
n'avaient qu'à venir lui demander comment il avait fait,
et faire comme lui.

Quant à Murray, il était mort dans la nuit qui avait
suivi sa blessure, laissant la régence au comte de Lennox,
père de Darnley : en apprenant la nouvelle de cette
mort, Élisabeth s'était écriée qu'elle perdait son meilleur ami.

Tandis que ces choses se passaient en Écosse, Marie
Stuart était toujours prisonnière, malgré les réclamations
pressantes et successives de Charles IX et de Henri III.
Seulement, effrayée de la tentative qui avait été faite
en sa faveur, Élisabeth l'avait fait transporter dans le

MARIE STUART.

château de Sheffield, autour duquel de nouvelles patrouilles étaient sans cesse en mouvement.

Cependant les jours, les mois, les années s'écoulaient,
et la pauvre Marie, qui avait supporté si impatiemment
sa captivité de onze mois au château de Lochleven, était
depuis quinze ou seize ans déjà, malgré ses réclamations
et celles des ambassadeurs de France et d'Espagne, traî-
née de prison en prison, lorsqu'elle fut enfin conduite au
château de Tutbury et remise sous la garde de sir Amyas
Paulett, son dernier geôlier : elle y trouva pour tout loge-
ment deux chambres basses et humides, où peu à peu ce
qui lui restait de forces s'épuisa tellement, qu'il y avait
des jours où elle ne pouvait marcher, à cause des douleurs qu'elle éprouvait dans tous les membres. Ce fut
alors que celle qui avait été reine de deux royaumes, qui
était née dans un berceau doré et qui avait été élevée
dans le velours et dans la soie, fut obligée de s'abaisser à
implorer de son geôlier un lit moins dur et des couver-
tures plus chaudes. Cette demande, traitée en affaire
d'état, donna lieu à des négociations qui durèrent un
mois, après lequel on accorda enfin à la prisonnière ce
qu'elle demandait. Et cependant l'insalubrité, le froid et
les privations de tout genre n'agissaient point encore
assez activement sur cette organisation saine et robuste.
On essaya de faire comprendre à Paulett quel service ce
serait rendre à la reine d'Angleterre, que d'abréger
l'existence de celle qui, condamnée déjà dans la pensée
de sa rivale, tardait tant à mourir. Mais sir Amyas Paulett, tout grossier et dur qu'il était vis-à-vis de Marie

CRIMES CELÈBRES.

Stuart, déclara que, tant qu'elle serait chez lui, elle n'aurait rien à craindre du poison ni du poignard, attendu
qu'il goûterait tous les mets qui seraient servis à sa prisonnière, et que nul ne s'approcherait d'elle qu'en sa
présence. En effet, des assassins envoyés par Leicester,
celui-là même qui un instant avait aspiré à la main de la
belle Marie Stuart, furent chassés du château aussitôt que
son sévère gardien eut appris dans quelles intentions ils
y étaient entrés. Il fallut donc qu'Élisabeth prît patience,
en se contentant de tourmenter celle qu'elle ne pouvait
pas tuer, et espérant toujours qu'une nouvelle occasion
se présenterait de la mettre en jugement. Cette occasion,
qui avait tant tardé, la fatale étoile de Marie Stuart
l'amena enfin.

Un jeune gentilhomme catholique, dernier reste de
cette vieille chevalerie qui déjà commençait à s'éteindre
à cette époque, exalté par l'excommunication du pape
Pie V, qui déclarait Élisabeth déchue de son royaume
sur la terre et de son salut dans le ciel, résolut de rendre
la liberté à Marie, que l'on commençait dès lors à regarder, non plus comme une prisonnière politique, mais
comme une martyre de sa foi. En conséquence, bravant
la loi qu'avait fait rendre Élisabeth en 1585, et qui portait que, si quelque atteinte à sa personne venait à être
méditée, par, ou pour une personne *qui se croirait des
droits à la couronne d'Angleterre*, il serait nommé une
commission composée de vingt-cinq membres, laquelle, à
l'exclusion de tout autre tribunal, serait chargée d'examiner le délit et de condamner les coupables, quels qu'ils

MARIE STUART.

fussent, Babington, sans être découragé par l'exemple de ses prédécesseurs, réunit cinq de ses amis, zélés catholiques comme lui, qui engagèrent leur vie et leur honneur dans le complot dont il était le chef, et qui avait pour objet d'assassiner Élisabeth, et pour résultat, de placer Marie Stuart sur le trône d'Angleterre. Mais ce projet, si bien conduit qu'il eût été, fut révélé à Walsingham, qui laissa aller les conjurés aussi loin qu'il crut pouvoir le faire sans danger, et qui, la veille du jour fixé pour l'assassinat, les fit arrêter.

Ce fut une grande joie pour Élisabeth que cette tentative imprudente et désespérée, qui, d'après le texte de la loi, mettait enfin les jours de sa rivale entre ses mains. Des ordres furent aussitôt donnés à sir Amyas Paulett de se saisir des papiers de la prisonnière et de la transporter au château de Fotheringay. Le geôlier, alors, se relâchant hypocritement de sa sévérité ordinaire, offrit à Marie Stuart, sous prétexte du besoin qu'elle avait de prendre l'air, de faire une promenade à cheval. La pauvre captive, qui, depuis trois ans, n'avait vu la campagne qu'à travers les barreaux de sa prison, accepta avec joie, et sortit de Tutbury entre deux gardes, montée, pour plus grande sûreté, sur un cheval dont les jambes étaient entravées. Ces deux gardes la conduisirent au château de Fotheringay, sa nouvelle demeure, où elle trouva l'appartement qu'elle devait habiter déjà tout tendu de noir. Marie Stuart venait d'entrer vivante dans son tombeau. Quant à Babington et à ses complices, ils avaient déjà été exécutés.

Pendant ce temps, on arrêtait ses deux secrétaires, Curl et Naw, et l'on saisissait tous ses papiers, que l'on envoyait à Élisabeth, qui, de son côté, donnait ordre aux quarante commissaires de se réunir, et de procéder sans relâche au procès de la prisonnière. Ils arrivèrent à Fotheringay le 14 octobre 1586 ; et s'étant, dès le lendemain, rassemblés dans la grande salle du château, ils commencèrent l'instruction.

Marie refusa d'abord de paraître devant eux, déclarant qu'elle ne reconnaissait point les commissaires pour ses juges, n'étant point ses pairs, et récusant les lois anglaises, dont elle n'avait jamais éprouvé la protection, et qui l'avaient constamment abandonnée à l'empire de la force. Mais, voyant que l'on n'en procédait pas moins, et que toute calomnie était admise, personne n'étant là pour la nier, elle se décida à comparaître devant les commissaires. Nous allons rapporter les deux interrogatoires que subit Marie Stuart tels qu'ils sont consignés dans le rapport de M. de Bellièvre à M. de Villeroy. M. de Bellièvre, ainsi que nous le verrons plus tard, avait été envoyé extraordinairement par le roi Henri III à Élisabeth [6].

Étant ladite dame assise au bout de la table de ladite salle et lesdits commissaires autour d'elle.

La reine d'Écosse commença à parler en ces termes

— Je n'estime point que pas un de vous qui êtes ici assemblés soit mon égal ni mon juge, pour m'examiner sur aucune accusation. Ainsi ce que je fais et vous dis en ce moment est de mon propre et volontaire vouloir, prenant Dieu à témoin que je suis innocente et pure en

MARIE STUART.

ma conscience des impositions et calomnies dont on me veut charger. Car je suis princesse libre et née reine, soumise à personne, sinon à Dieu', auquel seul je dois rendre compte de mes actions. C'est pourquoi je proteste derechef, pour que ma comparution devant vous ne me soit pas préjudiciable, ni à moi, ni aux rois, princes et potentats mes alliés, ni à mon fils, et je requiers que ma protestation soit enregistrée, et j'en demande acte.

Alors le chancelier, qui était un des commissaires, répliqua à son tour, et protesta contre la protestation; puis il commanda que lecture fût faite à la reine d'Écosse de la commission en vertu de laquelle ils agissaient; commission fondée sur les statuts et la loi du royaume.

Mais alors, Marie Stuart répondit qu'elle protestait de-rechef; que lesdits statuts et lois étaient sans force contre elle, attendu que ces statuts et ces lois ne sont point faits pour des personnes de sa condition.

A ceci le chancelier répondit que la commission portait de procéder contre elle, même quand elle refuserait de répondre, et déclara qu'il serait passé outre à la procé-dure, attendu qu'elle était dans le double cas de la loi, les conjurés ayant non seulement conspiré pour elle, mais encore de son consentement; ce à quoi ladite reine d'É-cosse répondit qu'elle n'y avait seulement jamais pensé.

Sur ce, on lui lut les lettres que l'on prétendait qu'elle avait écrites au sieur Babington et les réponses de celui-ci.

Marie Stuart affirma alors, qu'elle n'avait jamais vu Babington, qu'elle n'avait jamais eu aucune conférence avec lui, n'en avait de sa vie reçu une seule lettre, et

CRIMES CÉLÈBRES.

qu'elle défiait personne au monde de soutenir que jamais elle ait fait quoi que ce soit au préjudice ou à l'encontre de ladite reine d'Angleterre; que d'ailleurs, aussi étroitement gardée comme elle est, hors de toute intelligence, éloignée et privée de ses proches, entourée d'ennemis, dépourvue enfin de tout conseil, elle n'a pas pu participer ni consentir aux pratiques dont on l'accuse; qu'il y a, au reste, beaucoup de personnes qui lui écrivaient qu'elle ne connaît pas, et qu'elle a reçu quantité de lettres sans savoir d'où elles lui viennent.

Alors on lui lut la confession de Babington; mais elle répondit qu'elle ne savait ce que l'on voulait dire; qu'au reste, si Babington et ses complices avaient dit de pareilles choses, c'étaient des hommes lâches, faux et menteurs.

— D'ailleurs, ajouta-t-elle, montrez-moi mon écriture et ma signature, puisque vous dites que j'ai écrit à Babington, et non des copies falsifiées comme celles-ci, que vous avez remplies à votre loisir des faussetés qu'il vous a plu y mettre.

Alors on lui montra la lettre que Babington, disait-on, lui avait écrite. Elle regarda d'un coup d'œil; puis dit : — Je ne connais aucunement cette lettre. — Sur ce, on lui montra sa réponse, et elle dit encore : — Je ne connais pas davantage cette réponse. Si vous me montrez ma propre lettre et ma propre signature, contenant ce que vous dites, j'acquiescerai à tout; mais jusqu'à présent, ainsi que je l'ai déjà dit, vous ne m'avez rien produit de digne de foi, sinon des copies que vous avez inventées et augmentées de ce que bon vous a semblé.

MARIE STUART.

A ces mots elle se leva, et avec des larmes plein les yeux :

— Si j'ai jamais, dit-elle, consenti à de telles menées, ayant pour but la mort de ma sœur, je prie Dieu qu'il ne me fasse ni miséricorde ni merci. Je confesse avoir écrit à plusieurs, que j'ai priés pour qu'ils advinssent à la délivrance de mes misérables prisons, où je languis, princesse captive et maltraitée, depuis dix-neuf ans et sept mois ; mais il ne m'est jamais venu, même dans l'esprit, d'écrire ou même de désirer de telles choses contre la reine. Oui, je confesse encore m'être employée pour la délivrance de quelques catholiques persécutés, et si j'eusse pu, et pouvais encore, avec mon propre sang, les garantir et sauver de leurs peines, je l'eusse fait et le ferais pour eux de tout mon pouvoir, et afin d'empêcher leur destruction.

Alors se retournant vers le secrétaire Walsingham :

— Au reste, mylord, lui dit-elle, du moment où je vous vois ici, je sais d'où part le coup ; vous avez toujours été mon plus grand ennemi et celui de mon fils, et vous avez sollicité tout le monde contre moi et à mon préjudice.

Accusé ainsi en face, Walsingham se leva.

— Madame, répondit-il, je proteste devant Dieu, qui m'en est témoin, que vous vous trompez, et que je n'ai jamais rien fait contre vous qui soit indigne d'un homme de bien, ni comme individu, ni comme personnage public.

C'est tout ce qui fut dit et fait ce jour-là de pour-

CRIMES CELÈBRES.

suites jusqu'au lendemain, où la reine fut de nouveau contrainte de paraître devant les commissaires.

Et étant assise au bout de la table de ladite salle, et lesdits commissaires à l'entour, elle commença à dire à haute voix :

— Vous n'ignorez pas, mylords et messieurs, que je suis reine souveraine, ointe et sacrée en l'église de Dieu, et ne puis et dois, pour quelque chose que ce soit, être appelée en vos audiences et mandée à votre barre, pour être jugée par la loi et les statuts que vous mettez en avant; car je suis princesse et libre, et ne dois à nul prince plus qu'il ne me doit, et sur tout ce dont je suis accusée envers madite sœur, je ne puis répondre si vous ne permettez que je sois assistée de mon conseil. Et si vous passez outre, faites ce que vous voudrez; mais de toutes vos procédures, en réitérant mes protestations, j'appelle devant Dieu, qui est le seul juge juste et vrai, et devant les rois et princes, mes alliés et confédérés.

Cette protestation fut derechef enregistrée, ainsi qu'elle en requit les commissaires.

Alors, on lui dit qu'elle avait en outre écrit plusieurs lettres aux princes de la chrétienté, contre la reine et le royaume d'Angleterre.

— Quant à ceci, répondit Marie Stuart, c'est autre chose, et je ne le nie pas, et si cela était encore à faire, je le ferais ainsi que j'ai fait, pour chercher ma liberté; car il n'y a ni homme ni femme au monde, de moindre qualité que je ne le suis, qui ne le fissent, et qui n'employassent l'aide et le secours de leurs amis pour sortir

MARIE STUART.

d'une captivité aussi dure comme l'était la mienne. Vous me chargez par certaines lettres de Babington : eh bien ! je ne nie pas qu'il m'ait écrit et que je lui aie répondu ; mais si vous trouvez dans mes réponses un seul mot sur la reine, ma sœur, eh bien ! oui, il y aura lieu de me poursuivre. J'ai répondu à celui qui m'a écrit qu'il me mettrait en liberté, que j'acceptais son offre, s'il le pouvait sans nous compromettre ni l'un ni l'autre : voilà tout.

— Quant à mes secrétaires, ajouta la reine, ce ne sont point eux, mais les tortures qui ont parlé par leur bouche ; et quant aux confessions de Babington et de ses complices, il n'y a pas grand état à en faire ; car, maintenant qu'ils sont morts, vous en pouvez dire tout ce que vous semble : vous croie qui voudra.

A ces mots, la reine refusa de répondre davantage, si on ne lui donnait pas un conseil, et, renouvelant sa protestation, elle se retira dans son appartement ; mais, ainsi que l'en avait menacée le chancelier, l'instruction fut continuée malgré son absence.

Cependant M. de Châteauneuf, ambassadeur de France à Londres, voyait les choses de trop près pour se tromper à leur marche : en conséquence, au premier bruit qui lui revint de la mise en jugement de Marie Stuart, il écrivit au roi Henri III, afin qu'il intervînt en faveur de la prisonnière. Henri III envoya aussitôt à la reine Élisabeth une ambassade extraordinaire, dont M. de Bellièvre était le chef ; et en même temps, ayant appris que Jacques VI, fils de Marie, loin de s'intéresser au sort de sa mère, avait répondu au ministre de France, Courcelles, qui lui parlait d'elle : « Je n'y peux rien ; qu'elle boive ce qu'elle a versé, » il lui écrivit la lettre suivante, pour qu'il déterminât le jeune prince à le seconder dans les démarches qu'il allait faire :

21 novembre 1586.

« Courcelles, j'ai reçu votre lettre du 4 d'octobre passé, en laquelle j'ai vu les propos que vous a tenus le roi d'Écosse sur ce que vous lui avez témoigné de la bonne affection que je lui porte, propos par lesquels il a fait démonstration d'avoir tout le désir d'y correspondre entièrement ; mais je voudrais que cette lettre m'eût aussi fait connaître qu'il fût mieux incliné envers la reine sa mère, et qu'il eût le cœur et la volonté de tout disposer de manière à l'assister dans l'affliction où elle se trouve maintenant, considérant que la prison où elle a été injustement détenue depuis dix-huit ans et plus l'a pu induire à prêter l'oreille à beaucoup de choses qui lui ont été proposées pour obtenir sa liberté, chose qui est naturellement fort désirée de tous les hommes, et plus encore de ceux qui sont nés souverains et pour commander aux autres, lesquels souffrent avec moins de patience d'être retenus ainsi prisonniers. Il doit aussi penser que si la reine d'Angleterre, ma bonne sœur, se laisse aller aux conseils de ceux qui désirent qu'elle se souille du sang de la reine Marie, ce sera chose qui lui tournera à grand déshonneur, d'autant qu'on jugera qu'il aura refusé à sa mère les bons offices qu'il devait lui rendre envers ladite reine d'Angleterre, et qui

MARIE STUART.

eussent peut-être été assez suffisans pour l'émouvoir, s'il
les eût voulu employer, aussi avant, et aussi vivement que
le devoir naturel le lui commandait. D'ailleurs, il y aura
à craindre pour lui que, sa mère morte, son tour ne
vienne, et qu'on ne pense à en faire autant de lui par
quelque façon violente, pour rendre la succession d'Angleterre plus aisée à prendre à ceux qui sont en état de
l'avoir après ladite reine Élisabeth, et non seulement de
frustrer ledit roi d'Écosse du droit qu'il y peut prétendre, mais rendre douteux celui-là même qu'il a à sa propre couronne. Je ne sais en quel état pourront être les
affaires de madite belle-sœur lorsque vous recevrez cette
lettre; mais je vous dirai qu'en tout cas je désire que
vous excitiez fort ledit roi d'Écosse, avec les remontrances
et toutes autres qui se pourront apporter sur ce sujet, à
embrasser la défense et protection de sadite mère, et lui
témoigner de ma part que, comme ce sera chose dont il
sera grandement loué de tous les autres rois et princes
souverains, il doit être assuré qu'en y manquant ce lui
sera un grand blâme, et peut-être un notable dommage
en son propre particulier. Au surplus, quant à l'état de
mes propres affaires, vous saurez que la reine, madame
et mère, est sur le point de voir bientôt le roi de Navarre,
et d'entrer en conférence avec lui sur le fait de la paci-
fication des troubles de ce royaume, à quoi, s'il porte
autant de bonne affection que je le fais de mon côté,
j'espère que les choses pourront prendre une bonne con-
clusion, et que mes sujets auront quelque relâche des
grands maux et calamités que la guerre leur fait ressentir :

suppliant le Créateur, Courcelles, qu'il vous ait en sa sainte garde.

Écrit à Saint-Germain-en-Laye, le 21ᵉ jour de novembre 1586.

» *Signé,* HENRI ;
» *Et plus bas,* BRULART. »

Cette lettre décida enfin Jacques VI à faire une espèce de démonstration en faveur de sa mère : il envoya Gray, Robert Melvil et Queth, près de la reine Élisabeth. Mais quoique Londres fût moins éloignée d'Édimbourg que de Paris, ce furent encore les envoyés français qui y précédèrent ceux d'Écosse.

Il est vrai qu'en arrivant à Calais, le 27 de novembre, M. de Bellièvre y avait trouvé un exprès de M. de Châteauneuf, chargé de lui dire de ne pas perdre un instant, lequel, pour aller au-devant de toutes difficultés, avait nolisé un navire qui était tout prêt dans le port. Mais, quelque diligence que ces nobles seigneurs eussent envie de faire, il leur fallut attendre le bon vouloir du vent, qui ne leur permit de se mettre en mer que le vendredi 28, à minuit ; encore le lendemain, en arrivant sur les neuf heures à Douvres, étaient-ils tous tellement ébranlés du mal de mer, que force leur fut de demeurer un jour entier dans cette ville pour se remettre, de sorte que ce ne fut que le dimanche 30 que M. de Bellièvre put partir dans le coche que M. de Châteauneuf lui envoyait par M. de Brancaleon, et se mettre en route pour Londres, accompagné des seigneurs de sa suite, qui

MARIE STUART.

étaient montés sur des chevaux de poste ; mais ne s'étant, pour réparer le temps perdu, reposés que quelques heures en route, ils arrivèrent enfin à Londres le lundi, 1ᵉʳ décembre, à midi. M. de Bellièvre envoya aussitôt un des gentilshommes de sa suite, nommé M. de Villiers, vers la reine d'Angleterre, qui tenait sa cour au château de Richemont : l'arrêt était déjà secrètement prononcé depuis six jours et soumis au parlement qui en délibérait à huis clos.

Les ambassadeurs français ne pouvaient plus mal prendre leur moment auprès d'Élisabeth ; aussi, pour gagner du temps, refusa-t-elle de recevoir M. de Villiers, lui faisant répondre qu'il saurait lui-même le lendemain les causes de ce refus. Effectivement, le lendemain, le bruit se répandit dans la ville de Londres que l'ambassade française était atteinte de contagion, et que, deux des seigneurs qui la composaient étant morts de la peste à Calais, la reine ne pouvait, quelque envie qu'elle eût d'être agréable à Henri III, exposer sa précieuse existence en recevant ses messagers. L'étonnement de M. de Bellièvre fut grand en apprenant cette nouvelle ; il protesta que la reine avait été mise dans l'erreur par un faux rapport, et insista pour être reçu. Néanmoins les délais durèrent encore pendant six jours ; mais comme les ambassadeurs menaçaient de repartir sans attendre plus long-temps, et qu'à tout prendre, Élisabeth, inquiétée par l'Espagne, tenait à ne pas se brouiller avec la France, elle fit dire le 7 décembre au matin, à M. de Bellièvre, qu'elle était prête à le recevoir dans l'après-dîner au château de Richemont, lui et les seigneurs de sa suite.

CRIMES CÉLÈBRES.

A l'heure indiquée, les ambassadeurs de France se présentèrent aux portes du château, et, ayant été introduits auprès de la reine, la trouvèrent assise sur son trône et environnée des seigneurs les plus considérables de son royaume. Alors MM. de Châteauneuf et de Bellièvre, l'un l'ambassadeur ordinaire et l'autre l'envoyé extraordinaire, l'ayant saluée de la part du roi de France, ils commencèrent à lui faire les remontrances dont ils étaient chargés. Élisabeth répondit non seulement dans la même langue française, mais encore dans le plus beau langage qui se parlât à cette époque, et, se laissant emporter à la passion, remontra aux envoyés de son frère Henri que la reine d'Écosse l'avait toujours poursuivie, et que c'était la troisième fois qu'elle avait voulu attenter à sa vie par une infinité de moyens; ce qu'elle avait déjà trop supporté et avec trop de patience, mais que jamais chose ne l'avait si profondément blessée au cœur que la dernière conspiration, cet événement, ajouta-t-elle avec tristesse, lui ayant plus fait pousser de soupirs et verser de larmes que la perte de tous ses parens, d'autant plus que la reine d'Écosse était sa proche parente à elle-même et touchait au roi de France; et comme, dans leurs remontrances, messeigneurs de Châteauneuf et de Bellièvre lui avaient mis en avant plusieurs exemples tirés des histoires, elle reprit, pour leur répondre à cette occasion, le ton pédant qui lui était habituel, et leur dit qu'elle avait beaucoup vu et lu de livres en sa vie, et plus que mille autres de son sexe et de sa qualité n'avait coutume de faire, mais qu'elle n'avait jamais trouvé en eux un seul exemple d'un

MARIE STUART.

acte pareil à celui qu'on avait projeté sur elle, acte poursuivi par une parente, que le roi son frère ne pouvait et ne
devait pas soutenir en sa méchanceté, quand c'était, au
contraire, un devoir à lui de hâter la punition qui était
une justice : puis, elle ajouta, s'adressant particulièrement à M. de Bellièvre et en redescendant des hauteurs
de son orgueil à un visage gracieux, qu'elle avait grand
regret qu'il ne lui fût pas député pour une meilleure occasion; que dans quelques jours elle ferait réponse au roi
Henri, son frère, de la santé duquel elle s'inquiéta avec
sollicitude, ainsi que de celle de la reine mère, qui devait
éprouver une si grande fatigue de la peine qu'elle prenait à remettre la paix dans le royaume de son fils : et
alors, sans vouloir en plus entendre, elle se retira dans
sa chambre.

Les envoyés revinrent à Londres où ils attendirent la
réponse promise; mais, tandis qu'ils l'attendaient sans
qu'elle arrivât, ils apprirent sourdement l'arrêt de mort
rendu contre la reine Marie, ce qui les détermina à retourner à Richemont pour faire de nouvelles remontrances
à la reine d'Angleterre. Après deux ou trois voyages in-
fructueux, ils furent enfin, le 15 décembre, admis pour
la seconde fois en sa présence royale.

La reine ne nia point que l'arrêt eût été rendu, et
comme il était facile de voir qu'elle ne comptait pas en
cette circonstance user du droit de grâce, M. de Bellièvre,
jugeant qu'il n'y avait rien à faire, réclama un sauf-
conduit pour retourner près de son roi : Élisabeth le lui
promit sous deux ou trois jours.

CRIMES CÉLÈBRES.

Le mardi suivant, 17 du même mois de décembre, le parlement ainsi que les principaux seigneurs du royaume furent convoqués au palais de Westminster, et là, en pleine audience et devant tous, fut proclamée et prononcée la sentence de mort contre Marie Stuart : puis, cette même sentence, avec un grand appareil et une grande solennité, fut lue sur les places et dans les carrefours de la ville de Londres, d'où elle se répandit par tout le royaume ; et, sur cette proclamation, les cloches sonnèrent pendant vingt-quatre heures, tandis que les ordres les plus sévères étaient donnés à chacun des habitans d'allumer des feux de joie devant leur maison, comme on a coutume de faire en France, la veille de la Saint Jean-Baptiste.

Alors, au milieu de ce bruit de cloches, à la lueur de ces feux de joie, M. de Bellièvre, voulant, pour n'avoir rien à se reprocher, tenter un dernier effort, écrivit à la reine Élisabeth la lettre suivante :

« Madame, nous quittâmes hier votre majesté, nous attendant, comme il vous avait plu de nous le dire, à recevoir sous peu de jours votre réponse touchant la prière que nous vous avons faite de la part de notre bon maître, votre frère, pour la reine d'Écosse, sa belle-sœur et confédérée ; mais comme ce matin nous avons été avertis que le jugement rendu contre ladite reine a été proclamé par la ville de Londres, quoique nous nous promissions autre chose de votre clémence et de l'amitié que vous portez audit seigneur roi, votre bon frère, néanmoins, pour ne rien négliger de ce qui est notre devoir, et croyant en

MARIE STUART.

cela servir les intentions du roi, notre maître, nous n'avons pas voulu manquer à vous écrire la présente, par laquelle nous vous supplions derechef, bien humblement, de ne point refuser à sa majesté la prière très-instante et très-affectionnée qu'elle vous a faite, à ce qu'il vous plaise de conserver la vie à ladite dame reine d'Écosse, ce que ledit seigneur roi recevra pour le plus grand plaisir que votre majesté lui saurait faire : comme, au contraire, il ne lui saurait advenir chose qui lui apportât plus de déplaisir, et qui lui touchât plus au cœur, que s'il était usé de rigueur à l'égard de ladite dame reine, étant ce qu'elle lui est : et comme, madame, ledit seigneur roi, notre maître, votre bon frère, lorsque pour cet effet il nous a dépêchés par devers votre majesté, n'a point estimé qu'il fût possible, en aucune sorte, de se résoudre si promptement à une telle exécution, nous vous supplions, madame, très-humblement, avant que de permettre qu'il y soit passé outre, de nous donner quelque temps pendant lequel nous l'avertirons de l'état des affaires de ladite reine d'Écosse, afin qu'avant que votre majesté ne prenne une résolution finale, elle sache ce qu'il plaira à sa majesté très-chrétienne de vous dire et remontrer sur la plus grande affaire qui, de notre mémoire, ait été soumise au jugement des hommes. Le sieur de Saint-Cyr, qui rendra la présente à votre majesté, nous apportera, s'il vous plaît, votre bonne réponse.

Londres, ce 16e jour de décembre 1586.

« *Signé*, DE BELLIÈVRE,

« *Et* DE L'AUBESPINE CHATEAUNEUF. »

CRIMES CÉLÈBRES.

Le même jour, le sieur de Saint-Cyr et les autres seigneurs français retournèrent à Richemont pour porter
cette lettre ; mais la reine ne les voulut point recevoir,
s'excusant sur une indisposition, de sorte qu'ils furent
forcés de laisser la lettre à Walsingham, son premier se -
crétaire d'état, lequel leur promit d'envoyer la réponse de
la reine le lendemain.

Malgré cette promesse, les seigneurs français attendirent deux jours encore; enfin, le deuxième jour vers le
soir, deux gentilshommes anglais vinrent trouver M. de
Bellièvre à Londres, et, de vive voix, sans aucune lettre
qui confirmât ce qu'ils étaient chargés de dire, ils lui annoncèrent de la part de leur reine, qu'en réponse à la lettre
qu'ils lui avaient écrite, et faisant droit au désir qu'ils
avaient manifesté d'obtenir pour la condamnée un sursis
pendant lequel ils feraient connaître le jugement au roi
de France, sa majesté voulait bien accorder douze jours.
Comme c'était le dernier mot d'Élisabeth, et qu'il était
inutile de perdre son temps à la presser davantage, M. de
Genlis fut aussitôt expédié à sa majesté le roi de France,
auquel, outre la longue dépêche de MM. de Châteauneuf
et de Bellièvre qu'il était chargé de remettre, il devait
dire de vive voix ce qu'il avait vu et entendu, relativement aux affaires de la reine Marie, pendant tout le temps
qu'il était demeuré en Angleterre.

Henri III répondit à l'instant même une lettre contenant de nouvelles instructions pour MM. de Châteauneuf et
de Bellièvre; mais, quelque diligence que put faire M. de
Genlis, il n'arriva à Londres que le quatorzième jour,

c'est-à-dire quarante-huit heures après l'expiration du délai
accordé ; néanmoins, comme le jugement n'avait point
encore été mis à exécution, MM. de Bellièvre et de Châteauneuf partirent à l'instant pour le château de Greenwich, situé à une lieue de Londres, et où était la reine
faisant les fêtes de Noël, afin de la prier de leur accorder
une audience dans laquelle ils pourraient transmettre à sa
majesté la réponse de leur roi ; mais de quatre ou cinq
jours ils ne purent rien obtenir : cependant, comme ils ne
se rebutaient point et revenaient sans cesse à la charge,
le 6 janvier MM. de Bellièvre et de Châteauneuf furent
enfin mandés par la reine.

Ils furent, comme la première fois, introduits avec
toutes les formalités d'étiquette en usage à cette époque,
et trouvèrent Élisabeth dans sa salle d'audience : les ambassadeurs s'approchèrent d'elle, la saluèrent, et M. de
Bellièvre commença de lui adresser avec respect, mais en
même temps avec fermeté, les remontrances de son maître.
Élisabeth les entendit d'un air d'impatience, en se tour-
mentant fort sur son fauteuil ; puis enfin, ne pouvant plus
se contenir, elle éclata, et se levant toute rougissante de
colère :

— Monsieur de Bellièvre, dit-elle, avez-vous bien charge
du roi, mon frère, de me tenir un pareil langage ?

— Oui, madame, répondit en s'inclinant M. de Bellièvre, j'en ai le commandement exprès.

— Et vous avez ce commandement écrit de sa main ?
continua Élisabeth.

— Oui, madame, reprit avec le même calme l'ambas-

sadeur; et le roi mon maître, votre bon frère, m'a ex-
pressément chargé, par lettres signées de sa propre main,
de faire à votre majesté les remontrances que j'ai eu
l'honneur de lui adresser.

— Eh bien! s'écria Élisabeth sans plus garder de mesure, je vous demande copie de cette lettre, signée de
votre propre main, et songez que vous répondrez de
chaque mot que vous y aurez ôté ou ajouté.

— Madame, répondit M. de Bellièvre, ce n'est point
le propre des rois de France, ni de leurs agens, de falsi-
fier ni lettres ni écrits; vous aurez donc dès demain matin
les copies que vous demandez, et je vous réponds sur mon
honneur de leur exactitude.

— Assez, monsieur, assez! dit la reine, et faisant un
signe à tous ceux qui étaient dans la salle de sortir, elle
demeura près d'une heure avec MM. de Châteauneuf et
de Bellièvre. Nul ne sait ce qui se passa dans cette entrevue, sinon que la reine s'engagea à envoyer un ambassadeur au roi de France, lequel, promit-elle, serait à Paris,
sinon avant, au moins en même temps que M. de Bellièvre,
et serait porteur de sa résolution suprême sur les affaires
de la reine d'Écosse: alors Élisabeth se retira en faisant
comprendre aux envoyés français que toute tentative nouvelle qu'ils feraient pour la revoir serait inutile.

Le 13 janvier, les ambassadeurs reçurent leurs passe-
ports et en même temps l'avis qu'un navire de la reine les
attendait à Douvres.

Le jour même de leur départ il arriva une étrange
aventure; un gentilhomme nommé Staffort, frère de l'am-

MARIE STUART.

bassadeur d'Élisabeth près le roi de France, se présenta
chez M. de Trappes, un des employés de la chancellerie
française, lui disant qu'il connaissait un prisonnier pour
dettes qui avait une chose de la plus haute importance à
lui communiquer, et, pour que celui-ci y mit plus d'empressement, il lui dit que cette chose touchait le service
du roi de France, et concernait les affaires de la reine
Marie d'Écosse. M. de Trappes, quoique se défiant dès
l'abord de cette ouverture, ne voulut point, au cas où ses
soupçons le tromperaient, avoir à se reprocher aucune né-
gligence dans une pareille et si pressante occasion. Il se
rendit donc avec M. Staffort en la prison où était détenu
celui qui voulait s'entretenir avec lui. Lorsqu'il fut en sa
présence, le prisonnier lui dit qu'il était écroué pour une
dette de cent vingt écus seulement, et que son désir de
liberté était si grand, que, si M. de Châteauneuf voulait
payer pour lui cette somme, il s'engagerait à délivrer la
reine d'Écosse du péril où elle se trouvait, en poignar-
dant Élisabeth : à ce propos, M. de Trappes, qui vit le
piége où on voulait attirer l'ambassadeur français, s'é-
tonna grandement, et dit qu'il était certain que M. de
Châteauneuf trouverait fort mauvaise toute entreprise qui
aurait pour but de menacer en quoi que ce soit la vie de
la reine Élisabeth ou la tranquillité du royaume : puis,
sans vouloir en entendre davantage, il revint vers M. de
Châteauneuf et lui raconta ce qui venait de se passer :
aussitôt M. de Châteauneuf, qui pénétra la véritable
cause de cette ouverture, dit à M. Staffort qu'il trouvait étrange qu'un gentilhomme, comme il était, se

chargeât vis-à-vis d'un autre gentilhomme d'une pareille trahison, et l'invita à l'instant même à sortir de l'ambassade, le priant de n'y jamais remettre les pieds. Alors Staffort se retira, et ayant l'air de se croire un homme perdu, il supplia M. de Trappes de lui permettre de repasser la mer avec lui et les envoyés français; M. de Trappes en référa à M. de Châteauneuf, qui fit aussitôt répondre à M. de Staffort, que non seulement il lui avait défendu son logis, mais encore toute relation avec aucune personne de l'ambassade, qu'ainsi il devait bien voir que sa demande ne pouvait lui être accordée : il ajouta que s'il n'était retenu par les égards qu'il tenait à garder envers son frère le comte de Staffort, son collègue en ambassade, il dénoncerait sa trahison à l'instant même à Élisabeth. Le même jour Staffort fut arrêté.

Après cette conférence, M. de Trappes était parti pour rejoindre ses compagnons de route, qui avaient pris quelques heures d'avance sur lui, lorsqu'au moment d'arriver à Douvres il fut arrêté à son tour et ramené dans les prisons de Londres. Interrogé le même jour, M. de Trappes raconta franchement ce qui s'était passé, en appelant à M. de Châteauneuf de la vérité de ce qu'il disait.

Le lendemain, un second interrogatoire eut lieu, et son étonnement fut grand, lorsqu'en demandant que celui de la veille lui fût représenté, on lui en montra seulement, selon l'habitude de la justice anglaise, des copies falsifiées dans lesquelles se trouvaient des aveux qui le compromettaient, ainsi que M. de Châteauneuf; il réclama et protesta, refusa de répondre et de signer au-

MARIE STUART.

cune chose nouvelle, et fut reconduit à la Tour avec un
redoublement de précaution qui avait pour but de faire
croire à une importante accusation.

Le lendemain, M. de Châteauneuf fut mandé devant
la reine, et là fut confronté avec Staffort, qui lui soutint
impudemment qu'il avait traité d'un complot avec
M. de Trappes et un certain prisonnier pour dettes;
complot qui n'allait à rien moins qu'à mettre en danger
la vie de la reine. M. de Châteauneuf se défendit avec
la chaleur de l'indignation; mais Élisabeth avait trop
grand intérêt à ne pas être convaincue pour se rendre
même à l'évidence. Elle dit donc à M. de Châteauneuf
que son caractère d'ambassadeur l'empêchait seul de le
faire arrêter comme son complice M. de Trappes; et,
envoyant aussitôt, comme elle l'avait promis, un ambassadeur au roi Henri III, elle le chargea non point de
l'excuser du jugement qui venait d'être rendu et de la
mort qui devait bientôt le suivre, mais d'accuser M. de
Châteauneuf d'avoir trempé dans un complot dont la
découverte seule avait pu la déterminer à consentir à la
mort de la reine d'Écosse, certaine qu'elle était par l'expérience que, tant que son ennemie vivrait, son existence
à elle serait menacée à chaque heure.

Le même jour, Élisabeth se hâta de répandre, non
seulement à Londres, mais encore par toute l'Angleterre,
le bruit du nouveau péril auquel elle venait d'échapper;
de sorte que, lorsque deux jours après le départ des envoyés français, les ambassadeurs d'Écosse, qui, comme
on le voit, n'avaient pas fait grande diligence, arrivèrent

la reine leur répondit que leur demande tombait mal, dans un moment où elle venait d'acquérir la preuve que, tant que Marie Stuart existerait, sa vie à elle Élisabeth était en danger. A ces paroles, Robert Melvil voulut répondre; mais Élisabeth s'emporta, disant que c'était lui, Melvil, qui avait donné au roi d'Écosse le mauvais conseil de s'employer pour sa mère, et que si elle avait un conseiller tel que lui, elle lui ferait trancher la tête. Ce à quoi Melvil répondit : — Qu'au risque de sa vie, il n'épargnerait jamais un bon conseil à son maître, et que celui-là, au contraire, mériterait d'avoir la tête tranchée qui donnerait au fils le conseil de laisser mourir sa mère. — Sur cette réponse, Élisabeth leur ordonna de se retirer, leur disant qu'elle leur ferait savoir sa réponse.

Trois ou quatre jours s'écoulèrent, et comme ils n'entendaient parler de rien, ils demandèrent de nouveau une audience de congé pour savoir la dernière résolution de celle vers laquelle ils étaient envoyés; la reine alors se décida à la leur accorder, et tout se passa, comme avec M. de Bellièvre, en récriminations et en plaintes. Enfin, Élisabeth leur demanda quelle sûreté ils lui donneraient pour sa vie, dans le cas où elle consentirait à faire grâce à la reine d'Écosse. Les envoyés répondirent qu'ils étaient autorisés à s'engager au nom du roi d'Écosse, leur maître, et de tous les seigneurs de son royaume, à ce que Marie Stuart renoncerait, en faveur de son fils, à tous ses droits sur la couronne d'Angleterre, et qu'elle donnerait pour caution de cet engagement le roi de France, et tous les princes et seigneurs, ses parens et ses amis.

MARIE STUART.

A cette réponse, la reine, oubliant sa présence d'esprit ordinaire, s'écria : — Que dites-vous là, Melvil? Ce serait armer mon ennemi de deux droits, tandis qu'il n'en a qu'un.

— Votre majesté regarde donc le roi mon maître comme son ennemi? répondit Melvil; il se croyait plus heureux, madame, et pensait être votre allié.

— Non, non, dit Élisabeth en rougissant, c'est une manière de parler, et si vous trouvez un moyen de tout concilier, messieurs, pour vous prouver, au contraire, que je tiens le roi Jacques VI pour mon bon et fidèle allié, je suis toute prête à incliner à la clémence; cherchez donc de votre côté, ajouta-t-elle, tandis que moi je chercherai du mien.

A ces mots, elle sortit de la chambre, et les ambassadeurs se retirèrent, avec la lueur d'espérance qu'elle leur avait laissé entrevoir.

Le même soir, un gentilhomme de la cour vint trouver M. Gray, chef de l'ambassade, comme pour lui faire une visite de convenance, et tout en causant, il lui dit : « Qu'il était bien difficile de concilier la sûreté de la reine Élisabeth avec la vie de sa prisonnière; que du reste, si grâce était faite à la reine d'Écosse, et qu'elle ou son fils arrivassent jamais au trône d'Angleterre, il n'y avait plus aucune sûreté pour les seigneurs commissaires qui avaient voté sa mort; qu'il n'y avait donc qu'un moyen de tout concilier, c'est que le roi d'Écosse renonçât lui-même à ses prétentions au royaume d'Angleterre; qu'autrement il n'y avait pas, selon lui,

de sûreté pour Élisabeth à sauver la vie de la reine d'É-
cosse. » M. Gray, le regardant alors fixement, lui demanda si c'était sa souveraine qui l'avait chargé de lui
venir tenir ce langage. Ce que le gentilhomme dénia,
disant que tout cela était de son chef et par forme d'avis.

Élisabeth reçut une dernière fois les envoyés d'Écosse,
et leur dit alors :

« Qu'après avoir bien réfléchi, elle n'avait trouvé aucun moyen de sauver la vie de la reine d'Écosse en
assurant la sienne, que par conséquent elle ne pouvait la
leur accorder. » A cette déclaration, M. Gray répondit :
« Que puisqu'il en était ainsi, il avait, dans ce cas, ordre
de la part de son maître, de lui dire qu'ils protestaient, au
nom du roi Jacques, que tout ce qui avait été fait contre
sa mère était nul, attendu que la reine Élisabeth n'avait
aucun droit sur une reine comme elle, et qui lui était
égale en rang et en naissance ; qu'en conséquence ils
déclaraient qu'aussitôt leur retour et lorsque leur maître
saurait de quelle manière avait tourné leur mission, il
assemblerait ses états et enverrait des messagers à tous
les princes chrétiens, pour aviser avec eux à ce qu'ils
pourraient faire, pour venger celle qu'ils n'avaient pu
sauver. »

Alors Élisabeth s'emporta de nouveau, disant qu'ils
n'avaient certes pas reçu de leur roi mission de lui tenir
un pareil langage ; mais eux offrirent alors de donner
cette protestation par écrit et signée d'eux ; ce à quoi
Élisabeth répondit qu'elle enverrait un ambassadeur qui
arrangerait tout cela avec son bon ami et allié le roi

MARIE STUART.

d'Écosse. Mais les envoyés dirent alors que leur maître n'entendrait personne avant qu'ils ne fussent revenus. Alors Élisabeth les pria de ne point s'en aller incontinent, attendu qu'elle n'avait pas sur cette affaire pris encore son dernier parti.

Le soir de cette audience, lord Hingley étant venu voir M. Gray, et ayant paru remarquer de beaux pistolets qui venaient d'Italie, M. Gray, aussitôt qu'il fut parti, chargea le cousin de ce seigneur de les lui porter de sa part comme un don. Tout joyeux de cette agréable commission, le jeune homme voulut l'accomplir le même soir, et se rendit au palais de la reine, où demeurait son parent, pour lui remettre le cadeau qu'il était chargé de lui faire. Mais à peine avait-il traversé quelques appartemens, qu'il fut arrêté, fouillé, et qu'on trouva sur lui les armes dont il était porteur. Quoiqu'elles ne fussent pas chargées, on l'arrêta aussitôt, seulement on ne le conduisit point à la Tour, et on se contenta de lui denner sa chambre pour prison.

Le lendemain, le bruit se répandit que les ambassadeurs d'Écosse avaient, à leur tour, voulu assassiner la reine, et que des pistolets, donnés par M. Gray lui-même, avaient été trouvés sur le meurtrier.

C'était trop de mauvaise foi pour que les ambassadeurs n'ouvrissent point les yeux. Convaincus, enfin, qu'ils ne pouvaient rien pour la pauvre Marie Stuart, ils l'abandonnèrent à son sort, et partirent le lendemain pour l'Écosse.

A peine furent-ils partis, qu'Élisabeth envoya son se-

CRIMES CÉLÈBRES.

crétaire Davison à sir Amyas Paulett. Il était chargé de
le sonder de nouveau à l'égard de la prisonnière; effrayée
malgré elle d'une exécution publique, la reine en était
revenue à ses premières idées d'empoisonnement ou d'assassinat; mais sir Amyas Paulett déclara qu'il ne laisserait entrer personne près de Marie que le bourreau, et
encore faudrait-il qu'il fût porteur d'un warrant parfaitement en règle. Davison rapporta cette réponse à Élisabeth, qui, en l'écoutant, frappa plusieurs fois du pied,
et lorsqu'il eut fini, incapable de se contenir, s'écria :
— Par la mordieu! voilà un scrupuleux drôle qui fait
sonner sans cesse sa fidélité et n'en sait pas donner une
preuve !

Alors il fallut bien qu'Élisabeth se décidât; elle demanda le warrant à Davison, qui le lui présenta, et, oubliant qu'elle était fille d'une reine qui était morte sur
l'échafaud, elle le signa sans laisser paraître aucune
émotion; puis, y ayant fait apposer le grand sceau d'Angleterre : — Allez, dit-elle en riant, annoncer à Walsingham que tout est fini pour la reine Marie; mais dites-lui
cela avec des ménagemens, car, comme il est malade,
j'aurais peur qu'il n'en mourût de saisissement.

La plaisanterie était d'autant plus atroce, que Walsingham était connu pour l'ennemi le plus acharné de la
reine d'Écosse.

Vers le soir du même jour, qui était le samedi, 14,
M. Béele, beau-frère de Walsingham, fut mandé au palais. La reine lui remit la sentence de mort, et avec elle
un commandement adressé aux comtes de Schwesbury, de

MARIE STUART.

Kent, de Rothland, et aux autres seigneurs des environs de Fotheringay, d'assister à son exécution. Beyle prit avec lui le bourreau de Londres, qu'Élisabeth avait fait habiller tout en velours noir pour cette grande circonstance, et partit deux heures après avoir reçu son mandat [7].

Cependant, depuis ces deux mois, la reine Marie connaissait l'arrêt des commissaires. Le jour même où il avait été rendu, elle en avait appris la nouvelle par son aumônier, à qui on avait permis de la voir pour cette seule fois. Marie Stuart avait profité de cette visite pour lui remettre trois lettres qu'elle écrivit à l'instant même, l'une au pape Sixte V, l'autre à don Bernard Mendoce, la troisième au duc de Guise.

Voici cette dernière lettre :

4 décembre 1586.

«Mon bon cousin, celui que j'ai le plus cher au monde, je vous dis adieu, étant prête par un injuste jugement d'être mise à mort, et à mort telle que personne de notre race, grâce à Dieu, ni jamais reine, et moins encore une de ma qualité, n'a jamais souffert. Mais, mon bon cousin, louez le Seigneur; car j'étais inutile en ce monde à la cause de Dieu et de son Église, prisonnière comme je l'étais; tandis qu'au contraire, j'espère que ma mort témoignera de ma constance en la foi, et de ma disposition à souffrir pour le maintien et la restauration de l'Église catholique en cette île infortunée. Et, bien que jamais bourreau n'ait mis la main en notre sang, n'en ayez honte, mon ami; car le jugement des hérétiques, qui n'ont nul droit sur moi, reine libre, est profitable devant Dieu aux enfans de son Église. Si j'adhérais, au reste, à ce qu'ils me proposent, je ne souffrirais pas ce coup. Tous ceux de notre maison ont été persécutés par cette secte, témoin votre bon père, par l'intercession duquel j'espère être reçue à merci par le juste juge. Je vous recommande donc mes pauvres serviteurs, la décharge de mes dettes, et de faire fonder quelque obit annuel pour mon ame, non à vos dépens, mais faire la sollicitation et ordonnance, comme vous en serez requis lorsque vous entendrez mon intention par mes pauvres et dévoués serviteur, qui vont être témoins de ma dernière tragédie. Dieu vous veuille faire prospérer, vous, votre femme, enfans, frères et cousins, et surtout notre chef, mon bon frère et cousin, et tous les siens. La bénénédiction de Dieu, et celle que je donnerais à mes enfans, puisse être sur les vôtres, que je ne recommande pas moins à Dieu que mon propre fils, si malfortuné et abusé qu'il soit. Vous recevrez des bagues de moi, qui vous rappelleront de faire prier Dieu pour l'ame de votre pauvre cousine, privée de toute aide et de tout conseil, excepté de celui du Seigneur, qui me donne force et courage de résister seule à tant de loups hurlans après moi. A Dieu en soit la gloire.

» Croyez en particulier à ce qui vous sera dit par une personne qui vous donnera une bague de rubis de ma part ; car je prends sur ma conscience qu'il vous sera dit la vérité de ce que je l'ai chargée, et spécialement en ce qui touche mes pauvres serviteurs et la part d'aucun. Je vous

MARIE STUART.

recommande cette personne pour sa simple sincérité et son honnêteté, afin qu'elle puisse être placée en quelque bon lieu. Je l'ai choisie comme la moins partiale, et comme celle qui le plus simplement vous rapportera mes commandemens. Qu'on ignore, je vous prie, qu'elle vous ait rien dit en particulier, car l'envie lui pourrait nuire. J'ai beaucoup souffert depuis deux ans et plus, et ne vous l'ai pu faire savoir pour cause importante. Dieu soit loué de tout, et vous donne la grâce de persévérer au service de son Église tant que vous vivrez, et jamais ne puisse cet honneur sortir de notre race, que tant hommes que femmes, soyons prompts à répandre notre sang pour maintenir la querelle de la foi, tous autres respects mondains mis à part. Et quant à moi, je m'estime née du côté paternel et maternel, pour offrir mon sang en icelle, et je n'ai intention de dégénérer. Jésus, crucifié pour nous, et tous les saints martyrs nous rendent par leur intercession dignes de l'offrande volontaire que nous faisons de nos corps à sa gloire! De Fotheringay, ce jeudi 24 novembre.

» L'on m'avait, pensant me dégrader, fait abattre mon dais, et depuis mon gardien m'est venu offrir d'écrire à leur reine, disant n'avoir fait cet acte par son commandement, mais par l'avis de quelques-uns du conseil. Je leur ai montré, au lieu de mes armes, audit dais, la croix de notre Seigneur. Vous entendrez tout ce discours; ils ont été plus doux depuis.

» Votre affectionnée cousine et parfaite amie,

» MARIE, R. D'ÉCOSSE, D. DE FRANCE. »

CRIMES CÉLÈBRES.

A compter de ce jour, où elle avait appris la sentence rendue par ses commissaires, Marie Stuart ne conserva plus aucune espérance ; car comme elle savait que pour la sauver il lui faudrait la grâce d'Élisabeth, elle se regarda dès lors comme perdue, et ne s'occupa plus que de se préparer à bien mourir. En effet, comme il lui arrivait parfois, par le froid et l'humidité qu'elle avait éprouvés dans ses prisons, de devenir perclue pendant un certain temps de tous ses membres, il lui prit cette crainte d'être ainsi au moment où on viendrait la chercher, ce qui ferait qu'elle ne pourrait marcher résolument à l'échafaud comme elle comptait le faire. Elle fit donc venir, le samedi 14 février, son médecin Bourgoin, et lui demanda, atteinte, disait-elle, par un pressentiment que sa mort devait être prochaine, ce qu'il fallait faire pour prévenir le retour des douleurs qui la paralysaient. Celui-ci répondit qu'il serait bon pour elle de se purger avec des herbes fraîches. Allez donc, dit la reine, et demandez de ma part à sir Amyas Paulett la permission d'en chercher dans la campagne.

Bourgoin descendit près de sir Amyas qui, souffrant lui-même d'une sciatique, devait comprendre mieux que personne l'urgence des remèdes que demandait la reine Cependant cette requête, toute simple qu'elle fût, souffrit de grandes difficultés. Sir Amyas répondit qu'il ne pouvait rien faire sans en référer à son compagnon Drury ; mais qu'on pouvait apporter de l'encre et du papier, et que lui, maître Bourgoin, donnerait alors une liste des plantes qu'il lui fallait, et qu'on tâcherait alors de se les pro-

MARIE STUART.

curer. Bourgoin répondit qu'il ne savait pas assez bien
l'anglais, et que les apothicaires du village ne savaient
pas assez bien le latin, pour qu'il risquât la vie de la reine
sur quelque erreur de lui ou des autres. Enfin, après mille
hésitations, Paulett permit à Bourgoin de sortir, ce qu'il
fit, accompagné de l'apothicaire Gorjon ; de sorte que dès
le lendemain la reine put commencer à se médeciner.

Les pressentimens de Marie Stuart ne l'avaient pas
trompée : le mardi 17 février, vers deux heures de l'après-
midi, les comtes de Kent, de Schwesbury et Béele firent
dire à la reine qu'ils désiraient lui parler. La reine répondit qu'elle était couchée et malade ; mais que, si cependant ce qu'ils avaient à lui dire était chose de conséquence, on lui donnât un peu de loisir, et qu'elle se
lèverait. Ils lui firent répondre que la communication
qu'ils avaient à lui faire n'admettait point de retard, qu'ils
la priaient donc de se préparer ; ce que la reine fit aussitôt, et, se levant de son lit et passant une robe de chambre, elle alla s'assoir près d'une petite table, au même
endroit où elle était accoutumée de se tenir une grande
partie du jour.

Alors les deux comtes, accompagnés de Béele, d'Amyas
Paulett, et de Drugeon Drury, entrèrent. Derrière eux
venaient, attirés par une curiosité pleine d'angoisse, ses
filles les plus chères et ses serviteurs les plus intimes. C'é-
aient, en femmes, mesdemoiselles Renée de Really, Gilles
Maubray, Jeanne Kennedy, Elspeth Curle, Marie Paget
et Suzanne Kercady. C'étaient, en hommes, Dominique
Bourgoin, son médecin, Pierre Gorjon, son apothicaire,

CRIMES CÉLÈBRES.

Jacques Gervais, son chirurgien, Annibal Stowart, son valet de chambre, Didier Sifflart, son sommelier, Jean Lauder, son panetier, et Martin Huet, écuyer de sa cuisine.

Alors le comte de Schwesbury, la tête découverte, ainsi que tous ceux qui étaient là, et qui demeurèrent ainsi tant qu'ils restèrent dans la chambre de la reine, commença de dire en anglais, s'adressant à Marie :

— Madame, la reine d'Angleterre, mon auguste maîtresse, m'a envoyé devers vous, avec le comte de Kent, et sir Robert Béele, ici présens, pour vous faire entendre qu'après avoir honorablement procédé à l'enquête du fait dont vous êtes accusée et reconnue coupable, enquête qui a déjà été soumise à votre grâce par lord Burkhurst, et avoir retardé autant qu'il était en elle l'exécution du jugement, elle ne peut plus aujourd'hui résister à l'importunité de ses sujets, qui la pressent, tant est grande et amoureuse leur crainte pour elle, de mettre ce jugement à exécution. A cet effet, nous sommes venus, porteurs d'une commission, et nous vous prions bien humblement, madame, qu'il vous plaise d'en entendre la lecture.

— Lisez, mylord, j'écoute, — répondit Marie Stuart avec le plus grand calme. Alors Robert Béele déploya ladite commission, qui était en parchemin, scellée du grand sceau de cire jaune, et lut ce qui suit :

« Elisabeth, par la grâce de Dieu, reine d'Angleterre, France et Irlande, etc., à nos amés et féaux cousins, Georges, comte de Shwesbury, grand maréchal d'An-

MARIE STUART.

gleterre, Henri, comte de Kent, Henri, comte de Derby,
Georges, comte de Cumberland, Henry, comte de Pem-
brock, salut [8] :

Vu la sentence par nous donnée et autres de notre
conseil, noblesse et juges, contre la jadis reine d'Écosse,
portant le nom de Marie, fille héritière de Jacques cinquième roi d'Ecosse, appelée communément reine d'E-
cosse et douairière de France, laquelle sentence tous les
états de notre royaume assemblés en notre dernier parlement non seulement conclurent, mais, après mûre délibé-
ration, ratifièrent pour être juste et raisonnable ; vu pareil-
lement l'instante prière et requête de nos sujets, nous
sollicitant et pressant de procéder à la publication d'icelle,
et la passer en exécution à l'encontre de sa personne, selon
qu'ils la jugent aussi duement méritée, ajoutant en cet endroit que la détention d'icelle était et serait journellement
un certain et évident danger, non pas seulement à notre vie,
mais aussi à eux-mêmes et à leur postérité, et à l'état public de ce royaume, tant à cause de l'Evangile et de la
vraie religion du Christ que pour la paix et tranquillité
de cet état, quoiqu'aux temps et délais publics ladite
sentence par notre proclamation, et encore que jusqu'à
cette heure nous nous soyons abstenue d'octroyer commission pour l'exécuter ; toutefois, pour l'ample satisfaction desdites requêtes faites par les états de notre parlement, par lequel journellement nous entendons que tous
nos amés et sujets, tant de la noblesse, conseil qu'aucun des
plus sages, grands et dévots, voire jusques à ceux d'inférieure condition, avec toute humilité et affection pour le

CRIMES CÉLÈBRES.

soin qu'ils ont de notre vie, et conséquemment pour la
crainte qu'ils ont de la ruine du présent, divin et heureux
état du royaume, si nous épargnons la finale exécution,
consentant et désirant ladite exécution ; bien que les gé-
nérales et continuelles requêtes, prières, conseils et avis,
fussent en telles choses contraires à notre naturelle incli-
nation ; toutefois, étant convaincue de l'urgent poids de
leurs continuelles intercessions, tendantes à la sûreté de
notre personne, mais aussi du public et particulier état
de notre royaume ; nous avons enfin consenti et souffert
que justice prît lieu, et pour l'exécution d'icelle, attendu
la singulière confiance que nous avons de votre fidélité et
loyauté ensemble pour l'amour et affection que particulièrement vous avez en notre endroit, à la sauve-garde de
notre personne et de notre patrie, de laquelle vous êtes
très-nobles et principaux membres ; nous mandons, et,
pour décharge d'icelle, nous vous enjoignons, qu'à la présente vue, vous ayez à vous transporter au château de For-
theringay, là où la jadis reine d'Écosse est, en la garde
de notre ami et féal serviteur et conseiller, le seigneur
Amyas Paulett, et là, prendre en votre charge, et faire
que par votre commandement l'exécution soit faite sur
sa personne, en la présence de vous-même et dudit sir
Amyas Paulett, et de tous autres officiers de justice que
vous commanderez être là : attendant, avons pour cet effet,
et icelle exécution faite en telle manière et forme et en tel
temps et place et par telles personnes, que vous cinq,
quatre, trois ou deux, trouverez expédient par votre discré-
tion ; nonobstant toutes lois, statuts et ordonnances quel-

MARIE STUART.

conques, contraires à ces présentes, scellées de notre grand sceau d'Angleterre, qui vous serviront à chacun de vous, et à tous ceux qui seront présens, ou feront par votre commandement aucune chose appartenant à l'exécution susdite pleine et suffisante décharge à tout jamais.

» Fait et donné en notre maison de Greenwich, le premier jour de février (10 février nouveau style), l'année vingt-neuvième de notre règne. »

Marie écouta cette lecture avec le plus grand calme et la plus grande dignité, puis, lorsqu'elle fut achevée, faisant le signe de la croix :

—Soit bienvenue, dit-elle, toute nouvelle qui vient au nom de Dieu! Merci, Seigneur, de ce que vous daignez mettre un terme à tous les maux que vous m'avez vue souffrir depuis dix-neuf ans et plus.

— Madame, dit le comte de Kent, n'ayez point contre nous de mauvais vouloir à cause de votre mort : elle était nécessaire à la tranquillité de l'état et au progrès du nouveau culte.

— Ainsi, s'écria Marie avec joie, ainsi j'aurai le bonheur de mourir pour la religion de mes pères ; ainsi Dieu daigne m'accorder la gloire du martyre. Merci, mon Dieu, ajouta-t-elle en joignant les mains avec moins d'exaltation mais plus de piété, merci de ce que vous daignez me faire faire une telle fin, dont je n'étais pas digne. Cela, ô mon Dieu! est bien une preuve que vous m'aimez, et une assurance que vous me recevez au nombre de vos serviteurs; car, quoique ce jugement m'ait été signifié, j'avais peur, d'après la façon dont on procède

envers moi depuis dix-neuf ans, de n'être pas encore
aussi près que je le suis d'une si heureuse fin, pouvant
penser que votre reine n'oserait porter la main sur moi,
qui, par la grâce de Dieu, suis reine comme elle, fille de
roi comme elle, sacrée comme elle, sa proche parente,
petite-fille du roi Henri septième, et qui ai eu cet honneur d'être reine de France, dont je suis encore douairière ; et cette crainte devait être d'autant plus grande,
ajouta-t-elle en étendant la main sur un Nouveau Testament qui était près d'elle sur la petite table, que, je le
jure sur ce livre saint, je n'ai jamais poursuivi, consenti
ni même désiré la mort de ma sœur, la reine d'Angleterre.

— Madame,—répondit le comte de Kent en faisant un
pas vers elle et en indiquant du doigt le Nouveau Testament,—ce livre sur lequel vous avez juré n'est point vrai,
puisqu'il est la version papiste : en conséquence, votre
serment ne peut pas être considéré comme plus véritable
que le livre sur lequel il a été fait.

— Mylord, répondit la reine, ce que vous dites là est
possible pour vous, mais non pas pour moi, qui sais bien
que ce livre est la vraie et fidèle version de la parole du
Seigneur, version faite par un docteur très-sage, très-
homme de bien, et approuvée par l'Église.

— Madame, reprit le comte de Kent, votre grâce
s'est arrêtée à ce qu'on lui a appris et enseigné dans sa
jeunesse, sans vous être jamais enquise de ce qui était bon
ou mauvais : il n'est donc point étonnant que vous soyez
demeurée en votre erreur, faute d'avoir entendu aucune

MARIE STUART.

personne qui ait pu vous faire connaître la vérité ; c'est pourquoi, comme votre grâce n'a plus que quelques heures à rester en ce monde, et, par conséquent, n'a point de temps à perdre, avec sa permission, nous ferons venir le doyen de Peterborough, l'homme le plus savant qui existe en matière de religion, lequel, par sa parole, vous préparera à votre salut, que vous compromettez, à notre grande douleur et à celle de notre auguste reine, par toutes les folies papistiques, abominations et sottises d'enfans, qui écartent les catholiques de la sainte parole de Dieu et de la connaissance de la vérité.

— Vous êtes dans l'erreur, mylord, répondit douce-ment la reine, si vous avez cru que j'aie grandi insou-ciante dans la foi de mes pères, et sans m'occuper sérieu-sement d'une chose aussi importante que la religion. J'ai, au contraire, passé ma vie avec des hommes doctes et savans, qui m'ont appris sur ce point ce qu'il fallait apprendre, et je me suis nourrie de la lecture de leurs œuvres, depuis que les moyens d'entendre leur parole m'ont été ôtés. Or, n'ayant jamais douté pendant ma vie, ce n'est point à l'heure de ma mort que le doute me viendra. Et voilà M. le comte de Schwesbury, ici pré-sent, qui vous dira que, lors de mon arrivée en Angle-terre, j'ai pendant tout un carême, ce dont je me re-pens, entendu vos plus savans docteurs, sans que leurs argumens aient fait aucune impression sur mon esprit. Ce serait donc inutilement, mylord, ajouta-t-elle en sou-riant, que vous appelleriez près d'une endurcie comme moi le doyen de Peterborough, si savant qu'il soit. La seule chose que je vous demande en échange, mylord, et dont je vous serai reconnaissante au-delà de toute expression, c'est que vous m'envoyiez mon aumônier, que vous tenez renfermé dans cette maison, pour me consoler et me préparer à la mort, ou, à son défaut, un autre prêtre, quel qu'il soit, fût-ce un pauvre curé, d'un pauvre village, n'étant pas plus difficile que Dieu, et ne demandant point qu'il ait la science, pourvu qu'il ait la foi.

— C'est avec regret, madame, reprit le comte de Kent, que je me vois forcé de refuser cette demande à votre grâce; mais ce serait contre notre religion et notre conscience, et nous serions coupables de le faire; c'est pourquoi nous vous offrons de nouveau le vénérable doyen de Peterborough, certain que votre grâce trouvera plus de consolation et de contentement en lui qu'en aucun évêque, prêtre ou vicaire de la religion catholique.

— Merci, mylord, dit encore la reine; mais je n'ai que faire de lui, et comme j'ai la conscience pure du crime pour lequel je vais mourir, avec l'aide de Dieu, le martyre me tiendra lieu de confession. Et maintenant, je vous rappellerai, mylord, ce que vous m'avez dit vous-même, que j'avais peu d'heures à vivre : or, ces peu d'heures, pour m'être profitables, veulent être passées dans les prières et les méditations, et non dans de vaines disputes.

A ces mots, elle se leva, et saluant les comtes, sir Robert Béele, Amyas et Drury, elle indiqua, par un geste plein de dignité, qu'elle désirait être seule et tranquille; puis, comme ils s'apprêtaient à sortir :

MARIE STUART.

— A propos, mylords, dit-elle, pour quelle heure me dois-je préparer à mourir ?

— Pour demain, vers les huit heures, madame, répondit en bégayant le comte de Schwesbury.

— C'est bien, dit Marie ; mais n'avez-vous point quelque réponse à me faire dire, de la part de ma sœur Élisabeth, relativement à une lettre que je lui ai écrite il y a environ un mois ?

— Et de quoi traitait cette lettre, s'il vous plaît, madame ? demanda le comte de Kent.

— De mon enterrement et de mes funérailles, mylord : j'avais demandé d'être inhumée en France, en l'église cathédrale de Reims, près de la feue reine ma mère.

— Cela ne se peut faire, madame, répondit le comte de Kent ; mais ne vous mettez point en peine de tous ces détails, la reine, mon auguste maîtresse, y pourvoira comme il convient. Votre grâce a-t-elle autre chose à nous demander ?

— Je voudrais encore savoir, dit Marie, s'il sera permis à mes serviteurs de s'en retourner, chacun dans son pays, avec le peu que je lui pourrai donner ; ce qui ne sera guère, dans tous les cas, pour les longs services qu'ils m'ont faits et la longue détention qu'ils ont soufferte à cause de moi.

— Nous n'avons point commission de répondre à cela, madame, dit le comte de Kent ; mais nous pensons qu'on donnera ordre à ceci comme au reste, selon votre volonté. Est-ce tout ce que votre grâce avait à nous dire ?

CRIMES CÉLÈBRES.

— Oui, mylord, répondit la reine en saluant une seconde fois, et maintenant vous pouvez vous retirer.

— Un instant, mylords; au nom du ciel, un instant,
s'écria le vieux médecin en quittant les rangs des serviteurs et en se jetant aux genoux des deux comtes.

— Que voulez-vous? demanda lord Schwesbury.

— Vous remontrer, mylords, répondit en pleurant le
vieux Bourgoin, que c'est un temps bien court que celui que vous avez accordé à la reine pour une si grande
affaire que celle de la vie. Considérez, mylords, quel rang
et quel grade celle que vous avez condamnée a tenus
parmi les princes de la terre, et réfléchissez s'il est bon
et convenable de la traiter comme un condamné vulgaire
et de médiocre état. Et si ce n'est pas pour cette noble
reine, mylords, que ce soit pour nous, ses pauvres serviteurs, qui, ayant eu l'honneur de vivre si long-temps
près d'elle, ne pouvons pas nous en séparer ainsi si vite
et sans préparations. D'ailleurs, mylords, songez-y,
une femme de son état et de sa condition doit avoir
quelque temps devant elle pour régler ses affaires dernières. Et que deviendra-t-il d'elle, et de nous, mon
Dieu! si avant de mourir, notre maîtresse n'a point le
temps de régulariser son douaire et ses comptes, et de
mettre de l'ordre dans ses papiers et ses titres? Elle a des
services à rémunérer et des offices de piété à faire. Il
faut qu'elle néglige les uns ou les autres. Or, nous savons qu'elle ne s'occupera que de nous, et, par ainsi, mylords, négligera son propre salut. Accordez-lui donc
quelques jours de plus, mylords; et comme notre maî-

MARIE STUART.

tresse est trop fière pour vous demander une pareille grâce, c'est moi qui vous la demande en notre nom à tous, et vous supplie de ne point refuser à de pauvres serviteurs une demande que votre auguste reine ne leur refuserait certainement pas, s'ils avaient le bonheur de la pouvoir déposer à ses pieds.

— Est-il donc vrai, madame, demanda sir Richard Béele, que vous n'ayez point encore fait de testament?

— Non, monsieur, répondit la reine.

— En ce cas, mylords, dit sir Robert Béele en se tournant vers les deux comtes, il serait peut être bon de surseoir d'un jour ou deux.

— Impossible, monsieur, répondit le comte de Schwesbury, l'heure est fixée, et nous ne pouvons rien changer, pas même une minute, à cette heure.

— Assez, Bourgoin, assez, dit la reine; relevez-vous, je vous l'ordonne.

Bourgoin obéit, et le comte de Schwesbury se tournant vers sir Amyas Paulett, qui était derrière lui :

— Seigneur Amyas, lui dit-il, nous remettons cette dame entre vos mains; vous vous en chargerez, et la tiendrez en bonne garde jusqu'à notre retour.

À ces mots, il sortit, suivi du comte de Kent, de sir Robert Béele, d'Amyas Paulett et de Drury, et la reine resta seule avec ses serviteurs [9].

Alors se retournant vers ses femmes avec un visage aussi serein que si l'événement qui venait de lui arriver était de peu d'importance : — Eh bien! Jeanne, dit-elle en s'adressant à Kennedy, ne vous avais-je pas toujours pré-

CRIMES CÉLÈBRES.

venue, et ne savais-je pas bien qu'ils avaient au fond du cœur envie de faire ce qu'ils ont fait, et que je voyais bien par toutes leurs procédures le but où ils tendaient, et que je savais bien que je leur étais dans leur fausse religion un trop grand obstacle pour qu'ils me laissassent vivre ? Allons, continua-t-elle, maintenant, que l'on hâte le souper, afin que je mette ordre à mes affaires. — Puis, voyant qu'au lieu de lui obéir, ses serviteurs pleuraient et se lamentaient : — Mes enfans, leur dit-elle avec un sourire triste, mais sans qu'aucune larme lui vînt aux yeux, ce n'est point le moment de pleurer ; bien au contraire ; car, si vous m'aimez, vous devez être joyeux de ce que le Seigneur, en me faisant mourir pour sa cause, m'enlève aux tortures que je souffre depuis dix-neuf ans. Quant à moi, je le remercie de me faire mourir pour la gloire de sa religion et de son église. Donc, que chacun prenne patience, et tandis que les hommes prépareront le souper, nous autres femmes, nous prierons Dieu.

Aussitôt les hommes sortirent en pleurant et en sanglotant, et la reine et ses filles se mirent à genoux. Lorsqu'elles eurent dit plusieurs prières, Marie se releva, et, se faisant apporter tout ce qui lui restait d'argent, elle le compta et en fit différentes parts qu'elle mit dans des bourses, avec le nom de la personne à qui elles étaient destinées, écrit de sa main, et qu'elle déposa avec l'argent.

En ce moment, le souper étant servi, elle se mit à table avec ses femmes comme elle avait l'habitude de le faire, les autres serviteurs se tenant debout ou allant et

MARIE STUART.

venant, son médecin la servant à table comme il était accoutumé de faire depuis qu'on lui avait ôté son maître-
d'hôtel. Elle ne mangea ni plus ni moins que d'habitude,
parlant, pendant tout le souper, du comte de Kent, et
de quelle manière il s'était trahi à l'endroit de la religion,
par son insistance à vouloir donner à la reine un pasteur
au lieu d'un prêtre. — Heureusement, ajouta-t-elle en
riant, qu'il eût fallu un plus habile que lui pour me faire
changer. — Pendant ce temps Bourgoin pleurait derrière la reine, car il songeait que c'était la dernière fois
qu'il la servait, et que celle qui mangeait, parlait et riait
ainsi, le lendemain à la même heure ne serait plus qu'un
cadavre froid et insensible.

A la fin du repas, la reine fit venir tous ses serviteurs; puis, avant que rien fût levé de la table, elle se
versa une coupe de vin, elle se leva, et but à leur santé,
leur demandant si eux ne voulaient pas boire à son salut.
Alors elle leur fit donner, à tous, des verres; tous se mirent à genoux, et tous, dit la relation à laquelle nous em-
pruntons ces détails, burent, mêlant leurs larmes au vin, et
demandant pardon à la reine pour les offenses qu'ils pouvaient lui avoir faites. La reine le leur accorda de grand
cœur, et leur demanda d'en faire autant pour elle, et d'oublier ses impatiences, qu'elle les pria de mettre sur le
compte de sa captivité. Puis, après leur avoir fait un long
discours dans lequel elle leur expliquait leurs devoirs envers
Dieu et les exhortait à persévérer dans la foi catholique,
elle les invita, lorsqu'elle serait morte, à vivre ensemble en
paix et en charité, oubliant toutes les petites querelles

CRIMES CÉLÈBRES.

et discussions qu'ils avaient eues ensemble par le passé.

Ce discours terminé, la reine se leva de table, et voulut descendre dans sa garderobe, pour voir les habits et les bijoux dont elle pouvait disposer ; mais Bourgoin lui fit observer que mieux valait qu'on lui apportât tous ces différens objets dans sa chambre même; que cela aurait un double avantage, qu'elle en serait moins fatiguée d'abord, et qu'ensuite les Anglais ne les verraient pas. Cette dernière raison la détermina, et tandis que les serviteurs soupaient, elle se fit apporter dans l'antichambre d'abord toutes ses robes, en prit l'inventaire des mains de son valet de garde-robe, et commença d'écrire en marge de chaque objet le nom de la personne à laquelle il était destiné. Aussitôt, et à mesure, la personne à qui elle faisait le don le prenait et le mettait à part. Quant aux choses qui lui étaient trop personnelles pour être données ainsi, elle ordonna qu'elles fussent vendues, afin que leur prix servît aux dépenses du voyage de ses serviteurs, quand ils s'en retourneraient chacun dans son pays, sachant bien que les frais étaient grands et que nul n'avait d'argent pour y subvenir. Ce mémoire achevé elle le signa de sa main, et le remit, en signe de décharge, à son valet de garde-robe.

Puis, cela fait, elle entra dans sa chambre, où l'on avait apporté ses bagues, ses joyaux et ses meubles les plus précieux; les visita tous les uns après les autres, jusqu'à ceux de moindre valeur, et les distribua comme elle avait fait de ses robes; de sorte que, tant présent qu'absent, chacun eut quelque chose. Alors elle donna en outre, et

MARIE STUART.

à ses plus fidèles, les bijoux qu'elle destinait au roi et à la reine de France, au roi son fils, à la reine-mère, à MM. de Guise et de Lorraine, sans oublier dans cette distribution aucun prince ni aucune princesse de ses parens. En outre, elle voulut que chacun conservât les objets qui étaient sous sa garde, donnant son linge à la demoiselle qui le soignait, ses ouvrages de soie à celle qui en avait la charge, sa vaisselle d'argent à son sommelier, et ainsi des autres. Puis, comme ils lui en demandaient décharge : — C'est inutile, leur dit-elle ; vous n'en deviez compte qu'à moi, et demain, par conséquent, vous n'en devrez plus compte à personne ; puis, comme ils lui firent observer que le roi son fils pourrait les réclamer : — C'est juste, dit-elle ; — et elle leur donna ce qu'ils demandaient.

Cela fait, et n'ayant plus aucun espoir d'être visitée par son confesseur, elle lui écrivit cette lettre :

« J'ai été tourmentée tout ce jour à cause de ma religion et sollicitée de recevoir les consolations d'un hérétique : vous apprendrez, par Bourgoin et par les autres, que tout ce qu'on a pu me dire à ce sujet a été inutile, que j'ai fait fidèlement protestation de la foi dans laquelle je veux mourir. J'ai demandé qu'on vous permît de recevoir ma confession et de me donner le sacrement, ce qu'on m'a cruellement refusé, aussi bien que le transport de mon corps et le pouvoir de tester librement; de sorte que je ne puis rien écrire que par leurs mains, et sous le bon plaisir de leur maîtresse. Faute donc de vous voir, je vous confesse mes péchés en général, comme je l'eusse fait

CRIMES CÉLÈBRES.

en particulier, vous priant, au nom de Dieu, de prier et
de veiller cette nuit avec moi, pour la satisfaction de mes
péchés, et de m'envoyer votre absolution et pardon de
toutes les offenses que je vous ai faites. J'essaierai de
vous voir en leur présence, comme ils l'ont accordé à
mon maître-d'hôtel, et s'il m'est permis, devant tous
et à genoux, je demanderai votre bénédiction. Envoyez-moi les meilleures prières que vous connaissiez pour
cette nuit et pour demain matin ; car le temps est court,
et je n'ai pas le loisir d'écrire ; mais soyez tranquille, je
vous recommanderai comme le reste de mes serviteurs,
et surtout vos bénéfices vous seront assurés. Adieu ; car
je n'ai pas un plus long loisir. Faites-moi passer par écrit
tout ce que vous pourrez trouver, en prières et en exhor-
tations, de meilleur pour mon salut. Je vous envoie ma
dernière petite bague. »

Aussitôt cette lettre écrite, la reine commença son
testament[10], et tout d'un trait, au courant de la plume,
et presque sans la soulever du papier, elle écrivit deux
grands feuillets contenant plusieurs articles, dans lesquels aucun n'était oublié, présent comme absent, dis-
tribuant le peu qu'elle avait avec une scrupuleuse équité,
et plus encore selon les besoins que selon les services.
Les exécuteurs testamentaires qu'elle choisit furent :
M. le duc de Guise, son cousin germain, l'archevêque
de Glascow, son ambassadeur, l'évêque de Ross, son
grand aumônier, et M. du Ruysseau, son chancelier, tous
quatre certes bien dignes de la charge qu'ils recevaient,
le premier par son autorité, les deux évêques pour la

piété et la conscience, et le dernier pour sa connaissance des affaires.

Son testament achevé, elle écrivit cette lettre au roi de France :

« Monsieur, mon beau-frère,

» Étant par la permission de Dieu et pour mes péchés , je crois, venue me jeter entre les bras de cette reine, ma cousine, où j'ai eu beaucoup d'ennuis, depuis plus de vingt ans, je suis enfin par elle et par ses états condam-née à la mort; et ayant demandé mes papiers, ôtés par eux, pour faire mon testament, je n'en ai rien pu retirer qui me servît, pas même la permission d'écrire librement mes dernières volontés, ni congé qu'après ma mort mon corps fût transporté, comme l'était mon bien cher désir, dans votre royaume, où j'ai eu cet honneur d'être reine, votre sœur et votre alliée. Ce jourd'hui, après dîner, m'a été dénoncée, sans plus de respect, ma sentence, pour être exécutée demain, comme une criminelle, à huit heures du matin. Je n'ai pas loisir de vous faire un ample récit de ce qui s'est passé; mais, s'il vous plaît de croire mon médecin, et ces autres miens désolés serviteurs, vous en-tendrez la vérité, et que grâce à Dieu, je méprise la mort, que je proteste recevoir, innocente de tout crime, quand bien même je serais leur sujette, ce que je ne fus ja-mais. Au reste, ma foi dans la religion catholique et mes droits à la couronne d'Angleterre sont les causes réelles de ma condamnation, et cependant ils ne veulent point me permettre de dire que c'est pour la religion que

je meurs, car ma religion tue la leur; et cela est si vrai,
qu'ils m'ont ôté mon aumônier, qui, quoique prisonnier
dans le même château, ne peut venir ni me consoler, ni
me donner le saint sacrement de l'eucharistie, mais, au
contraire, m'ont fait de grandes instances pour que je
reçusse les consolations de leur ministre, qu'ils avaient
amené à ce sujet. Celui qui vous portera cette lettre, et
le reste de mes serviteurs, qui sont pour la plupart de
vos sujets, vous témoigneront de la manière dont j'aurai
accompli mon dernier acte. Maintenant il me reste à vous
supplier, comme roi très-chrétien, comme mon beau-frère,
comme mon ancien allié, et qui m'avez si souvent fait l'honneur de protester de votre amitié pour moi, de faire preuve
de cette amitié, par votre vertu et par votre charité, en
me soulageant de ce dont je ne puis sans vous décharger
ma conscience, c'est-à-dire de récompenser mes bons serviteurs désolés, leur laissant leurs gages; puis, en coreen
faisant prier Dieu pour une reine qui a été nommée très-
chrétienne, et qui meurt catholique et privée de tous ses
biens. Quant à mon fils, je vous le recommande autant
qu'il le méritera, car je n'en puis répondre; mais, pour
mes serviteurs, je vous les recommande à mains jointes.
J'ai pris la hardiesse de vous envoyer deux pierres rares
pour la santé, vous la désirant parfaite et heureuse pendant une longue vie; vous les recevrez comme de votre
très-affectionnée belle-sœur, mourante et vous rendant
témoignage de son bon cœur envers vous.

» Je vous recommanderai mes serviteurs par un mémoire et vous ordonnerez, pour le bien de mon ame, au

MARIE STUART.

salut duquel il sera employë, qu'on me paie une partie de ce que vous me devez, s'il vous plaît, et je vous en conjure l'honneur de Jésus, lequel je prierai demain à ma mort pour que vous me laissiez de quoi fonder un obit et faire les aumônes requises.

» Ce mercredi, 2 heures après minuit.

» Votre affectionnée et bonne sœur,

» MARIE, R... »

Et de toutes ces recommandations, testament et lettres, la reine fit aussitôt faire des copies, qu'elle signa, afin que, si les unes étaient prises par les Anglais, les autres arrivassent à leur destination. Bourgoin lui fit alors observer qu'elle avait tort de se tant presser pour les clore, et qu'il serait possible que dans deux ou trois heures elle se souvînt d'avoir omis quelque chose. Mais la reine ne tint compte de cette observation, disant qu'elle était certaine de n'avoir rien oublié, et qu'eût-elle oublié quelque chose, elle n'avait plus d'autre loisir à cette heure que de prier Dieu et de songer à sa conscience. Elle enferma donc tous ces différens objets dans les tiroirs d'un meuble, dont elle remit la clef à Bourgoing; puis, s'étant fait apporter un bain de pieds, où elle demeura dix minutes à peu près, elle se coucha dans son lit, où l'on ne s'aperçut pas qu'elle dormît, mais où on la vit constamment réciter des prières ou demeurer en contemplation.

Vers les quatre heures du matin, la reine, qui avait l'habitude de se faire lire, à la suite de ses prières du soir,

CRIMES CÉLÈBRES.

l'histoire de quelque saint ou sainte, ne voulut pas dé-
roger à cette habitude, et après avoir hésité entre plusieurs pour cette occasion solennelle, elle choisit le plus
grand pécheur de tous, c'est-à-dire le bon Larron, disant
avec humilité : — Si grand pécheur qu'il a été, il a encore
moins péché que moi ; je veux donc le prier, en souve-
nance et mémoire de la passion de Jésus-Christ, qu'il ait
pitié de moi à l'heure de ma mort, comme Notre-Sei-
gneur a eu pitié de lui. — Puis, la lecture achevée, elle
fit apporter tous ses mouchoirs, et choisit le plus beau,
qui était de fine batiste, toute brodée d'or, pour se ban-
der les yeux.

Au point du jour, songeant qu'elle n'avait plus que
deux heures à vivre, elle se leva et commença de s'habiller ; mais, avant qu'elle eût pris tous ses vêtemens,
Bourgoin entra dans sa chambre, et, craignant que les
serviteurs absens ne murmurassent contre la reine, si
d'aventure ils étaient mécontens du testament, et n'ac-
cusassent ceux qui étaient présens d'avoir retiré sur leur
part pour ajouter à la leur, il supplia Marie de les envoyer chercher tous, et de le lire en leur présence ; ce que
Marie trouva bon et accorda à l'instant.

On fit alors venir tous les serviteurs, et la reine lut le
testament, disant que c'était sa volonté libre, pleine et
entière, écrite et signée de sa propre main ; et qu'en
conséquence, elle priait les assistans d'aider de tout
leur pouvoir à ce qu'il fût accompli sans aucune omission
ni changement : puis, cette lecture faite, et ayant reçu la
promesse de tous, elle le remit à Bourgoin, le chargeant

MARIE STUART.

de le faire tenir à M. de Guise, son principal exécuteur
testamentaire, et en même temps ses lettres au roi et ses
principaux papiers et mémoires : puis, se faisant apporter
la cassette où elle avait mis les bourses dont nous avons
parlé plus haut, elle les ouvrit les unes après les autres ;
et, voyant par le billet qu'elle y avait enfermé à qui chacune était destinée, elle les distribua de sa main, aucun
de ceux qui les recevaient ne sachant leur contenu. Au
reste, ces dons variaient de vingt écus à trois cents, aucun n'étant plus haut, mais aucun non plus n'étant plus
bas. A ces sommes elle ajouta sept cents livres pour donner aux pauvres : à savoir, deux cents à ceux d'Angleterre, et cinq cents à ceux de France ; puis, à chaque
homme de sa suite, deux nobles à la rose pour être dis-
tribués en aumônes à son intention, et enfin cent cinquante écus à Bourgoin, pour être partagés entre tous
au moment où ils se sépareraient ; et ainsi vingt-six ou
vingt-sept personnes eurent des legs en argent.

La reine accomplit toutes ces choses avec un grand
calme et une grande sérénité, et sans qu'on remarquât
aucun changement sur son visage ; si bien qu'il semblait
qu'elle se préparât seulement à un voyage ou à un changement de demeure ; puis elle prit de nouveau congé de ses
serviteurs, les consolant et leur recommandant de vivre
en paix, tout cela en achevant de s'habiller du mieux et
le plus coquettement qu'elle pouvait.

Sa toilette terminée, la reine passa de son salon dans
son antichambre, où était un autel dressé et couvert, devant lequel, avant qu'il ne lui fût ôté, son aumônier avait

coutume de dire la messe ; et s'agenouillant sur les marches, tandis que tous ses serviteurs l'entouraient, elle commença les prières de la communion, et lorsqu'elles furent dites, tirant d'une boîte d'or une hostie consacrée par le pape Pie V, et qu'elle avait toujours précieusement conservée pour l'occasion de sa mort, elle dit à Bourgoin de la prendre, et, comme il était le doyen par l'âge, de remplacer le prêtre, la vieillesse étant chose sainte et sacrée ; et de cette façon, malgré toutes les précautions prises pour l'en priver, la reine reçut le saint sacrement de l'eucharistie.

Cette pieuse cérémonie terminée, Bourgoin dit à la reine qu'elle avait oublié sur son testament trois personnes, qui étaient mesdemoiselles Beauregard, mademoiselle de Montbrun, et son aumônier. La reine s'étonna fort de cet oubli, qui était tout-à-fait involontaire, et, reprenant son testament, elle écrivit sa volonté à leur égard sur la première marge vide ; puis elle se remit à genoux et en prières : mais au bout d'un instant, comme elle souffrait trop en cette position, elle se releva, et Bourgoin lui ayant fait apporter un peu de pain et de vin, elle but et mangea, et lorsqu'elle eut fini, lui tendit la main et le remercia de l'avoir assistée en son dernier repas, comme il avait l'habitude de le faire. Puis, ayant repris quelques forces, elle se remit à genoux pour prier de nouveau.

Elle y était à peine, que l'on heurta à la porte : la reine comprit ce que l'on demandait d'elles ; mais, comme elle n'avait point terminé ses prières, elle pria ceux qui venaient la chercher d'attendre un instant, et que dans

MARIE STUART.

quelques minutes elle serait prête. Alors le comte de Kent et de Schwesbury, se souvenant de la résistance qu'elle avait faite lorsqu'il lui avait fallu descendre en face des commissaires et paraître devant les avocats, firent monter quelques gardes dans l'antichambre où ils attendaient eux-mêmes, afin de l'enlever de force si cela était nécessaire, soit qu'elle refusât de venir de bonne volonté, soit que ses serviteurs la voulussent défendre ; mais il n'est point vrai que les deux barons entrèrent dans sa chambre, comme quelques-uns l'ont dit. Ils n'y mirent le pied qu'une seule fois, et ce fut dans l'occasion que nous avons rapportée, et lorsqu'ils vinrent lui signifier sa sentence.

Néanmoins ils attendirent quelques minutes, comme les en avait priés la reine ; puis, vers huit heures, ils vinrent heurter de nouveau, accompagnés des gardes ; mais, à leur grand étonnement, on leur ouvrit aussitôt, et ils trouvèrent Marie agenouillée et en prières ; alors sir Thomas Andrew, qui était pour le moment shériff de la comté de Northampton, entra seul, un bâton blanc à la main, et comme tous restaient à genoux et priant, il traversa d'un pas lent toute la salle et s'arrêta debout derrière la reine : là il attendit un instant, et comme Marie Stuart semblait ne pas le voir : — Madame, lui dit-il, les seigneurs m'ont envoyé vers vous.

A ces mots, la reine se retourna, et se levant aussitôt au milieu de sa prière : — Allons, répondit-elle, — et elle s'apprêta à le suivre ; alors Bourgoin, prenant la croix de bois noir avec un Christ d'ivoire qui était au-dessus de l'autel :

— Madame, lui dit-il, ne vous plairait-il pas d'emporter cette petite croix ?

— Merci de m'en avoir fait souvenir, répondit Marie : c'était mon intention, mais je l'avais oubliée.—Alors, la donnant à Annibal Stewart, son valet de chambre, pour qu'il la lui présentât quand elle la lui demanderait, elle commença de s'acheminer vers la porte, s'appuyant d'un côté, à cause des grandes douleurs qu'elle avait dans les jambes, sur Bourgoin, qui, en s'approchant de la porte, l'abandonna tout-à-coup, en disant : — Madame, votre majesté sait si nous l'aimons, et tous, tant que nous voilà, sommes disposés à lui obéir, nous ordonnât-elle de mourir pour elle ; mais, moi, je n'ai pas la force de vous mener plus loin ; d'ailleurs, il n'est point convenable que nous, qui devrions vous défendre jusqu'à la dernière goutte de notre sang, nous semblions vous trahir en vous remettant ainsi aux mains de ces infâmes Anglais.

— Vous avez raison, Bourgoin, dit la reine ; d'ailleurs ce serait un triste spectacle pour vous que celui de ma mort, et que je dois épargner à votre âge et à votre amitié. Monsieur le sheriff, ajouta-t-elle, appelez quelqu'un pour me soutenir, car vous voyez que je ne puis marcher.

Le shériff s'inclina et fit signe aux deux gardes, qu'il avait fait cacher derrière la porte pour lui prêter main forte dans le cas où la reine résisterait, de s'approcher et de la soutenir ; ce qu'ils firent à l'instant même ; et Marie Stuart continua sa route, précédée et suivie de ses serviteurs pleurant et se tordant les bras. Mais, à la seconde

MARIE STUART.

porte, d'autres gardes les arrêtèrent, disant qu'il ne leur était pas permis d'aller plus loin. Alors tous se récrièrent contre une pareille défense, disant aux gardes que, depuis dix-neuf ans qu'ils étaient enfermés avec la reine, ils l'avaient sans cesse accompagnée partout où elle allait; qu'il était affreux de priver leur maîtresse de leur service à son dernier moment, et qu'un ordre pareil n'avait sans doute été donné que parce qu'on voulait exercer sur elle quelque infâme cruauté, dont on désirait qu'ils ne fussent pas témoins. Alors Bourgoin, qui était en tête, voyant qu'il ne pouvait rien obtenir par menaces ni par prières, demanda à parler aux comtes; mais il ne fut pas plus fait droit à cette prière qu'aux autres; et comme les serviteurs voulaient passer de force, les soldats les repoussèrent à grands coups de crosse d'arquebuse ; alors élevant la voix :

— C'est mal à vous, dit la reine, d'empêcher mes serviteurs de me suivre, et je commence à croire, comme eux, qu'outre la mort, vous avez quelque intention mauvaise sur moi.

— Madame, répondit le shériff, il y a quatre de vos serviteurs désignés pour vous suivre, et pas davantage ; lorsque vous serez descendue, on les viendra chercher, et alors ils vous rejoindront.

— Comment! dit la reine, les quatre personnes désignées ne peuvent pas même me suivre en ce moment?

— L'ordre est donné ainsi par les comtes, répondit le shériff, et, à mon grand regret, madame, je n'y puis rien.

II   28

2

CRIMES CÉLÈBRES.

Alors la reine se retourna de leur côté, et prenant
la croix des mains d'Annibal Stewart, et de l'autre main
son livre d'heures et son mouchoir : — Mes enfans, leur
dit-elle, c'est encore une douleur à ajouter à nos autres
douleurs ; supportons-la en chrétiens, et offrons ce nouveau sacrifice à Dieu. —

A ces paroles, les sanglots et les cris éclatèrent de tous
côtés : les malheureux serviteurs tombèrent à genoux, et
tandis que les uns se roulaient par terre, s'arrachant les
cheveux, les autres baisaient ses mains, ses genoux et le
bas de sa robe, lui demandant pardon de tout ce qu'elle
pouvait avoir à leur reprocher, l'appelant leur mère et
lui disant adieu. Mais, trouvant sans doute que cette
scène durait trop long-temps, le shériff fit un signe, les
soldats repoussèrent hommes et femmes dans la chambre,
et refermèrent la porte sur eux ; mais, toute fermée qu'était
la porte, la reine n'en entendit pas moins leurs cris et
leurs lamentations, qui semblaient, malgré les gardes,
vouloir l'accompagner jusqu'à l'échafaud.

Au haut de l'escalier, la reine trouva André Melvil qui
l'attendait ; c'était son maître-d'hôtel, qu'on avait séparé
d'elle depuis long-temps, et qui avait enfin obtenu de la
voir une dernière fois au moment de sa mort. La reine,
alors, hâtant le pas, s'approcha de lui, et s'étant mise à
genoux pour recevoir sa bénédiction, qu'il lui donna en
pleurant : — Melvil, lui dit-elle sans se relever, et le tu-
toyant pour la première fois, comme tu as été bon serviteur
à mon égard, sois-le vis-à-vis de mon fils ; va le trouver
aussitôt après ma mort, raconte-lui-en tous les détails ;

MARIE STUART.

dis-lui que je lui souhaite toutes sortes de biens, et que je prie Dieu de lui envoyer son saint Esprit.

— Madame, lui répondit Melvil, voilà certes le plus triste message dont un homme puisse être chargé ; n'importe, je le remplirai fidèlement, je vous jure.

— Que dis-tu là, Melvil ? reprit la reine en se levant ; et quelle meilleure nouvelle, au contraire, peux-tu lui porter, que celle que je suis délivrée de tous mes maux ? Dis-lui qu'il doit se réjouir, puisque les troubles de Marie Stuart ont pris leur fin ; dis-lui que je meurs catholique, ferme en ma religion, Écossaise et Française , et que je pardonne à ceux qui me font mourir. Dis-lui que mon désir a toujours été que l'Angleterre et l'Écosse fussent unies ; dis-lui, enfin, que je n'ai rien fait qui puisse préjudicier au royaume, ni faire tort à sa qualité de roi et de prince souverain. Et ainsi , bon Melvil, jusqu'au revoir dans le ciel.

Alors, s'appuyant sur le vieillard, dont le visage était tout inondé de larmes, elle descendit l'escalier, au bas duquel elle trouva les deux comtes, sir Henri Talbot, fils de lord Schwesbury, messire Amyas Paulett, messire Drugeon Drury, M. Robert Béele, et beaucoup de gentilshommes du pays ; alors la reine, s'avançant vers eux sans hauteur mais sans humilité, se plaignit qu'on avait refusé à ses serviteurs la permission de la suivre, et demanda que cette permission leur fût accordée. Les lords entrèrent en conférence ; puis, au bout d'un instant, le comte de Kent demanda quels étaient ceux qu'elle voulait, et qu'on les lui accordait jusqu'au nombre de six. Alors la reine désigna, parmi les hommes, Bourgoin, Gorjon, Gervais et Didier; puis, parmi les femmes, Jeanne Kennedy et Elspeth Curle, qui étaient celles qu'elle préférait à toutes, quoique la dernière fût la sœur du secrétaire qui l'avait trahie. Mais là s'éleva une nouvelle difficulté, les comtes disant que cette permission ne pouvait s'étendre aux femmes, les femmes n'étant point habituées à assister à de pareils spectacles, et, lorsqu'elles y assistaient, ayant coutume de tout troubler par leurs cris et leurs lamentations, et, aussitôt la tête tranchée, de s'élancer vers l'échaufaud pour étancher le sang avec leurs mouchoirs, chose qui n'était pas convenable.

— Messeigneurs, dit alors la reine, je réponds et promets pour mes serviteurs qu'ils ne feront aucune des choses que craignent vos honneurs. Hélas! pauvres gens! ils seraient bien aises de me dire adieu; et j'espère que votre maîtresse étant vierge et reine, sensible par conséquent à l'honneur des femmes, ne vous à point donné une si étroite commission que vous n'ayez pas pouvoir de m'accorder ce peu que je vous demande; d'autant plus, ajouta-t-elle avec un accent profondément douloureux, que l'on doit faire quelque chose pour ma qualité; car, enfin, je suis la cousine de votre reine, petite-fille de Henri VII, reine douairière de France et reine sacrée d'Écosse. — Alors les seigneurs se consultèrent encore un instant entre eux, puis lui accordèrent ce qu'elle demandait. En conséquence, deux gardes montèrent aussitôt pour faire venir les personnes désignées.

Alors la reine s'avança vers la grande salle, soutenue

MARIE STUART.

par deux gentilshommes de sir Amyas Paulett, accompagnée et suivie des comtes et seigneurs, le shériff marchant devant elle, et André Melvil portant la queue de sa robe. Sa toilette, qu'elle avait, comme nous l'avons dit, soignée autant qu'il était en son pouvoir, se composait d'une coiffure de fine batiste garnie de dentelle, avec un voile de dentelle rejeté en arrière et tombant jusqu'à terre. Elle portait un manteau de satin noir imprimé, doublé en taffetas noir et garni par-devant de zibeline, avec une longue queue et des manches pendantes jusqu'à terre; les boutons étaient de jais en forme de glands et entourés de perles, le collet à l'italienne ; son pourpoint était de satin noir façonné, et par-dessous elle avait un corset, délacé par derrière, en satin cramoisi, bordé de velours de même couleur; une chaîne de boules odorantes, avec une croix d'or, descendait de son cou, et deux rosaires étaient suspendus à sa ceinture : ce fut ainsi qu'elle entra dans la grande salle où était dressé l'échafaud.

C'était une plate-forme de planches, élevée de deux pieds, à peu près, large de douze, toute entourée de barrières et recouverte de serge noire, sur laquelle était une petite sellette, un coussin pour se mettre à genoux, et un billot recouvert, ainsi que l'échafaud, d'un voile de drap noir. Au moment où, après avoir monté les deux marches, elle mit le pied sur les planches fatales, le bourreau s'avança vers elle, et, lui demandant pardon de l'office qu'il allait accomplir, mit un genou en terre, cachant derrière lui la hache qu'il tenait; ce qu'il ne put faire si bien que Marie ne la vît, et que, la voyant, elle ne s'écriât :

— Ah ! j'aurais bien mieux aimé avoir la tête tranchée avec une épée à la française !...

— Ce n'est point ma faute, madame, dit le bourreau, si ce dernier souhait de votre Majesté ne peut être accompli ; mais, n'ayant point été prévenu d'emporter un glaive et n'ayant trouvé ici que cette hache, force m'est de m'en servir. Cela vous empêchera-t-il donc de me pardonner ?

— Je vous pardonne, mon ami, lui dit Marie, et, en preuve, voici ma main à baiser.

Alors, après avoir touché de ses lèvres la main de la reine, le bourreau se releva et lui approcha la sellette. Marie s'assit dessus, et le comte de Kent et le comte de Schwesbury se tenant debout à sa gauche, le shériff et les exécuteurs devant elle, Amyas Paulett derrière, et tout autour de la barrière les seigneurs, chevaliers et gentilshommes, au nombre de deux cent cinquante à peu près, Robert Béele commença de lire, pour la seconde fois, la sentence ; et, comme il commençait, les serviteurs qu'on était aller chercher entrèrent dans la salle, et se placèrent derrière l'échafaud, les hommes montés sur un banc adossé au mur, et les femmes à genoux au pied du banc ; alors un petit chien épagneul, que la reine aimait fort, s'en vint sans bruit, et comme s'il eût craint qu'on ne le chassât, se coucher près de sa maîtresse.

La reine écouta toute cette sentence sans paraître y faire grande attention, comme si elle eût concerné tout autre qu'elle, et d'une figure aussi tranquille et même

MARIE STUART.

aussi joyeuse que si c'eût été un pardon et non un arrêt
de mort; puis, lorsque Béele eut fini, et qu'ayant fini, il
eut crié à haute voix : « Dieu sauve la reine Élisabeth ! »
cri auquel personne ne répondit, Marie fit le signe de la
croix, et se levant sans aucun changement dans le visage,
et plus belle, au contraire, que jamais.

« Mylords, dit-elle, je suis née reine, princesse souveraine, et non sujette aux lois, proche parente de la reine
d'Angleterre et sa légitime héritière ; j'ai été long-temps
prisonnière en ce pays, j'y ai enduré bien des peines et
bien du mal, que nul n'avait droit de me faire, et maintenant, pour couronner tout cela, je vais perdre la vie.
Eh bien ! mylords, soyez témoins que je meurs dans la
foi catholique, remerciant Dieu de me faire mourir pour
sa sainte cause, et protestant, aujourd'hui comme toujours, en public comme en particulier, que je n'ai jamais
conspiré, consenti ni désiré la mort de la reine, ni aucune autre chose qui fût contre sa personne ; mais qu'au
contraire, je l'ai toujours aimée, et lui ai toujours offert
de bonnes et raisonnables conditions pour faire cesser les
troubles du royaume et me délivrer de ma captivité, et
tout cela, mylords, vous le savez bien, sans que j'aie été
jamais honorée d'une réponse de sa part. Enfin mes ennemis en sont arrivés à leur but, qui était de me faire
mourir : je ne leur en pardonne pas moins, comme je
pardonne à tous ceux qui ont tenté quelque chose contre
moi. Après ma mort, on saura quels en sont les auteurs
et les poursuivans. Mais je meurs sans accuser personne,
de peur que le Seigneur ne m'entende et ne me venge. »

CRIMES CÉLÈBRES.

Alors, soit qu'il craignît qu'un pareil discours fait par une si grande reine n'attendrît trop fort l'assemblée, soit qu'on trouvât que toutes ces paroles faisaient retard, le do yen de Peterborough vint se placer en face de Marie, et s'appuyant sur la barrière.

— Madame, lui dit-il, ma très-honorée maîtresse m'a commandé de venir vers vous... — Mais à ces mots, Marie se tournant de son côté et l'interrompant :

— Monsieur le doyen, répondit-elle à haute voix, je n'ai que faire de vous ; je ne veux point vous entendre, et vous prie de vous retirer.

— Madame, dit le doyen, insistant malgré cette détermination exprimée d'une manière si ferme et si précise, vous n'avez plus qu'un instant : changez d'opinions, abjurez vos erreurs, et mettez votre foi en Jésus-Christ seul, afin que par lui vous soyez sauvée.

— Tout ce que vous pourrez dire est inutile, répondit la reine, et vous n'y gagnerez rien ; taisez-vous donc, je vous prie, et me laissez mourir tranquille.

Et comme elle vit qu'il voulait continuer, elle s'assit de l'autre côté de la sellette et lui tournant le dos ; mais aussitôt le doyen fit rapidement le tour de l'échafaud, et se retrouva en face d'elle ; alors, comme il allait parler, la reine se retourna de nouveau, de sorte qu'elle se retrouva comme elle était d'abord. Ce que voyant le comte de Schwesbury :

— Madame, lui dit-il, je suis vraiment au désespoir que vous soyez si adonnée à cette folie de la papauté, permettez, s'il vous plaît, que nous priions pour vous.

MARIE STUART.

— Mylord, répondit la reine, si vous voulez prier pour moi , je vous en remercie : car l'intention est bonne ; mais je ne puis me joindre à vos prières ; car nous ne sommes point de la même religion.

Alors les comtes appelèrent le doyen, et tandis que la reine, assise sur la sellette, priait tout bas, celui-ci, agenouillé sur les degrés de l'échafaud, priait à voix haute ; et toute l'assemblée, excepté la reine et ses serviteurs , priait après lui ; puis, au milieu de son oraison, qu'elle disait ayant un *Agnus Dei* autour du cou , un crucifix dans une main , et son livre d'heures dans l'autre , elle s'élança de son siége sur ses genoux, priant tout haut en latin, tandis que les autres priaient en anglais , et quand les autres se furent tus , elle reprit à son tour en anglais comme eux, afin qu'ils la pussent entendre, priant pour l'église affligée du Christ, pour la fin de la persécution des catholiques et pour le bonheur du règne de son fils ; puis elle dit, avec un accent plein de ferveur et de foi, qu'elle espérait être sauvée par les mérites de Jésus-Christ, au pied de la croix duquel elle allait répandre son sang.

A ces mots, le comte de Kent ne put pas se contenir davantage, et sans respect pour la sainteté du moment :

— Eh ! madame, dit-il, mettez Jésus-Christ en votre cœur, et jetez hors tout ce fatras de tromperies papistiques.

Mais elle, sans l'écouter, continua , priant les saints qu'ils intercédassent en sa faveur auprès de Dieu, et, baisant le crucifix, elle s'écria :

CRIMES CÉLÈBRES.

— Seigneur! Seigneur! reçois-moi dans tes bras étendus sur la croix, et pardonne-moi tous mes péchés.

Puis alors, s'étant assise de nouveau sur la sellette, le comte de Kent lui demanda si elle n'avait aucun aveu à faire ; ce à quoi elle répondit que, n'étant coupable de rien, ce serait mentir à elle-même que d'avouer quelque chose.

— C'est bien, reprit le comte ; alors, madame, préparez-vous.

La reine alors se leva, et comme le bourreau s'approchait d'elle pour la déshabiller :

— Laissez-moi faire, mon ami, lui dit-elle ; je sais mieux comment il faut faire que vous, et ne suis point habituée à me dévêtir devant si nombreuse compagnie ni à avoir de tels valets de chambre.

Et alors, appelant ses deux femmes, elle commença d'ôter les épingles de sa coiffure, et comme Jeanne Kennedy et Elspeth Curle, en rendant ce dernier office à leur maîtresse, ne pouvaient s'empêcher de pleurer à chaudes larmes :

— Ne pleurez pas, leur dit-elle en français ; car j'ai promis et répondu pour vous.

Puis, à ces mots, elle leur fit à chacune un signe de croix sur le front, les embrassa et leur recommanda de prier pour elle.

Alors la reine commença de se déshabiller, s'aidant elle-même, comme elle avait coutume de le faire quand le soir elle allait se mettre au lit, et ôtant de son cou sa croix d'or, elle la voulut donner à Jeanne, disant au

MARIE STUART.

bourreau : — Mon ami, je sais que tout ce que j'ai sur
moi vous appartient ; mais ceci n'est point à votre usage,
laissez-moi en disposer, s'il vous plaît, en faveur de mademoiselle, et elle vous rendra le double de cette croix
en argent. Mais le bourreau, la laissant achever à peine,
la lui arracha des mains en disant : — C'est mon droit. —
La reine ne s'émut pas autrement de cette brutalité, et
continua d'ôter ses habits jusqu'à ce qu'elle fût en simple
jupe de dessous.

Débarrassée ainsi de tous ses accoutremens, elle s'assit de nouveau sur la sellette, et Jeanne Kennedy, s'approchant d'elle, tira de sa poche le mouchoir de batiste
brodé d'or, qu'elle avait préparé la veille, et lui en banda
les yeux ; ce que les comtes, seigneurs et gentilshommes
regardaient avec grand étonnement, la chose n'étant
point usitée en Angleterre, et comme elle croyait qu'on
allait lui trancher la tête à la manière française, c'est-à-
dire assise sur la sellette, elle commença de se tenir debout, immobile et le cou raide, pour donner plus grande
facilité à l'exécuteur, qui, de son côté, ne sachant point
comment faire, se tenait debout, la hache à la main et
sans frapper ; enfin le valet prit la reine par la tête, et la
tirant en avant, la fit tomber sur ses genoux. Alors Marie comprit ce qu'on voulait d'elle, et cherchant à tâtons
le billot avec ses mains, qui tenaient toujours, l'une son
livre d'heures, l'autre son crucifix, elle y posa le cou,
mettant ses deux mains jointes sous son menton pour
continuer de prier jusqu'au dernier moment ; mais l'aide
de l'exécuteur les lui tira, de peur qu'elles ne fussent

coupées avec la tête ; et comme la reine disait : — *In ma-nus tuas, Domine,*—le bourreau leva sa hache, qui était tout simplement une hache à fendre du bois, et frappa le premier coup, qui toucha trop haut, et, entrant dans le crâne, fit, par sa violence, sauter des mains de la patiente, le crucifix et le livre, mais sans lui détacher la tête. Cependant, étourdie du coup, la reine ne fit aucun mouvement, ce qui donna au bourreau le loisir de redoubler ; mais, à cette fois encore, la tête ne tomba point, et il fallut un troisième coup pour en finir avec un lambeau de chair qui la retenait encore aux épaules.

Enfin, la tête séparée tout-à-fait, le bourreau la leva pour la montrer à l'assemblée, disant : — Dieu sauve la reine Élisabeth ! —

— Ainsi périssent tous les ennemis de sa majesté ! répondit le doyen de Peterboroug.

—Amen,—dit le comte de Kent ; mais il fut le seul ; aucune autre voix ne put répondre, car toutes étaient étouffées par les larmes et par les sanglots.

En ce moment la coiffure de la reine se détacha, et l'on vit ses cheveux, coupés très-courts, et aussi blancs que si elle eût été âgée de soixante-dix ans ; quant à son visage, il avait tellement changé pendant cette agonie, que nul ne l'eût reconnu si l'on n'eût pas su que c'était le sien. Cette vue fit jeter de grands cris aux assistans ; car, chose effrayante, les yeux étaient restés ouverts, et les lèvres continuaient de remuer comme si elles eussent voulu prier encore, et ce mouvement nerveux dura plus d'un quart d'heure après que la tête eut été coupée.

MARIE STUART.

Alors les serviteurs de la reine se précipitèrent sur l'échafaud, ramassant comme des reliques le livre d'heures et le crucifix : puis Jeanne Kennedy se souvint du petit chien qui était venu rejoindre sa maîtresse, et regarda de tout côté, le cherchant et l'appelant ; mais elle chercha et appela inutilement. Il avait disparu.

En ce moment, comme un des exécuteurs dénouait les jarretières de la reine, qui étaient de satin bleu brodées d'argent, il aperçut le pauvre petit animal qui s'était caché dans sa jupe et qu'il en fallut tirer de force ; encore, s'étant échappé de ses mains, il alla se réfugier entre les épaules de la reine et la tête que le bourreau avait reposée près du tronc. Jeanne alors le prit malgré ses cris et l'emporta tout plein de sang ; car l'ordre venait d'être donné à tout le monde d'évacuer la salle. Bourgoin et Gervais restèrent en arrière, priant sir Amyas Paulett de leur laisser prendre le cœur de la reine, afin qu'ils pussent le porter en France comme ils le lui avaient promis ; mais ils furent refusés durement et repoussés hors de la salle, dont toutes les portes furent fermées, et où il ne resta que le bourreau et le cadavre.

Là Brantôme raconte qu'il se passa une chose infâme !

Le corps et la tête furent portés, deux heures après l'exécution, dans la même salle où on avait fait descendre Marie Stuart devant les commissaires, posés sur une table autour de laquelle les juges avaient siégé, et recouverts d'un drap de serge noire; et ils restèrent là jusqu'à trois heures de l'après-midi, heure à laquelle Water, médecin de Standfort, et le chirurgien du village de Fo-

CRIMES CÉLÈBRES.

theringay, vinrent pour l'ouvrir et l'embaumer ; opération qu'ils firent devant Amyas Paulett et les soldats, sans aucune pudeur pour le rang ni le sexe de ce pauvre cadavre, qui fut ainsi exposé aux yeux de tous ceux qui voulurent le voir : il est vrai que cette indignité ne remplit pas le but qu'on s'était proposé ; car le bruit s'était répandu que la reine avait les jambes enflées et était hydropique, tandis qu'au contraire il ne fut pas un des assistans qui ne fût forcé d'avouer qu'il n'avait jamais vu corps de jeune fille en fleur de santé plus pur et plus beau que ne l'était celui de Marie Stuart morte de mort violente après dix-neuf ans de souffrances et de captivité.

Le corps ouvert, on trouva la rate dans son état ordinaire, ayant seulement les veines un peu livides, le poumon jaunâtre par endroits, et la cervelle ayant un sixième de plus que cet organe n'a coutume d'avoir chez les personnes du même sexe et du même âge : ainsi tout promettait une longue vie à celle dont l'heure mortelle venait d'être avancée si cruellement.

Procès-verbal fait de ce que dessus, le corps fut embaumé tant bien que mal, mis dans un cercueil de plomb, et celui-ci dans un autre de bois que l'on laissa sur la table jusqu'au premier jour du mois d'août, c'est-à-dire pendant près de cinq mois, sans qu'il fût permis à personne de s'en approcher ; et même les Anglais, s'étant aperçus que les malheureux serviteurs de Marie Stuart, qui étaient toujours retenus prisonniers, allaient le regarder par le trou de la serrure, le trou fut bouché de manière à ce qu'ils ne pussent pas même apercevoir le cercueil qui

MARIE STUART.

renfermait le corps de celle qu'ils avaient tant aimée.

Cependant, une heure après la mort de Marie Stuart, Henry Talbot, qui y avait assisté, était parti à franc étrier pour Londres, portant à Élisabeth la relation de la mort de sa rivale; mais, aux premières lignes qu'elle lut, Élisabeth, fidèle à son caractère, poussa de grands cris de douleur et d'indignation, disant qu'on avait mal compris ses ordres et qu'on s'était trop hâté, et que tout cela était la faute du secrétaire d'état Davison, à qui elle avait donné le warrant pour le conserver jusqu'à ce qu'elle eût pris une résolution, et non pour l'envoyer à Fotheringay. En conséquence, Davison fut envoyé à la Tour et condamné à une amende de dix mille livres sterling, comme ayant surpris la religion de la reine. Cependant, au milieu de cette douleur, un embargo est mis sur tous les vaisseaux qui se trouvent dans les différens ports du royaume, afin que la nouvelle de cette mort n'arrive à l'étranger, et surtout en France, que par des émissaires habiles, qui puissent donner à l'exécution les couleurs les moins défavorables pour Élisabeth. En même temps les scandaleuses fêtes populaires qui ont signalé la lecture de l'arrêt célébrent la nouvelle de l'exécution. Londres s'illumine, des feux de joie s'allument devant les portes, et l'enthousiasme est tel, que l'on force l'ambassade française et qu'on y va prendre du bois pour ranimer les bûchers lorsqu'ils commencent à s'éteindre.

Consterné de cet événement, M. de Châteauneuf était encore renfermé à l'ambassade, lorsqu'il reçut, quinze jours après, une invitation d'Élisabeth de la venir voir à la maison de plaisance de l'archevêque de Cantorbéry. M. de Châteauneuf s'y rendit avec l'intention bien positive de ne pas lui dire un mot de tout ce qui s'était passé ; mais dès qu'elle l'aperçut, Élisabeth, vêtue de noir, se leva, alla à lui, et, le comblant de prévenances, elle lui dit qu'elle était prête à mettre toutes les forces de son royaume à la disposition de Henri III pour l'aider à triompher de la Ligue. Châteauneuf reçut toutes ces offres d'un visage froid et sévère, sans dire, ainsi qu'il se l'était promis, un seul mot de l'événement qui les avait habillés, la reine et lui, de deuil. Mais, le prenant par la main, elle le tira à l'écart, et là avec de grands soupirs :

— Ah ! monsieur, lui dit-elle, depuis que je ne vous ai vu, il m'est arrivé le plus grand malheur qui puisse m'advenir ; je veux parler de la mort de ma bonne sœur, la reine d'Écosse, de laquelle je jure par Dieu lui-même, mon ame et mon salut, que je suis parfaitement innocente. J'avais signé l'ordre, c'est vrai ; mais les gens de mon conseil m'ont fait un tour dont je ne me puis apaiser ; et je jure Dieu que, si ce n'était le long temps qu'ils me font service, je leur ferais trancher la tête. J'ai un corps de femme, monsieur ; mais dans ce corps de femme il y a un cœur d'homme.

Châteauneuf s'inclina sans répondre ; mais sa lettre à Henri III et la réponse de celui-ci prouvent que ni l'un ni l'autre ne fut un instant dupe du Tibère féminin.

Cependant, comme nous l'avons dit, les malheureux serviteurs étaient restés prisonniers, et le pauvre corps attendait dans cette grande salle une sépulture royale.

MARIE STUART

Les choses demeuraient ainsi, disait Élisabeth, afin de lui donner le temps de commander à sa bonne sœur Marie de belles funérailles, mais réellement parce que la reine n'osait mettre si près l'un de l'autre la mort secrète et infâme et l'enterrement public et royal; puis ne fallait-il pas le temps que les premiers bruits qu'il plairait à Élisabeth de répandre s'acréditassent avant que la vérité fût connue de la bouche des serviteurs? car la reine espérait qu'une fois que ce monde paresseux aurait une opinion faite sur la mort de la reine d'Écosse, il ne se donnerait plus la peine d'en changer. Enfin, ce ne fut que lorsque les gardiens furent aussi las que les prisonniers, qu'Élisabeth, ayant reçu un procès-verbal constatant que le corps mal embaumé ne pouvait plus se garder davantage, elle ordonna enfin que les funérailles eussent lieu.

En conséquence, dès le premier d'août, des tailleurs et des couturières arrivèrent au château de Fotheringay, venant de la part d'Élisabeth, avec du drap et des étoffes de soie noire pour habiller de deuil tous les serviteurs de Marie. Mais ceux-ci refusèrent, n'ayant point attendu les largesses de la reine d'Angleterre, et s'étant fait faire leurs vêtemens funèbres à leurs frais, aussitôt la mort de leur maîtresse; mais tailleurs et couturières ne s'en mirent pas moins à l'œuvre si activement, que le 7 tout fut terminé.

Le lendemain, vers les huit heures du soir, un grand chariot, traîné par quatre chevaux parés en deuil, et couverts de velours noir, ainsi que le chariot, lequel était, en

outre, orné de petites banderoles où étaient brodées les
armes d'Écosse, qui étaient celles de la reine, et les armes
d'Aragon, qui étaient celles de Darnley, s'arrêta devant
la porte du château de Fotheringay. Il était suivi du roi
des hérauts, accompagné de vingt gentilshommes à cheval, avec leurs serviteurs et laquais, tous habillés de deuil,
lequel ayant mis pied à terre, monta, avec toute sa suite,
dans la chambre où le corps gisait, le fit descendre et
mettre dans le chariot avec autant de respect qu'il était
possible, chacun des assistans ayant la tête nue et gardant un profond silence.

Cette visite et cette action causèrent une grande ru-
meur parmi les prisonniers, qui délibérèrent un instant
pour savoir s'il n'était pas convenable qu'ils réclamassent
la faveur de suivre le corps de leur maîtresse, qu'ils ne pouvaient et ne devaient pas laisser ainsi sortir seul ; mais, au
moment où ils allaient faire demander la permission de
parler au roi des hérauts, celui-ci entra dans la chambre
où ils s'étaient rassemblés, et leur dit qu'il était chargé
par sa maîtresse, l'auguste reine d'Angleterre, de faire à
la reine d'Écosse les plus honorables funérailles qu'il se
pourrait ; que, ne voulant point faillir à une si haute mission, il avait déjà fait une grande partie de ses préparatifs pour la cérémonie, qui devait avoir lieu le 10 du mois
d'août, c'est-à-dire le sur-lendemain, mais que le cercueil
de plomb dans lequel était renfermé le corps étant très-
lourd, mieux valait le transporter d'avance, et cette nuit,
où la fosse était préparée, que d'attendre au jour même
de l'enterrement ; qu'ainsi ils fussent bien tranquilles, cet

MARIE STUART.

enterrement du cercueil n'étant qu'une cérémonie prépa-
ratoire ; que si, au reste, quelques-uns d'entre eux voulaient accompagner le cadavre, pour voir ce qu'on en ferait,
ils étaient libres, et que ceux qui resteraient suivraient la
représentation mortuaire, le désir bien positif d'Elisabeth étant que tous, depuis le premier jusqu'au dernier,
assistassent au convoi. Cette assurance tranquillisa les
malheureux prisonniers qui députèrent Bourgoin, Gervais et six d'entre eux pour suivre le corps de leur maîtresse ; c'étaient André Melvil, Stewart, Gorjon, Howart,
Lauder et Nicolas Delamarre.

A dix heures du soir, ils se mirent en route, marchant
derrière le chariot, précédés du héraut, accompagnés
d'hommes de pied, qui portaient des torches pour éclairer
le chemin, et suivis des vingt gentilshommes et de leurs
serviteurs. Ils arrivèrent ainsi à deux heures après minuit
à Peterborough, où se trouve une magnifique église bâtie
par un ancien roi saxon, et dans laquelle, au côté gauche
du chœur, était déjà enterrée la bonne reine Catherine
d'Aragon, femme du roi Henri VIII, et où était son
tombeau encore paré d'un dais portant ses armoiries.

Ils trouvèrent, en arrivant, l'église toute tendue de
noir, avec un dôme élevé au milieu du chœur, à peu près
à la manière dont on dresse en France les chapelles ar-
dentes, excepté qu'il n'y avait point de cierges allumés à
l'entour. Ce dôme était couvert de velours noir, et tout
couvert des armoiries d'Écosse et d'Aragon, que répé-
taient encore des banderoies pareilles à celles du chariot. La représentation du cercueil était déjà dressée sous

ce dôme : c'était une bière couverte, comme le reste, de
velours noir frangé d'argent, et sur laquelle était un
oreiller de velours et de couleurs pareilles, qui suppor-
tait une couronne royale.

A droite de ce dôme, et en face du sépulcre de la reine
Catherine d'Aragon, avait été creusé celui de Marie d'É-
cosse : c'était une fosse de brique, disposée pour être recouverte plus tard d'une dalle ou d'un tombeau de marbre,
et dans laquelle devait être déposé le cercueil, que l'évêque
de Peterborough, en habits épiscopaux, et cependant sans
mître, crosse ni chappe, attendait à la porte, accompagné
de son doyen et de quelques autres ministres. Le corps
entra dans l'église, sans aucun chant ni aucune prière,
et fut descendu dans le tombeau, au milieu d'un profond
silence. Aussitôt qu'il y fut établi, les maçons, qui avaient
interrompu leur ouvrage, se remirent à l'œuvre, fermant
la fosse à fleur de terre et n'y laissant qu'une ouverture
d'un pied et demi à peu près, par laquelle on pouvait
voir ce qui était dedans et jeter sur le cercueil, comme
c'est de coutume aux obsèques des rois, les bâtons rompus
des officiers, et les enseignes et bannières à leurs armes.
Cette cérémonie nocturne terminée, Melvil, Bourgoin
et les autres députés furent conduits à l'évêché. où devaient se rassembler les personnes désignées pour assister
au convoi, et dont le nombre se montait à plus de trois
cent cinquante, toutes choisies, à l'exception des serviteurs, parmi les autorités, la noblesse et le clergé protestant.

Le lendemain jeudi 9 d'août, on commença à tendre

MARIE STUART.

les salles de festin de riches et somptueuses étoffes, et cela devant Melvil, Bourgoin et les autres que l'on avait fait venir, moins encore pour qu'ils assistassent à l'inhumation de la reine Marie que pour qu'ils rendissent témoignage de la magnificence de la reine Élisabeth. Mais, comme on le pense bien, les malheureux prisonniers se montrèrent froids à cette somptuosité, si grande et si extraordinaire qu'elle fût.

Le vendredi 10 août, toutes les personnes désignées s'étant trouvées réunies à l'évêché de Peterborough, elles se rangèrent dans l'ordre indiqué, et s'acheminèrent vers l'église, qui était proche. Lorsqu'elles y furent arrivées, elles prirent dans le chœur le rang qui leur avait été assigné, et les choristes commencèrent aussitôt à chanter un service funèbre en anglais et selon le rit protestant. Aux premiers mots de ce service, et lorsqu'il vit qu'il n'était point fait par les prêtres catholiques, Bourgoin sortit de l'église, déclarant qu'il ne voulait pas assister à un pareil sacrilège, et fut suivi par tous les serviteurs de Marie, tant hommes que femmes, à l'exception de Melvil et de Barbe Maubray, qui pensèrent que, quelle que fût la langue dans laquelle on priait, cette langue était entendue du Seigneur. Cette sortie causa un grand scandale ; mais l'évêque n'en fit pas moins son prêche.

Le prêche terminé, le roi des hérauts alla trouver Bourgoin et ses compagnons, lesquels se promenaient dans le cloître, et leur annonça qu'on allait aller à l'offrande, les invitant à venir prendre part à cette cérémonie; mais eux répondirent, qu'étant catholiques, ils ne pouvaient faire offrande à un autel qu'ils n'approuvaient pas. Le roi des hérauts revint donc, bien mécontent de ce que l'ensemble de la cérémonie était troublé par cette dissidence; mais l'offrande ne s'en accomplit pas moins comme le prêche. Alors, tentant un dernier coup, il envoya de nouveau vers eux, pour leur dire que le service était entièrement terminé, et que par conséquent, ils pouvaient revenir pour assister aux cérémonies royales, qui n'appartenaient plus à aucune autre religion qu'à celle de la tombe; à cette fois, ils y consentirent; mais lorsqu'ils arrivèrent, les baguettes étaient brisées, et les bannières jetées dans la tombe par l'ouverture que les ouvriers refermaient déjà.

Alors, dans le même ordre où il était venu, le cortége retourna vers l'évêché, où un splendide repas de funérailles était préparé. Par une étrange contradiction, Élisabeth, qui, après avoir puni la vivante en coupable, venait de traiter la morte en reine, avait encore voulu que les honneurs du repas mortuaire fussent pour les serviteurs, oubliés si long-temps par elle. Mais, comme on le pense, ceux-ci se prêtèrent mal à cette intention, ne paraissant ni émerveillés de ce luxe, ni réjouis de cette bonne chère, mais au contraire, trempant leur pain et leur vin de leurs larmes, sans vouloir autrement répondre aux questions qui leur étaient faites et aux honneurs qui leur étaient accordés. Aussi, dès que le repas fut fini, les pauvres serviteurs quittèrent Peterborough et reprirent le chemin de Fotheringay, où ils apprirent qu'ils étaient libres enfin de se retirer où ils voudraient. Ils ne se le

MARIE STUART.

firent point redire à deux fois ; car ils vivaient dans
une crainte éternelle, ne regardant point leurs jours
comme en sûreté, tant qu'ils demeureraient en Angleterre. Ils réunirent donc aussitôt tout leur bagage, chacun
prenant le sien, et sortirent ainsi à pied du château de
Fotheringay, le lundi, 13 du mois d'août 1587.

Bourgoin marchait le dernier : arrivé de l'autre côté
du pont levis, il se retourna, et tout chrétien qu'il était,
ne pouvant pardonner à Élisabeth non pas ses propres souffrances à lui, mais celles de sa maîtresse, il se retourna,
du côté des murailles régicides, et les mains étendues
vers elles, il dit d'une voix haute et menaçante, ces paroles de David.

Que la vengeance du sang de tes serviteurs, qui a
« été répandu, ô seigneur Dieu, soit la bien venue devant
« ta face.»

La malédiction du vieillard fut entendue, et l'inflexible
histoire s'est chargée de la punition d'Élisabeth.

Nous avons dit que la hache du bourreau, en frappant
la tête de Marie Stuart, avait fait sauter de ses mains le
crucifix et le livre d'heures qu'elle tenait. Nous avons dit
encore que les deux reliques avaient été recueillies par des
personnes de sa suite. Nous ignorons ce que devint le crucifix, mais le livre d'heures est à la Bibliothèque Royale,
où peuvent le voir ceux qui sont curieux de ces sortes de

CRIMES CÉLÈBRES.

souvenirs historiques; deux certificats inscrits sur un des feuillets de garde du volume constatent son authenticité. Les voici :

1ᵉʳ CERTIFICAT.

« Nous soussigné supérieur vicaire de l'étroite observance de l'ordre de Cluny, certifions que le présent livre nous a été remis par l'ordre de défunt Don Michel Nardin, prêtre religieux profès de notre dite observance, décédé dans notre collége de Saint-Martial d'Avignon, le 28 mars 1723, âgé d'environ quatre-vingts ans, dont il en a passé environ trente parmi nous, et y ayant vécu très-religieusement; il était Allemand de nation, et avait servi long-temps dans les troupes en qualité d'officier.

» Il entra à Cluny, et y fit profession, très-détaché de tous les biens et honneurs de la terre : il ne s'était réservé, avec la permission de ses supérieurs, que ce livre, qu'il savait avoir été, jusqu'à la fin de sa vie, à l'usage de Marie Stuart, reine d'Angleterre et d'Écosse. Avant de mourir et séparé de ses frères, il a demandé que pour nous être sûrement remis, il nous fût envoyé par la poste, cacheté.

« Tel que nous l'avons reçu, nous avons prié M. l'abbé Bignon, conseiller d'État et bibliothécaire du roi, d'agréer ce précieux monument de la piété d'une reine d'Angleterre, et d'un officier allemand de sa religion aussi bien que de la nôtre.

Signé, frère GÉRARD PONCET,
Supérieur vicaire-général.

MARIE STUART.

2ᵐᵉ Certificat.

« Nous, Jean-Paul Bignon, bibliothécaire du roi, sommes bien aise de trouver l'occasion de montrer notre zèle, en remettant ledit manuscrit à la bibliothèque de sa majesté.

« 8 juillet 1724.

« *Signé*, Jean-Pierre Bignon.»

Ce manuscrit, sur lequel se fixèrent les derniers regards de la reine d'Écosse, est un in-12 écrit en caractères gothiques, et contenant des prières latines ; il est orné de miniatures rehaussées d'or et représentant des sujets de dévotion, des traits de l'histoire sacrée, ou de la vie des saints et des martyrs. Chaque page est encadrée d'arabesques mêlées à des guirlandes de fleurs et de fruits, au milieu desquelles ressortent des figures grotesques d'hommes et d'animaux.

Quant à la reliure, usée aujourd'hui, ou peut-être dès lors jusqu'à la trame, c'est une couverture de velours noir, dont les côtés plats sont ornés, au milieu, d'une pensée en émail, engagée dans un chaton d'argent entouré d'un tortis auquel se rattachent en diagonale, d'un angle à l'autre de la couverture, deux cordons de vermeil tordus et à nœuds, terminés par une houppe aux deux extrémités.

NOTES.

NOTES.

[1] Elisabeth a fait don d'une paire de ses souliers à l'université d'Oxford ; ils indiquent par leur grandeur le pied d'un homme de taille ordinaire.

[2] Plusieurs historiens disent que Marie Stuart avait les cheveux noirs; mais Brantôme qui l'avait vue, puisque, ainsi que nous l'avons dit, il l'avait accompagnée en Écosse, affirme qu'elle les avait blonds cendrés.

« Et, en ce disant, la décoiffa (le bourreau) par manière de mépris, afin de montrer ses cheveux déjà blancs qu'elle ne craignait pourtant, étant en vie, de les montrer, ni de les tordre et friser comme quand elle les avait si beaux, si blonds et si cendrés. »

[3] Marie veut parler de Mlle de Huntly, femme de Bothwell, que celui-ci répudia, à la mort du roi, pour se marier avec la reine.

[4] Histoire d'Écosse, par sir Walter Scott. — L'Abbé, partie historique.

[5] Histoire d'Écosse, par sir Walter Scott. — L'Abbé, partie historique.

[6] Advis pour M. Villeroy de ce qui a été fait en Angleterre par M. de Bellièvre sur les affaires de la royne d'Écosse, ès moys de novembre et décembre 1586, et janvier 1587.

[7] Rapport de la manière de l'exécution de la royne d'Écosse, qui fust le 8 février 1587, au château de Fotheringay, avec la relation des paroles proférées par icelle, et les occasions qui en advinrent au tems de ladite exécution, M. Thomas Andrews Scherif estant pour lors prévost de le comté de Northampton, et estant présent à ladite exécution.

[8] Les comtes de Cumberland, de Derby et de Pembroke ne se rendirent point aux ordres de la reine, et n'assistèrent ni à la lecture de la sentence, ni à l'exécution.

[9] La mort de la reine d'Écosse, douairière de France. Bibliothèque Royale, numéro 936.

[10] TESTAMENT DE MARIE STUART.

7 et 8 février. V. S. (17 et 18 février 1587. N. S.)

Copie du testament et d'un mémoire de la feue reine Marie Stuart, reine d'Écosse et douairière de France ; ladite copie prise sur l'original

CRIMES CÉLÈBRES.

dudit testament et dudit mémoire, et tout écrite et signée de la propre main de ladite reine, la veille et le jour de sa mort qui fut le 8 février 1587.

Au nom du Père, du Fils et du Saint-Esprit;

Je, Marie, par la grâce de Dieu, reine d'Écosse, douairière de France, étant prête de mourir, et n'ayant pas moyen de faire mon testament, j'ai mis ces articles par écrit, lesquels j'entends, et veux avoir même force que s'ils étaient mis en forme.

Protestant de mourir en la foi catholique, apostolique et romaine. Premier, je veux qu'il soit fait un service complet pour mon ame en l'église de Saint-Denis, en France, et l'autre à Saint-Pierre de Reims, où tous mes serviteurs se trouveront en la manière qu'il sera ordonné à ceux à qui j'en donne la charge, ici dessous nommés.

Plus, qu'un obit annuel soit fondé pour prier pour mon ame à perpétuité, au lieu et en la manière qui sera avisée la plus commode.

Pour à quoi fournir, je veux que mes maisons de Fontainebleau soient vendues, espérant que, au surplus, le roi m'aidera, comme par mon mémoire je l'en requiers.

Je veux que ma terre de Trespagny demeure à mon cousin de Guise, pour une de ses filles, si elle venait à être mariée. En ces quartiers, je quitterai la moitié des arrérages qui me sont dus ou une partie, à condition que l'autre soit payée pour être par mes exécuteurs employée en aumônes perpétuelles.

Pour à quoi mieux pourvoir, les papiers seront recherchés et délivrés selon l'assignation pour en faire la poursuite.

Je veux aussi que l'argent qui se retirera de mon procès de Secondat soit distribué comme il s'ensuit :

Premier, à la décharge du paiement de mes dettes et mandemens ci-après nommés, qui ne seront déjà payés. Premier, les deux mille écus de Courle, que je veux lui être payés sans nulle contradiction, comme étant en faveur de mariage, sans que Nau, ni autre lui en puisse rien demander, quelque obligation qu'il en ait, d'autant qu'elle n'est que feinte, et que l'argent était à moi et non emprunté, lequel je ne fis que lui montrer, et l'ai depuis retiré, et on me l'a pris depuis avec le reste. Charteloy, lequel je lui donne, s'il le peut recouvrer, comme il a été promis pour paiement des quatre mille francs promis par ma mort, et mille pour marier une sienne sœur, et m'ayant demandé le reste pour ses dépenses en prison. Quant à l'assignation de pareille somme à Nau, elle n'est pas d'obligation; et pour ce, a toujours été

MARIE STUART.

mon intention qu'elle fût la dernière payée, et encore en cas qu'il fasse apparaître n'avoir rien fait contre la condition pour laquelle je les lui avais donnés, au témoignage de mes serviteurs.

Pour la partie des douze cents écus qu'il m'a fait allouer, par lui empruntés, pour mon service de Beauregard, jusqu'à six cents écus, et de Gervais trois cents, et le reste je ne sais d'où, il faut qu'il les repaie de son argent et que j'en sois quitte, et l'assignation cassée ; car je n'en ai rien reçu, mais est le tout en ses coffres, si ce n'était qu'ils en soient payés par deçà. Comme que ce soit, il faut que cette partie me revienne bonne, n'ayant rien reçu, et, si elle était payée, je dois avoir recours sur mon bien ; et puis je veux que Pasquier compte des deniers qu'il a dépensés et reçus par le commandement de Nau, par les mains des serviteurs de M. de Châteauneuf, l'ambassadeur de France.

Plus, je veux que mes comptes soient ouïs et mon trésorier payé ; plus, que les gages et parts de mes gens, tant de l'année passée que de la présente, soient tous payés avant toute autre chose, tant gages que pensions, hormis les pensions de Nau et de Courle, jusqu'à ce que l'on sache ce qui en doit advenir, et ce qu'ils auront mérité de moi pour pensions, si ce n'est que la femme de Courle soit en nécessité, ou lui maltraité pour moi ; des gages de Nau de même.

Je veux que les deux mille quatre cents francs que j'ai donnés à Jeanne Kennedy lui soient payés en argent, comme il était porté en son premier don ; quoi faisant, la pension de Volly Douglas me reviendra, laquelle je donne à Fontenay, pour ses services et dépenses non récompensés.

Je veux que les quatre mille écus de ce banquier soient sollicités et repayés, duquel j'ai oublié le nom ; mais l'évêque de Glascow s'en ressouviendra assez, et si l'assignation première venait à manquer, je veux qu'il leur en soit donné une, sur les premiers deniers de Secondat.

Les dix mille francs que l'ambassadeur avait reçus pour moi, je veux qu'ils soient employés entre mes serviteurs qui s'en vont à présent, à savoir :

Premier, deux mille francs à mon médecin ;

Deux mille à Élisabeth Courle ;

Deux mille francs à Sébastien Paiges ;

Deux mille à Marie Paiges, ma filleule ;

A Beauregard mille francs ;

Mille à Gorjon ;

Mille à Gervais.

CRIMES CÉLÈBRES.

Plus, sur les autres deniers de mon revenu et reste de Secondat et de toutes mes casualités, je veux être employés cinq mille francs pour la miséricorde des enfans de Reims.

A mes écolières deux mille francs.

Aux quatre mendians la somme qui semblera nécessaire à mes exécuteurs, selon les moyens qui se trouveront.

Cinq cents francs aux hôpitaux.

A l'écuyer de cuisine Martin, je donne mille francs.

Mille francs à Annibal, et le laisse à mon cousin de Guise, son parrain, à le mettre en quelque lieu pour sa vie en son service.

Je laisse cinq cents francs à Nicolas, et cinq cents francs pour ses filles, quand il les mariera.

Je laisse cinq cents francs à Robin Hamilton, et prie mon fils le prendre, et monsieur de Glasgow ou l'évêque de Ross.

Je laisse à Didier son greffe, sous la faveur du roi.

Je donne cinq cents francs à Jean Lauder, et prie mon cousin de Guise ou du Maine le prendre en leur service, et messieurs de Glasgow et de Ross qu'ils aient soin de le voir pourvu. Je veux que son père soit pourvu de ses gages, et lui laisse cinq cents francs.

Je veux que mille francs soient payés à Gorjon, pour argent et autres choses qu'il m'a fournies en ma nécessité.

Je veux que si Bourgoin accomplit le voyage du vœu qu'il a fait pour moi à saint Nicolas, que quinze cents francs lui soient livrés à cet effet.

Je laisse, selon mon peu de moyens, six mille francs à l'évêque de lasgow, et trois mille francs à celui de Ross.

Je laisse la donation des casualités et droits seigneuriaux recélés, à mon filleul, fils de M. du Ruysseau.

Je donne trois cents francs à Laurenz.

Plus, trois cents francs à Suzanne.

Et laisse dix mille francs entre les quatre partis qui ont été répondans pour moi au solliciteur Varmy.

Je veux que l'argent provenant des meubles que j'ai ordonné être vendus à Londres, soit pour défrayer le voyage de mes gens jusqu'en France.

Ma coche, je la laisse pour mener mes filles, et les chevaux pour les vendre, ou autrement en faire leurs commodités.

Il y a environ cent écus des gages des années passées dus à Bourgoin que je veux lui être payés.

Je laisse deux mille francs à Melvil, mon maître d'hôtel.

MARIE STUART.

J'ordonne pour principal exécuteur de ma volonté mon cousin le duc de Guise;

Après lui, l'archevêque de Glascow, l'évêque de Ross et M. du Ruysseau, son chancelier.

J'entends que sans faute le Préau jouisse de ses deux prébendes.

Je recommande Marie Païges, ma filleule, à ma cousine Mme de Guise, et la prie la prendre en son service, et ma tante de Saint-Pierre faire mettre Mawbray en quelque bon lieu, ou la retenir en son service, pour l'honneur de Dieu.

Fait cejourd'hui, 7 février 1587.

Ainsi signé,

MARIE, reine.

MÉMOIRE,

OU DERNIÈRE REQUÊTE QUE JE FAIS AU ROI,

De me faire payer, tant ce qu'il me doit de mes pensions, que d'argent avancé par la feue reine, ma mère. en Écosse, pour le service du roi, mon beau-père, en ces quartiers; pour le moins, tant qu'un obit soit fondé pour mon ame, annuel, et que les aumônes et petites fondations par moi promises soient parfaites.

Plus, qu'il lui plaise me laisser la jouissance de mon douaire un an après ma mort, pour récompenser mes serviteurs.

Plus, s'il lui plaît, laisser les gages et pensions d'iceux, leur vie durant, comme fut fait aux officiers de la reine Aliénor.

Plus, je le supplie recevoir mon médecin en son service, comme il l'a promis, et l'avoir pour recommandé.

Plus, que mon aumônier soit remis à son état, et en ma faveur pourvu de quelque petit bénéfice pour prier Dieu pour mon ame, le reste de sa vie.

Plus, que Didier, un vieil officier de ma bouche, auquel j'ai donné un greffe pour récompense, en puisse jouir sa vie durant, étant déjà fort âgé.

Fait le matin de ma mort, le mercredi, huitième février 1587.

Ainsi signé,

MARIE, reine.

LA MARQUISE DE GANGES.

1667.

Vers la fin de l'année 1657, un carrosse très-simple et sans armoiries s'arrêta, sur les huit heures du soir, à la porte d'une maison de la rue Hautefeuille, où déjà stationnaient deux autres voitures. Un laquais descendit aussitôt pour ouvrir la portière; mais une voix douce, quoique un peu tremblante, l'arrêta en disant : — Attendez que je voie si c'est ici. — Aussitôt une tête si bien encapuchonnée dans un mantelet de satin noir, qu'il était impossible de distinguer aucun de ses traits, sortit par l'ouverture d'une des glaces, et, regardant en l'air, sembla chercher sur la façade de la maison un signe qui devait fixer son incertitude. Il paraît que la dame inconnue fut satisfaite de son investigation, car se retournant vers sa compagne : — C'est ici, lui dit-elle, voici le tableau. —

En conséquence de cette certitude, la portière fut ouverte, les deux femmes descendirent, et après avoir de nouveau levé les yeux vers une tablette de six à huit pieds

de long sur deux de hauteur, clouée au-dessous des fenêtres du deuxième étage, et sur laquelle étaient écrits
ces mots : *Madame Voisin, maîtresse sage-femme*, elles
se glissèrent vivement dans une allée dont la porte n'était
que poussée, et qui était juste assez éclairée pour que les
personnes qui entraient ou sortaient pussent voir à se
conduire dans l'escalier étroit et tortueux qui conduisait
du rez-de-chaussée au cinquième étage.

Cependant les deux inconnues, dont l'une paraissait
occuper un rang de beaucoup supérieur à l'autre, ne s'arrêtèrent point, comme on aurait pu le croire, à la porte
correspondante au tableau qui leur avait servi de guide,
mais, au contraire, continuèrent de monter encore un
étage.

Sur le pallier de celui-là était une espèce de nain bizar-
rement vêtu, et dans le goût des bouffons vénitiens du
seizième siècle ; en voyant arriver les deux femmes, il
étendit une baguette, comme pour les empêcher d'aller
plus loin, et leur demanda ce qu'elles voulaient.

— Consulter l'esprit, — répondit la femme à la voix
douce et tremblante.

— Entrez et attendez, — répondit le nain en soulevant
une portière de tapisserie et en introduisant les deux
femmes dans une chambre d'attente.

Les deux femmes suivirent les instructions données, et
demeurèrent une demi-heure à peu près, sans rien voir ni
rien entendre ; enfin, une porte masquée dans la tapisserie
s'ouvrit tout-à-coup ; une voix prononça le mot : — Entrez, — et les deux femmes furent introduites dans une

seconde chambre tendue de noir, et éclairée seulement par une lampe à trois becs suspendue au plafond. La porte se referma derrière elles, et les consultantes se trouvèrent en face de la sibylle.

C'était une femme de vingt-cinq à vingt-six ans à peu près, qui, au contraire des autres femmes, tentait évidemment de se vieillir : elle était vêtue de noir, avait les cheveux pendans en nattes, le cou, les bras et les pieds nus ; la ceinture qui serrait sa taille était fixée par un gros grenat qui jetait des feux sombres ; elle tenait à la main une baguette, et était montée sur une espèce d'estrade figurant le trépied antique, d'où s'échappaient des parfums âcres et pénétrans ; elle était au reste assez belle, quoique ses traits fussent vulgaires, à l'exception cependant de ses yeux, qui semblaient, par quelque artifice de toilette sans doute, d'une grandeur extraordinaire, et qui, pareils au grenat de sa ceinture, jetaient des lueurs étranges.

Lorsque les deux visiteuses entrèrent, elles trouvèrent la devineresse le front appuyé dans sa main et comme absorbée dans ses pensées : craignant de la tirer de son extase, elles attendirent en silence qu'il lui plût de quitter cette position. Au bout de dix minutes elle leva la tête, et comme si elle s'apercevait seulement alors qu'il y eût deux personnes devant elle :

— Que me veut-on encore? demanda-t-elle, et n'aurai-je de repos que dans la tombe?

— Pardon, madame, dit l'inconnue à la voix douce; mais je désirais savoir...

— Taisez-vous ! dit la sibylle d'une voix solennelle, je

ne veux point connaître vos affaires, c'est à l'esprit qu'il faut vous adresser; c'est un esprit jaloux et qui défend qu'on entre dans ses secrets; je ne puis que le prier pour vous et lui obéir[1].

A ces mots, elle descendit de son trépied, passa dans une chambre voisine, et reparut bientôt plus pâle et plus oppressée qu'elle ne l'était encore auparavant, tenant d'une main un réchaud enflammé et de l'autre un papier rouge; au même moment les trois becs de la lampe pâlirent, et la chambre ne demeura plus éclairée que par le réchaud; tous les objets prirent alors une teinte fantastique qui ne laissa pas que d'inquiéter les deux visiteuses, mais il était trop tard pour reculer.

La devineresse posa le réchaud au milieu de la chambre, présenta le papier à celle des deux femmes qui lui avait adressé les paroles, et lui dit:

— Écrivez ce que vous voulez savoir.

La femme prit le papier d'une main plus ferme qu'on n'aurait dû s'y attendre, s'assit devant une table, et écrivit:

« Suis-je jeune? suis-je belle? suis-je fille, femme ou veuve? voilà pour le passé.

« Dois-je me marier ou me remarier? vivrai-je longtemps ou mourrai-je jeune? voilà pour l'avenir. »

Puis étendant la main vers la devineresse:

— Que dois-je faire maintenant de cela? demanda-t-elle.

— Roulez cette lettre autour de cette boule, répondit celle-ci en présentant à l'inconnue une petite boule de cire

LA MARQUISE DE GANGES.

vierge : l'une et l'autre vont à vos yeux être, consumées par la flamme ; l'esprit connaît déjà vos secrets. Dans trois jours vous aurez la réponse.

L'inconnue fit ce que lui ordonnait la sibylle ; puis, celle-ci lui prit des mains la boule et le papier qui l'enveloppait, et alla jeter l'un et l'autre dans le réchaud

— Et maintenant tout est fait ainsi qu'il convient, dit la devineresse : Comus ! — le nain entra : — Reconduisez madame à sa voiture.

L'inconnue laissa une bourse sur la table, et suivit Comus, celui-ci la fit passer ainsi que sa compagne, qui n'était autre qu'une femme de chambre de confiance, par un escalier dérobé à l'usage de ceux qui sortaient ; il donnait dans une autre rue que celle par laquelle les deux femmes étaient entrées ; mais le cocher prévenu de cette circonstance les attendait à la porte ; elles n'eurent donc qu'à monter dans leur voiture qui les emporta rapidement dans la direction de la rue Dauphine.

Trois jours après, ainsi que la promesse lui en avait été faite, la belle inconnue trouva en se réveillant, sur sa table de nuit, une lettre d'une écriture inconnue ; elle portait cette suscription : — A la belle Provençale, — et contenait ces mots :

« Vous êtes jeune, vous êtes belle, vous êtes veuve ; voilà pour le présent.

— Vous vous remarierez, vous mourrez jeune et de mort violente ; voilà pour l'avenir.

L'ESPRIT.

La réponse était sur un papier pareil à celui sur lequel avait été faite la demande.

La marquise jeta en pâlissant un léger cri d'effroi : la réponse au passé était si parfaitement juste qu'elle pouvait laisser craindre la même précision dans l'avenir.

En effet, l'inconnue enveloppée d'une mante, et que nous avons introduite dans l'antre de la sibylle moderne, n'était autre chose que la belle Marie de Rossan, qu'on nommait avant son mariage M¹¹ᵉ de Châteaublanc, du nom d'une des terres de son aïeul maternel, M. Joannis de Nochères, qui jouissait d'une fortune de cinq à six cent mille livres. A l'âge de treize ans, c'est-à-dire en 1649, elle avait épousé M. le marquis de Castellane, seigneur de grande noblesse et qui prétendait descendre de Jean de Castille, fils de Pierre le Cruel et de Jeanne de Castro, sa maîtresse. Fier de la beauté de sa jeune femme, le marquis de Castellane, qui était officier des galères du roi, s'était empressé de la présenter à la cour : Louis XIV, qui, lors de cette présentation, ayant vingt ans à peine, avait été frappé de sa ravissante figure, et, au grand désespoir des beautés en renom à cette époque, avait dansé deux fois avec elle dans la même soirée ; enfin, pour mettre le comble à sa réputation, la fameuse Christine de Suède, qui était alors à la cour de France, avait dit d'elle, que, dans tous les royaumes qu'elle avait parcourus, elle n'avait rien vu de pareil *à la belle Provençale.* Cet éloge avait tellement porté coup, que le nom en était resté à Mᵐᵉ la marquise de Castellane, et qu'on ne la désignait partout que sous cette dénomination.

LA MARQUISE DE GANGES.

Cette faveur de Louis XIV, cette appréciation de Christine avaient suffi pour mettre à l'instant même Mme la marquise de Castellane à la mode, et Mignard, qui venait d'être anobli et nommé peintre du roi, avait mis le sceau à sa célébrité en lui demandant la permission de faire son portrait : ce portrait existe encore et peut donner une idée parfaite de la beauté de celle qu'il représente ; mais comme ce portrait est loin des yeux de nos lecteurs, nous nous contenterons de rapporter dans les mêmes termes, où il a été tracé, celui qu'en donna en 1667 l'auteur d'une brochure publiée à Rouen, sous le titre des *Véritables et principales circonstances de la mort déplorable de Mme la marquise de Ganges*[2].

« Son teint, qui était d'une blancheur éblouissante, se trouvait orné d'un rouge qui n'avait rien de trop vif, et qui s'unissait et se confondait par une nuance que l'art n'aurait pas plus adroitement ménagée avec la blancheur du teint : l'éclat de son visage était relevé par le noir décidé de ses cheveux placés autour d'un front bien proportionné, comme si un peintre du meilleur goût les eût dessinés ; ses yeux grands et bien fendus étaient de la couleur de ses cheveux, et le feu doux et perçant dont ils brillaient ne permettait pas de la regarder fixement : la petitesse, la forme, le tour de sa bouche et la beauté de ses dents n'avaient rien de comparable ; la position et la proportion régulière de son nez ajoutaient à sa beauté un air de grandeur qui inspirait pour elle autant de respect que sa beauté pouvait inspirer d'amour ; le tour arrondi de son visage, formé par un embonpoint bien ménagé,

présentait toute la vigueur et la fraîcheur de la santé : pour
mettre le comble à ses charmes, les grâces semblaient diriger ses regards, les mouvemens de ses lèvres et de sa
tête ; sa taille répondait à la beauté de son visage ; enfin
ses bras, ses mains, son maintien et sa démarche ne lais-
saient rien à désirer pour avoir la plus agréable image
d'une belle personne [3]. »

On comprend qu'une femme ainsi douée ne pouvait,
au milieu de la cour la plus galante du monde, échapper
aux calomnies de ses rivales; cependant ces calomnies
restèrent toujours sans effet, tant la marquise, même en
l'absence de son mari, sut être convenable; sa conversation froide et grave, plus serrée que vive, plus solide que
brillante, faisait même contraste avec la tournure légère
et les façons de dire pleines de caprice et de fantaisie des
beaux-esprits de l'époque; il en résulta que ceux qui
avaient échoué près d'elle, ne pouvant s'en prendre à eux-
mêmes de leur peu de succès, essayaient de répandre le
bruit que la marquise n'était autre chose qu'une belle
idole, et qu'elle était sage à la manière des statues.
Mais toutes ces choses avaient beau se dire et se répéter
en l'absence de la marquise, dès qu'elle paraissait dans
un salon, dès que ses beaux yeux et son doux sourire
accompagnaient d'une expression indéfinissable, les paroles courtes, pressées et pleine de sens, qu'elle laissait
échapper de ses lèvres, les plus prévenus revenaient à elle,
et étaient forcés d'avouer que Dieu n'avait rien créé encore qui touchât d'aussi près à la perfection.

Elle jouissait donc d'un triomphe que la médisance ne

LA MARQUISE DE GANGES.

pouvait atteindre et que la calomnie essayait en vain de ternir, lorsqu'on apprit le naufrage de nos galères dans les mers de Sicile et la mort du marquis de Castellane qui les commandait. La marquise, dans cette circonstance, se montra ce qu'elle était toujours, pleine de piété et de convenance, et quoiqu'elle n'eût point pour son mari, avec lequel elle avait à peine passé une des sept années qu'avait duré son mariage, une passion bien vive, elle se mit en retraite, aussitôt cette nouvelle, chez madame d'Ampus, sa belle-mère, et cessa entièrement, non seulement de recevoir, mais encore d'aller dans le monde.

Six mois après la mort de son mari, la marquise reçut de son aïeul, M. Joannis de Nochères, des lettres qui la pressaient de venir achever son deuil à Avignon. Orpheline presque dès son enfance, mademoiselle de Château-blanc avait été élevée par ce bon vieillard, qu'elle aimait beaucoup : elle s'empressa donc de se rendre à son invitation, et prépara toutes choses pour son départ.

C'était le moment où la Voisin, encore jeune, et bien éloignée de la réputation qu'elle eut par la suite, commençait cependant à faire parler d'elle. Plusieurs amies de la marquise de Castellane avaient été la consulter, et en avaient reçu des prédictions étranges, dont quelquesunes, soit par l'adresse de celle qui les avait faites, soit par un bizarre concours de circonstances, avaient été réalisées. La marquise ne put résister à la curiosité que lui inspirèrent les différens récits qu'elle entendit faire de sa science, et elle fit, quelques jours avant son départ pour

Avignon, la visite que nous avons racontée. On a vu quelle
réponse elle avait reçue à ses demandes.

La marquise n'était point superstitieuse; cependant
cette prédiction fatale s'imprima dans son esprit, et y
laissa une trace profonde, que ne purent effacer ni le
plaisir de revoir le pays natal, ni l'amitié de son grand-
père, ni les nouveaux succès qu'elle ne tarda point à obtenir; mais ces succès eux-mêmes étaient une fatigue pour
la marquise, et elle ne tarda point à solliciter de son grand-
père la permission de se retirer dans un cloître, pour y
finir les trois derniers mois de son deuil.

Ce fut là, et avec l'enthousiasme de pauvres filles re-
cluses, qu'elle entendit parler pour la première fois d'un
homme dont la réputation de beauté était égale, comme
homme, à la sienne, comme femme. Ce privilégié du ciel
était le sieur de Lenide, marquis de Ganges, baron du
Languedoc et gouverneur de Saint-André, dans le diocèse d'Uzès. La marquise entendit si souvent parler de lui,
on lui répéta tant de fois que la nature semblait les avoir
créés l'un pour l'autre, qu'elle commença à se laisser
prendre à un très-grand désir de le voir. Sans doute que
de son côté le sieur de Lenide, excité par des suggestions
pareilles, avait conçu une grande envie de rencontrer la
quise, car s'étant fait charger par M. de Nochères, qui
voyait avec peine, sans doute, une retraite si prolongée,
d'une commission pour sa petite-fille, il vint au parloir,
et fit demander la belle recluse. Celle-ci, quoiqu'elle ne
l'eût jamais vu, le reconnut au premier coup d'œil; car
n'ayant point encore rencontré un aussi beau cavalier que

LA MARQUISE DE GANGES.

celui qui se présentait à sa vue, elle pensa que ce ne pouvait être que le marquis de Ganges, dont on lui avait tant et si souvent parlé.

Ce qui devait arriver arriva ; la marquise de Castellane et le marquis de Ganges ne purent se voir sans s'aimer. Ils étaient jeunes tous deux, le marquis était noble et en position, la marquise était riche ; tout paraissait donc convenable dans cette union : aussi, ne fut-elle retardée que le temps nécessaire à l'expiration du deuil, et le mariage fut célébré vers le commencement de l'année 1558. Le marquis avait vingt ans, et la marquise vingt-deux.

Les commencemens de cette union furent parfaitement heureux ; c'était la première fois que le marquis aimait, et la marquise ne se rappelait pas avoir jamais aimé. Un fils et une fille vinrent compléter ce bonheur. La marquise avait complétement oublié la prédiction fatale, ou si elle y pensait parfois, maintenant c'était pour s'étonner d'y avoir pu croire.

Une pareille félicité n'est point de ce monde, et lorsqu'elle le visite par hasard, elle semble plutôt envoyée par la colère que par la bonté de Dieu. En effet, pour celui qui la possède et qui la perd, mieux vaudrait ne l'avoir jamais connue.

Ce fut le marquis de Ganges qui se lassa le premier de cette vie heureuse. Peu à peu ses plaisirs de jeune homme lui firent faute, et il commença à s'éloigner de la marquise pour se rapprocher de ses anciens amis. La marquise, de son côté, qui avait sacrifié à l'intimité conju-

CRIMES CÉLÈBRES.

gale ses habitudes du monde, se rejeta dans la société, où de nouveaux triomphes l'attendaient. Ces triomphes excitèrent la jalousie du marquis ; mais trop de son siècle pour se donner le ridicule de la manifester, il les renferma dans son ame, d'où, à chaque occasion, elle sortit sous une nouvelle forme A ces paroles d'amour, si douces qu'elles semblent le langage des anges, succédèrent ces propos âcres et mordans, présages d'une prochaine rupture. Bientôt le marquis et la marquise ne se virent plus qu'aux heures où ils ne pouvaient plus faire autrement que de se rencontrer : enfin, le marquis, sous le prétexte de voyages indispensables, puis bientôt sans même prendre de prétextes, s'éloigna les trois quarts de l'année, et la marquise se retrouva veuve.

Quelque relation du temps que l'on consulte, toutes s'accordent à dire qu'elle fut toujours la même, c'est-à-dire pleine de patience, de calme et de convenance, et il est rare de trouver, sur une jeune et belle femme, une pareille unanimité d'opinions.

Vers ce temps, le marquis, à qui, dans les courts momens qu'il passait chez lui, le tête-à-tête était devenu insupportable, invita ses deux frères, le chevalier et l'abbé de Ganges, à venir demeurer avec lui. Il en avait encore un troisième qui, en sa qualité de second fils, portait le titre de comte, et qui était colonel du régiment de Languedoc ; mais comme celui-ci n'a joué aucun rôle dans cette histoire, nous ne nous en occuperons pas.

L'abbé de Ganges, qui portait ce titre sans appartenir à l'Église, l'avait pris pour jouir de ses priviléges ; c'était

LA MARQUISE DE GANGES.

une manière de bel-esprit, faisant dans l'occasion le madrigal et le bout rimé, assez beau de visage, quoique, dans certains momens d'impatience, ses yeux prissent une expression de cruauté étrange; au reste, libertin et éhonté, comme s'il eût réellement appartenu au clergé de cette époque.

Le chevalier de Ganges, doué aussi d'une partie de cette beauté répandue avec tant de profusion sur sa famille, était un de ces hommes médiocres, qui se complaisent dans leur nullité, et qui vieillissent ainsi, inaptes également au bien et au mal, à moins qu'une nature plus vigoureusement trempée que la leur ne s'empare d'eux et ne les entraîne, étoiles pâles et sans lumière, dans leur tourbillon. C'est ce qui arrivait au chevalier à l'égard de son frère : subissant une influence qu'il ignorait lui-même, et contre laquelle il se fût révolté avec l'opiniâtreté d'un enfant, s'il avait pu même le soupçonner, il était une machine obéissant aux volontés d'un autre esprit et aux passions d'un autre cœur, machine d'autant plus terrible, par conséquent, qu'aucun mouvement instinctif ou raisonné ne pouvait arrêter chez lui l'impulsion donnée.

Au reste, cette influence que l'abbé avait prise sur le chevalier, il l'avait prise aussi jusqu'à un certain point sur le marquis. Sans fortune comme cadet, sans traitement, puisque tout en portant le costume d'homme d'église il n'en remplissait pas les fonctions, il était parvenu à persuader au marquis, riche, non seulement de sa fortune, mais encore de celle de sa femme, qui devait presque se doubler à la mort de M. de Nochères, qu'il était nécessaire qu'un homme dévoué s'occupât de la direction de sa maison et de la gestion de ses biens, et s'était proposé à cet effet. Le marquis avait accepté de grand cœur, ennuyé, comme nous l'avons dit, qu'il était alors de la solitude de son intérieur, et l'abbé avait amené avec lui le chevalier, qui l'avait suivi comme son ombre, et auquel on n'avait guère fait plus d'attention que si réellement il n'avait pas eu de corps.

La marquise avoua souvent depuis, que la première fois qu'elle avait vu ces deux hommes, quoique leur extérieur fût parfaitement agréable, elle s'était sentie prise d'un sentiment pénible, et que cette prédiction d'une mort violente, faite par la devineresse, et qu'elle avait oubliée depuis si long-temps, pareille à un éclair, avait lui tout-à-coup devant ses yeux.

Il n'en fut pas de même des deux frères : la beauté de la marquise les frappa tout deux, quoique d'une façon différente. Le chevalier resta en extase devant elle, comme devant une belle statue; mais l'impression qu'elle produisit sur lui fut la même que celle que lui eût faite un marbre, et si le chevalier eût été abandonné à lui-même, les conséquences de cette admiration n'eussent point autrement été à craindre.

Au reste, le chevalier ne chercha ni à exagérer, ni à dissimuler cette expression, et la laissa voir à sa belle-sœur telle qu'elle le frappait.

L'abbé, au contraire, fut, à la première vue, saisi d'un désir profond et violent de posséder cette femme, la plus belle qu'il eût jamais rencontrée; mais aussi parfaitement

LA MARQUISE DE GANGES.

maître de ses sensations que le chevalier l'était peu des siennes, il ne laissa échapper que quelques-unes de ces paroles de galanterie, qui n'engagent ni celui qui les prononce, ni celle qui les écoute; et cependant, avant la fin de cette première entrevue, l'abbé avait décidé, dans son irrévocable volonté, que cette femme serait lui.

Quant à la marquise, quoique la première impression produite par ses deux beaux-frères ne pût jamais s'effacer entièrement, l'esprit de l'abbé auquel il faisait, avec une facilité merveilleuse, prendre la tournure qui lui convenait, et la parfaite nullité du chevalier la ramenèrent à des sentimens moins répulsifs envers eux : c'est que la marquise était une de ces ames qui ne soupçonnent jamais le mal, pour peu qu'il se donne la peine de se voiler sous une apparence quelconque, et qui ne le reconnaissent qu'avec regret lorsqu'il reprend son véritable visage.

Cependant l'arrivée de ces deux nouveaux hôtes répandit bientôt dans la maison un peu plus de vie et de gaîté. Bien plus, au grand étonnement de la marquise, son mari, depuis si long-temps indifférent à sa beauté, parut de nouveau remarquer qu'elle était trop charmante pour être dédaignée; aussi, ses paroles reprirent peu à peu une affection que depuis bien long-temps elles avaient graduellement perdue. La marquise n'avait jamais cessé de l'aimer; elle avait souffert l'éloignement de son amour avec résignation; elle en accueillit le retour avec joie, et trois mois s'écoulèrent pareils à ceux qui n'étaient plus depuis long-temps pour la pauvre femme qu'un souvenir lointain et presque effacé.

Elle s'était donc, avec cette facilité suprême de la jeunesse qui ne demande qu'à être heureuse, reprise au bonheur, sans même s'informer quel bon génie lui ramenait ce trésor qu'elle croyait perdu, lorsqu'elle reçut d'une voisine de campagne l'invitation d'aller passer quelques jours à son château. Son mari et ses deux beaux-frères, invités avec elle, furent de la partie et l'accompagnèrent. Une grande chasse était préparée d'avance, et à peine arrivé, chacun commença ses préparatifs pour y assister.

L'abbé, qui s'était fait par son esprit l'indispensable de toute réunion, se déclara pour ce jour le chevalier de la marquise, titre que sa belle-sœur lui confirma avec sa bienveillance ordinaire. Chacun des chasseurs fit choix, d'après cet exemple, d'une femme à laquelle il devait consacrer ses soins de toute la journée ; puis, cette précaution chevaleresque prise, chacun s'achemina vers le rendez-vous.

Il arriva ce qui arrive presque toujours ; les chiens chassèrent pour leur compte. Deux ou trois amateurs seulement suivirent les chiens ; le reste s'égara.

L'abbé, en sa qualité de cavalier servant de la marquise, ne l'avait pas quittée un instant, et avait si habilement manœuvré, qu'il se trouva en tête-à-tête avec elle : c'était une occasion qu'il cherchait depuis un mois avec autant de soin que la marquise l'évitait. Aussi, dès que la marquise crut s'apercevoir que c'était avec inten-

LA MARQUISE DE GANGES.

tion que l'abbé s'était écarté de la chasse, elle voulut remettre son cheval au galop dans une direction opposée à
celle qu'elle venait de suivre; mais l'abbé l'arrêta. La
marquise ne pouvait ni ne voulait engager une lutte; elle
se contenta d'attendre ce que l'abbé avait à lui dire, en
donnant à son visage cet air de fierté dédaigneuse que les
femmes savent si bien prendre lorsqu'elles veulent faire
entendre à un homme qu'il n'a rien à espérer d'elles. Il
y eut un silence d'un instant; l'abbé l'interrompit le
premier.

— Madame, lui dit-il, je vous demande pardon d'avoir
employé ce moyen pour vous parler en tête-à-tête; mais
comme, malgré ma qualité de beau-frère, vous ne parais-
siez pas disposée à m'accorder cette faveur, si je vous
l'eusse demandée, j'ai pensé qu'il valait mieux pour moi
vous ôter la facilité de me la refuser.

— Si vous avez hésité à me demander une chose aussi
simple, monsieur, répondit la marquise, et si vous avez
pris de telles précautions pour me forcer à vous écouter,
c'est que vous saviez d'avance, sans doute, que les paroles
que vous aviez à me dire étaient de celles que je ne pouvais
entendre. Ayez donc la bonté de réfléchir avant d'enta-
mer cette conversation, qu'ici comme ailleurs, je vous
en préviens, je me réserve le droit d'interrompre du
moment où elle cessera de me paraître convenable.

— Quant à cela, madame, dit l'abbé, je crois pouvoir
vous répondre que, quelles que soient les choses qu'il me
plaira de vous dire, vous les écouterez jusqu'au bout;
mais, au reste, ces choses sont si simples, qu'il est inu-

tile de vous en inquiéter d'avance ; je voulais vous demander, madame, si vous vous êtes aperçue d'un changement dans la conduite de votre mari vis-à-vis de vous?

— Oui, monsieur, répondit la marquise, et il ne s'est point passé un seul jour sans que j'aie remercié le ciel de ce bonheur.

— Et vous avez eu tort, madame, reprit l'abbé, avec un de ces sourires qui n'appartenaient qu'à lui, le ciel n'a rien à faire là-dedans ; remerciez-le de vous avoir faite la plus belle et la plus charmante des femmes, et le ciel aura assez d'actions de grâces à attendre de vous, sans m'enlever celles qui me reviennent.

— Je ne vous comprends pas, monsieur, dit la marquise d'un ton glacial.

— Eh bien, je vais me faire comprendre, ma chère belle-sœur. C'est moi qui ai fait le miracle dont vous remerciez le ciel, c'est donc à moi que la reconnaissance appartient. Le ciel est assez riche pour ne pas voler les pauvres.

— Vous avez raison, monsieur ; si c'est réellement à vous que je dois ce retour, dont j'ignorais la cause, je vous en remercierai d'abord ; puis ensuite j'en remercierai le ciel qui vous a inspiré cette bonne pensée.

— Oui, répondit l'abbé ; mais le ciel, aussi bien qu'il m'a inspiré une bonne pensée, si cette bonne pensée ne me rapporte pas ce que j'en attends, pourrait bien m'en inspirer une mauvaise.

— Que voulez-vous dire, monsieur ?

— Qu'il n'y a jamais eu dans toute la famille qu'une

LA MARQUISE DE GANGES.

volonté, et que cette volonté est la mienne ; que l'esprit de mes deux frères tourne au caprice de cette volonté comme une girouette au vent, et que celui-là, qui a soufflé le chaud, peut souffler le froid.

— J'attends toujours que vous vous expliquiez, monsieur.

— Eh bien, ma chère belle-sœur, puisqu'il vous plaît de ne pas me comprendre, je vais m'expliquer plus clairement. Mon frère s'était éloigné de vous par jalousie ; j'ai eu besoin de vous donner une idée de mon pouvoir sur lui, et des extrémités de l'indifférence, je l'ai, en lui faisant voir qu'il vous soupçonnait à tort, ramené aux ardeurs du plus vif amour. Eh bien, je n'ai qu'à lui dire que je me suis trompé, fixer ses soupçons errans sur un homme quel qu'il soit, et je l'éloignerai de vous comme je l'en ai rapproché. Je n'ai pas besoin de vous donner de preuve de ce que j'avance : vous savez parfaitement que je dis la vérité.

— Et quel a été votre but, en jouant cette comédie ?

— De vous prouver, madame, que je puis vous faire à mon gré triste ou joyeuse, chérie ou délaissée, adorée ou haïe. Maintenant, écoutez-moi : je vous aime.

— Vous m'insultez, monsieur, s'écria la marquise, en essayant de retirer des mains de l'abbé la bride de son cheval.

— Pas de grands mots, ma chère belle-sœur; car avec moi, je vous en préviens, ils seraient perdus. On n'insulte jamais une femme en lui disant qu'on l'aime ; seulement il y a mille manières différentes de la forcer de répondre à cet amour. La faute est de se tromper dans celle qu'on emploie, et voilà tout.

— Et puis-je savoir celle que vous avez choisie? demanda la marquise avec un sourire écrasant de mépris.

— La seule qui puisse réussir avec une femme calme, froide et forte comme vous, la conviction que votre intérêt veut que vous répondiez à mon amour.

— Puisque vous prétendez me connaître si bien, répondit la marquise en faisant un nouvel effort aussi inutile que le premier pour dégager la bride de son cheval, vous devez savoir alors de quelle manière une femme comme moi doit recevoir une pareille ouverture : dites-vous à vous-même ce que je pourrais vous dire, et surtout dire à mon mari.

L'abbé sourit.

— Oh ! quant à cela, reprit-il, vous êtes la maîtresse, madame. Dites à votre mari tout ce que bon vous semblera ; répétez-lui notre conversation mot à mot ; ajoutez-y tout ce que votre mémoire pourra vous fournir, vrai ou faux, de plus convaincant contre moi ; puis, quand vous l'aurez bien endoctriné, quand vous vous croirez sûre de lui, je lui dirai deux paroles, et je le retournerai comme ce gant. Voilà tout ce que j'avais à vous dire, madame ; je ne vous retiens plus ; vous pouvez avoir en moi un ami dévoué, ou un ennemi mortel. Réfléchissez.

Et à ces mots, l'abbé lâcha la bride du cheval de la marquise, la laissant libre de lui imprimer l'allure qui lui conviendrait. La marquise mit sa monture au trot, afin

LA MARQUISE DE GANGES.

de n'indiquer ni crainte ni empressement. L'abbé la suivit, et tous deux regagnèrent la chasse.

L'abbé avait dit vrai. La marquise, malgré la menace qu'elle lui avait faite, réfléchit à l'influence que cet homme avait sur son mari, et dont souvent elle avait eu la preuve : elle garda donc le silence, espérant que, pour l'effrayer, il s'était fait pire qu'il n'était. Sur ce point, elle se trompait étrangement.

Cependant l'abbé voulut voir d'abord s'il devait attribuer les refus de la marquise à une antipathie personnelle, ou à une vertu véritable. Le chevalier, comme nous l'avons dit, était beau ; il avait cette habitude de la haute société qui tient lieu d'esprit ; il y joignait l'entêtement d'un homme médiocre ; il entreprit de lui persuader qu'il aimait la marquise.

Ce n'était pas chose difficile. Nous avons dit l'impression que la première vue de madame de Ganges avait produite sur le chevalier ; mais celui-ci, connaissant d'avance la réputation de rigidité que s'était acquise sa belle-sœur, n'avait pas le moins du monde eu l'idée de lui faire la cour. Cependant, cédant à l'influence qu'elle exerçait sur tout ce qui s'approchait d'elle, le chevalier était resté son serviteur dévoué ; et la marquise, qui n'avait aucune raison de se défier de cette galanterie qu'elle prenait pour de l'amitié, avait, grâce à son titre de frère de son mari, mis dans ses relations avec lui plus d'abandon qu'elle n'était accoutumée à le faire.

L'abbé alla le trouver, puis après s'être assurés qu'ils étaient seuls :—Chevalier, lui dit-il, nous aimons tous deux la même femme, et cette femme est la femme de notre frère ; ne nous traversons pas ; je suis le maître de ma passion , et je puis d'autant mieux vous la sacrifier que je crois que c'est vous qui êtes le préféré : essayez donc de vous faire confirmer cet amour que je soupçonne la marquise d'avoir pour vous; et, du jour où vous en serez arrivé là, je me retire , sinon, et si vous échouez, cédez-moi galamment la place, pour que je tente à mon tour si son cœur est véritablement imprenable comme chacun le dit.

Le chevalier n'avait jamais songé à la possibilité de posséder la marquise; mais , du moment où son frère, sans motif apparent d'intérêt personnel, eut éveillé chez lui l'idée qu'il pouvait être aimé, tout ce qu'il y avait dans cette machine automatique d'amour et d'amour-propre se prit à cette idée, et il commença à redoubler pour sa belle-sœur de soins et de complaisances. Celle-ci, qui n'avait jamais pensé à mal de ce côté, reçut d'abord le chevalier avec une bienveillance qui s'augmentait de son mépris pour l'abbé. Mais bientôt le chevalier, trompé sur la source de cette bienveillance, s'expliqua plus clairement. La marquise, étonnée et doutant d'abord, lui en laissa dire assez pour être parfaitement éclairée sur ses intentions ; puis alors elle l'arrêta, comme elle avait fait de l'abbé, par quelques-uns de ces mots blessans que les femmes trouvent dans leur indifférence, plutôt encore que dans leur vertu.

À cet échec, le chevalier, qui était loin d'avoir la force de volonté de son frère, perdit toute espérance, et vint franchement avouer à celui-ci le résultat malheureux de

LA MARQUISE DE GANGES.

ses soins et de son amour. C'est ce qu'attendait l'abbé, d'abord pour la satisfaction de son amour-propre, ensuite pour l'exécution de ses projets. Il pétrit la honte du chevalier jusqu'à ce qu'il en eût fait une bonne haine; et alors, sûr d'avoir en lui un soutien, et même un complice, il commença à mettre à exécution son plan contre la marquise.

Le résultat s'en manifesta bientôt par un nouveau réfroidissement de la part de M. de Ganges. Un jeune homme que la marquise rencontrait parfois dans le monde, et qu'à cause de son esprit elle écoutait avec plus de complaisance peut-être qu'un autre, devint, sinon la cause, au moins le prétexte d'une jalousie nouvelle. Cette jalousie se manifesta par des querelles étrangères au sujet véritable, comme cela était déjà arrivé : cependant la marquise ne s'y trompa point; elle reconnut dans ce chengment la main fatale de son beau-frère. Mais cette certitude, au lieu de la rapprocher de lui, l'en éloigna davantage; et à compter de cette heure, elle ne manqua point une occasion de lui témoigner non seulement cet éloignement, mais encore le mépris dont il était accompagné.

Les choses restèrent en cet état pendant plusieurs mois. Chaque jour, la marquise remarquait une froideur plus grande dans son mari, et quoique l'espionnage fût invisible, elle se sentait entourée d'une surveillance qui éclairait les actes les plus intimes de sa vie. Quant à l'abbé et au chevalier, ils étaient toujours les mêmes; seulement l'abbé avait dissimulé sa haine sous un sourire

CRIMES CÉLÈBRES.

qui lui était habituel, et le chevalier son dépit sous cette dignité froide et raide dont s'enveloppent les esprits médiocres lorsqu'ils se croient atteints dans leur vanité.

Sur ces entrefaites, M. Joannis de Nochères mourut, ajoutant à la fortune déjà considérable de sa petite-fille une nouvelle fortune de six à sept cent mille livres.

Ce surcroît de richesse devenait entre les mains de la marquise ce qu'on appelait alors, dans les pays régis par le droit romain, un bien *paraphernal*, c'est-à-dire qu'arrivant après le mariage, il n'était point compris dans la dot que la femme avait apportée, et qu'elle avait la libre disposition des fonds et des fruits de ces biens, que son mari ne devait même administrer qu'en vertu d'une procuration, et dont elle pouvait disposer à son gré par donation ou par testament.

En effet, quelques jours après que la marquise fut enrée en jouissance des biens de son aïeul, son mari et ses rères apprirent qu'elle avait fait venir un notaire pour s'éclairer sur ses droits. Cette démarche indiquait l'intention de soustraire cet héritage à la communauté ; car la conduite qu'avait tenue le marquis vis-à-vis de sa femme, et dont lui-même souvent reconnaissait à part lui l'injustice, lui laissait peu d'espoir que ce fût pour une autre cause.

Vers ce temps, un événement étrange arriva. Dans un dîner que donnait le marquis, une crème fut servie au dessert : tous ceux qui mangèrent de cette crème furent indisposés ; le marquis et ses deux frères, qui s'en étaient abstenus, n'éprouvèrent aucun malaise. Les restes de cette

LA MARQUISE DE GANGES.

crême, soupçonnée d'être la cause de l'indisposition des convives, et particulièrement de la marquise, qui en avait mangé deux fois, fut soumis à l'analyse, et la présence de l'arsenic reconnue. Seulement, mêlé avec le lait, qui est son antidote, le poison avait perdu une partie de sa force, et n'avait pu produire que la moitié de l'effet qu'on en attendait. Comme aucun accident grave n'avait suivi cet événement, on rejeta la faute sur un domestique qui aurait confondu l'arsenic avec le sucre, et tout le monde l'oublia ou parut l'oublier.

Cependant, sans affectation, le marquis peu à peu avait paru se rapprocher de sa femme; mais cette fois, madame de Ganges n'avait point été dupe de ce retour de bons sentimens. Là comme dans le refroidissement, la main égoïste de l'abbé était visible : il avait persuadé à son frère que sept cent mille livres de plus dans la maison valaient la peine de passer sur quelques légèretés; et, obéissant à cette impulsion, le marquis avait essayé de combattre par de bons procédés la décision encore mal arrêtée dans l'esprit de la marquise, de faire un testament.

Vers l'automne, il fut question d'aller passer la saison à Ganges, petite ville située dans le bas Languedoc, au diocèse de Montpellier, à sept lieues de cette ville et à dix-neuf lieues d'Avignon. Quoique la chose fût toute naturelle, puisque le marquis était seigneur de cette ville et y avait un château, la marquise, en l'entendant proposer, fut saisie d'un étrange frisson. Le souvenir de la prédiction qu'on lui avait faite lui revint aussitôt à

CRIMES CÉLÈBRES.

la mémoire. Cette tentative d'empoisonnement si récente et si mal expliquée vint encore, et tout naturellement, redoubler ses craintes. Sans soupçonner directement et positivement ses beaux-frères de ce crime, elle savait qu'elle avait en eux deux ennemis implacables. Ce voyage dans une petite ville, ce séjour dans un château isolé, au milieu d'une société nouvelle et inconnue, ne lui présageaient rien de bon; mais s'y opposer ouvertement était ridicule. Sur quelles causes, d'ailleurs, appuyer sa résistance? La marquise ne pouvait avouer ses terreurs qu'en accusant son mari et ses beaux-frères. Et de quoi les pouvait-elle accuser? L'aventure de la crème empoisonnée n'était point une preuve concluante. Elle résolut donc de renfermer toutes ses craintes dans son cœur et de se remettre aux mains de Dieu.

Néanmoins elle ne voulut pas quitter Avignon sans avoir fait le testament que, depuis la mort de M. de Nochères, elle méditait de faire. Un notaire fut appelé, qui dressa cet acte. Madame la marquise de Ganges instituait sa mère, madame de Rossan, sa légataire universelle, à la charge par elle d'appeler à la succession celui des deux enfans de la testatrice qu'elle jugerait à propos de préférer. Ces deux enfans étaient, l'un un garçon de six ans, et l'autre une fille de cinq.

Mais cela ne suffit point à la marquise, tant elle était profondément frappée qu'elle ne devait pas survivre à ce fatal voyage; elle fit secrètement, et dans la nuit, assembler les magistrats d'Avignon et plusieurs personnes de qualité appartenant aux premières familles de la ville, et

LA MARQUISE DE GANGES.

là devant eux, elle déclara de vive voix d'abord que, dans
le cas où elle viendrait à mourir, elle priait les honorables
témoins qu'elle avait convoqués à cet effet, de ne reconnaître pour vrai, volontaire et librement écrit, que le testament qu'elle avait signé la veille, affirmant d'avance
que tout autre testament postérieur qui serait représenté
serait l'œuvre de la ruse ou de la violence. Puis, cette
déclaration faite de vive voix, la marquise la renouvela
par écrit, signa le papier qui la contenait, et remit ce
papier sous la sauve-garde de l'honneur de ceux qu'elle
en constituait les gardiens. Une pareille précaution, prise
avec de si minutieux détails, éveilla vivement la curiosité des auditeurs : plusieurs questions pressantes furent
adressées à la marquise; mais on n'en put rien tirer, sinon qu'elle avait, pour agir ainsi, des raisons qu'elle ne
pouvait déclarer. La cause de cette assemblée resta secrète, et chacun de ceux qui la composaient fit à la marquise la promesse de ne pas la révéler.

Le lendemain, qui était la veille de son départ pour
Ganges, la marquise visita tous les établissemens de
bienfaisance et toutes les communautés religieuses d'Avignon : partout elle laissa de riches aumônes, afin qu'on
dît pour elle des prières et des messes qui obtinssent de
la bonté de Dieu, qu'il ne la laissât point mourir sans
avoir reçu les sacremens de l'église. Le soir elle prit
congé de tous ses amis avec l'affection et les larmes d'une
personne convaincue qu'elle leur faisait le dernier adieu :
enfin elle passa toute la nuit en prières, et lorsque sa
femme de chambre entra chez elle pour la réveiller, elle

la retrouva agenouillée à la même place où elle l'avait laissée la veille.

On partit pour Ganges ; la route s'effectua sans accident. En arrivant au château, la marquise y trouva sa belle-mère : c'était une femme parfaitement distinguée et pieuse, et sa présence, quoiqu'elle ne dût être que momentanée, rassura un peu la pauvre effrayée. Les dispositions avaient été faites d'avance dans le vieux château, et l'on avait choisi pour la marquise la plus commode et la plus élégante des chambres : elle était située au premier, et donnait dans une cour fermée de tous côtés par des écuries.

Dès le premier soir qu'elle dut y coucher, la marquise explora cette chambre avec la plus grande attention. Elle visita les cabinets, sonda les murs, examina les tapisseries, et nulle part elle ne distingua rien qui pût confirmer ses craintes, qui, de ce moment, allèrent décroissant. Cependant, au bout d'un certain temps, la mère du marquis quitta Ganges pour retourner à Montpellier. Le surlendemain de ce départ, le marquis parla d'affaires pressantes qui le rappelaient à Avignon, et quitta à son tour le château. La marquise resta donc seule avec l'abbé, le chevalier et un aumônier nommé Perrette, qui, depuis vingt-cinq ans, était au service de la famille du marquis. Le reste de la maison se composait de quelques domestiques.

Le premier soin de la marquise, en arrivant au château, avait été de se faire une petite société dans la ville. La chose avait été facile : outre son rang, qui faisait

LA MARQUISE DE GANGES.

tenir à honneur d'être de son cercle, sa grâce affectueuse inspirait à la première vue le désir de l'avoir pour amie. La marquise éprouva donc moins d'ennui qu'elle ne l'avait craint au premier abord.

Cette précaution n'avait point été inutile ; au lieu de passer l'automne seulement à Ganges, la marquise, d'après les lettres de son mari, fut forcée d'y passer l'hiver. Pendant tout ce temps, l'abbé et le chevalier paraissaient avoir complétement oublié leurs premiers desseins sur elle, et étaient redevenus des frères respectueux et attentifs. Mais, au milieu de tout cela, M. de Ganges demeurait éloigné, et la marquise, qui n'avait point cessé de l'aimer, commençait à perdre la crainte, mais non pas la douleur.

Un jour l'abbé entra dans sa chambre assez à l'improviste pour la surprendre avant qu'elle n'eût eu le temps d'essuyer ses larmes : ce demi-secret surpris, il lui fut facile d'obtenir la confidence du reste. La marquise lui avoua qu'il n'y aurait pas de bonheur pour elle en ce monde tant que son mari vivrait avec elle de cette vie séparée et hostile. L'abbé essaya de la consoler ; mais tout en la consolant, il lui dit que le chagrin qu'elle éprouvait avait sa source en elle-même ; que son mari avait dû être blessé de sa défiance envers lui, défiance dont le testament qu'elle avait fait était une preuve, d'autant plus humiliante qu'elle était publique, et que, tant que ce testament existerait, elle ne devait s'attendre à aucun retour de la part de son mari. Pour cette fois, la conversation en demeura là.

Quelques jours après, l'abbé entra chez la marquise,

tenant une lettre qu'il venait de recevoir de son frère.
Cette lettre, censée confidentielle, était pleine de tendres
plaintes sur la conduite de sa femme à son égard, et laissait à chaque phrase percer un fond d'amour, que des
griefs aussi puissans que ceux que le marquis croyait avoir
pouvaient seuls contrebalancer.

La marquise fut d'abord fort touchée de cette lettre;
mais, ayant bientôt réfléchi qu'il s'était juste écoulé, entre l'explication qu'elle avait eue avec l'abbé et cette lettre, le temps nécessaire pour que le marquis en fût in-
formé, elle attendit, pour changer d'avis, de nouvelles
et plus fortes preuves.

Cependant de jour en jour, l'abbé, sous prétexte de
rapprocher le mari de la femme, devenait plus pressant
à l'endroit du testament, et la marquise, trouvant dans
cette insistance quelque chose d'inquiétant, commença
de se reprendre à ses anciennes terreurs. Enfin, l'abbé
la poussa tellement à bout, qu'elle réfléchit que, d'après
les précautions qu'elle avait prises à Avignon, une révo-
cation ne pouvant avoir aucun résultat, mieux valait avoir
l'air de céder que d'irriter, par un refus constant et ob-
stiné, cet homme qui lui causait une si grande crainte.
A la première fois qu'il revint sur ce sujet, elle lui répondit donc qu'elle était prête à offrir à son mari cette
nouvelle preuve d'amour, qui pouvait le rapprocher d'elle,
et ayant donné l'ordre d'aller chercher un notaire, elle
fit, en présence de l'abbé et du chevalier, un nouveau
testament, dans lequel elle instituait le marquis son légataire universel. Ce second testament était en date du

LA MARQUISE DE GANGES.

5 mai 1667. L'abbé et le chevalier témoignèrent à la marquise la joie la plus vive de voir enfin cette cause de discorde anéantie, et se firent les garans de leur frère pour un meilleur avenir. Quelques jours se passèrent dans cette espérance, qu'une lettre du marquis vint confirmer ; cette lettre annonçait en même temps son prochain retour au château de Ganges.

Le 16 mai, la marquise, un peu souffrante depuis un mois ou deux, se décida à prendre médecine : elle fit donc connaître son désir au pharmacien, en le priant de lui en composer une à sa guise, et de la lui envoyer le lendemain. En effet, le matin et à l'heure convenue, le breuvage fut apporté à la marquise ; mais elle le trouva si noir et si épais, que, se défiant de la science de celui qui l'avait composé, elle l'enferma sans rien dire dans une armoire de sa chambre, et tira de son nécessaire quelques pilules, moins efficaces, mais qui, lui étant habituelles, lui inspiraient moins de répugnance.

A peine l'heure où la marquise devait prendre cette médecine fut-elle écoulée, que l'abbé et le chevalier envoyèrent demander de ses nouvelles. Elle leur fit répondre qu'elle allait bien, et les invita à une petite collation qu'elle devait donner vers les quatre heures de l'après-midi aux femmes de la société.

Une heure après, l'abbé et le chevalier lui envoyèrent demander une seconde fois de ses nouvelles : la marquise, sans faire autrement attention à cet excès de civilité, qu'elle se rappela ensuite, leur fit répondre comme la première fois qu'elle ne pouvait se mieux porter.

La marquise était restée au lit pour faire les honneurs de sa collation, et jamais ne s'était sentie de meilleur humeur : à l'heure dite, toutes ses conviées arrivèrent ; l'abbé et le chevalier furent introduits, et l'on servit le goûter. Ni l'un ni l'autre ne voulurent y prendre part ; l'abbé, cependant, s'assit à table ; mais le chevalier resta appuyé sur le pied du lit. L'abbé était soucieux, et ne sortait de sa préoccupation que par secousse ; alors il paraissait chasser quelque idée dominante ; mais bientôt cette idée, plus puissante que sa volonté, le replongeait dans une rêverie qui frappa d'autant plus tout le monde, qu'elle était loin d'être dans son caractère. Quant au chevalier, il avait les yeux constamment fixés sur sa belle-sœur, et cela, au contraire de son frère, était d'autant moins étonnant, que jamais la marquise n'avait paru si belle.

La collation prise, la société se retira ; l'abbé reconduisit les femmes, et le chevalier resta près de la marquise ; mais à peine l'abbé fut-il sorti, que madame de Ganges vit le chevalier pâlir, et que, de debout qu'il était, il tomba assis sur le pied du lit. La marquise, inquiète, lui demanda ce qu'il avait : mais avant qu'il eut pu répondre, son attention fut attirée d'un autre côté.

L'abbé, aussi pâle et aussi défait que le chevalier, rentrait dans la chambre, tenant à la main un verre et un pistolet, et fermait la porte derrière lui et à double tour. Effrayée à cette vue, la marquise se souleva à moitié sur son lit, regardant, sans voix et sans parole. Alors l'abbé s'approcha d'elle, les lèvres tremblantes, les cheveux hé-

LA MARQUISE DE GANGES.

rissés et les yeux enflammés, et lui présentant le verre et
le pistolet : « Madame, lui dit-il après un moment de silence terrible, choisissez, du poison, du feu, — et faisant
un signe au chevalier, qui tira son épée, — ou du fer.

La marquise avait eu un moment d'espoir : au mouvement qu'elle avait vu faire au chevalier, elle avait cru
qu'il venait à son secours ; mais bientôt détrompée, et
se trouvant entre deux hommes qui la menaçaient tous
deux, elle se laissa glisser à bas de son lit et tombant à
genoux :

— Qu'ai-je fait, s'écria-t-elle, ô mon Dieu ! que vous
prononcez ainsi ma mort, et qu'après vous être faits juges,
vous vous fassiez bourreaux ? Je ne suis coupable envers vous
d'aucune faute, que d'avoir été trop fidèle à mes devoirs
envers mon mari, qui est votre frère.—Puis, voyant qu'il
était inutile qu'elle continuât d'implorer l'abbé, dont les
regards et les gestes indiquaient une résolution prise, elle
se retourna vers le chevalier :—Et vous aussi, mon
frère, lui dit-elle, ô mon Dieu ! mon Dieu ! vous aussi ;
mais ayez donc pitié de moi, au nom du ciel !

Mais celui-ci, frappant du pied et lui appuyant la
pointe de l'épée sur la poitrine :

—Assez, madame, lui répondit-il, assez, et prenez votre parti sans retard ; car si vous ne le prenez pas, c'est
nous qui le prendrons pour vous.

La marquise se retourna une dernière fois vers l'abbé,
et heurta de son front la bouche du pistolet. Alors elle
vit bien qu'il lui fallait mourir, et choisissant des trois
genres de mort celui qui lui paraissait le moins terrible :

— Donnez-moi donc le poison, dit-elle, et que Dieu vous pardonne ma mort.

A ces mots elle prit le verre ; cependant la liqueur noire et épaisse dont il était rempli lui causa une telle répulsion, qu'elle voulut essayer une dernière tentative ; mais un blasphème effroyable de l'abbé et un geste menaçant de son frère lui ôtèrent jusqu'à la dernière lueur d'espoir. Elle porta le verre à ses lèvres, et murmurant une dernière fois encore : — Mon Dieu ! Seigneur, ayez pitié de moi, — elle avala ce qu'il contenait. Pendant ce temps, quelques gouttes de la liqueur tombèrent sur sa poitrine, et lui brûlèrent à l'instant même la peau, comme auraient pu faire des charbons ardens ; c'est qu'en effet le breuvage infernal était composé d'arsenic et de sublimé délayés dans de l'eau-forte ; puis, croyant qu'on n'exigerait pas davantage d'elle, elle laissa tomber le verre.

La marquise se trompait, l'abbé le ramassa, et remarquant que tout le précipité était demeuré au fond, il rassembla avec un poinçon d'argent ce qui s'était coagulé aux parois du verre, le réunit à tout ce qui était resté au fond, et présentant à la marquise, au bout du poinçon, cette boule qui était de la grosseur d'une noisette : « Allons, madame, lui dit-il, il faut avaler le goupillon ! » La marquise, résignée, ouvrit les lèvres ; mais, au lieu de faire ce que lui ordonnait l'abbé, elle retint ce reste de poison dans sa bouche, et se rejetant sur son lit en poussant un cri et en embrassant ses oreillers de douleur, elle le rejeta entre les draps, sans que ses assassins s'en aperçussent ; puis, se retournant alors vers eux : —Au

LA MARQUISE DE GANGES.

nom de Dieu, leur dit-elle les mains jointes, puisque vous avez tué mon corps, au moins ne perdez pas mon ame, et envoyez-moi un confesseur.

Si cruels que fussent l'abbé et le chevalier, un pareil spectacle commençait sans doute à les lasser; d'ailleurs l'acte mortel était accompli : après ce qu'elle avait bu, la marquise ne pouvait vivre que quelques minutes, ils sortirent donc à sa prière, et refermèrent la porte derrière eux. Mais à peine la marquise se vit-elle seule, que la possibilité de la fuite se présenta à elle. Elle courut à la fenêtre : elle n'était élevée que de vingt-deux pieds; mais elle donnait sur un terrain plein de pierres et de décombres. Comme la marquise était en chemise, elle se hâta de passer un jupon de taffetas; mais, au moment où elle achevait de le nouer autour de sa taille, elle entendit des pas qui se rapprochaient de sa chambre; croyant alors que c'étaient ses assassins qui revenaient pour l'achever, elle courut comme une insensée vers la fenêtre. Au moment où elle posait le pied sur son rebord, la porte s'ouvrit : la marquise ne calcula plus rien, et se précipita la tête la première. Heureusement que le nouveau venu, qui était le chapelain du château, eut le temps d'étendre la main et de saisir sa jupe. La jupe, trop faible pour soutenir le poids de la marquise se déchira; mais cependant cette résistance, si légère qu'elle fût, suffit pour changer la direction du corps : la marquise, qui devait se briser la tête, tomba au contraire sur ses pieds, sans se faire autre mal que de se les meurtrir sur les pierres. Tout étourdie qu'elle était de sa chute, la marquise vit quelque chose qui se

CRIMES CÉLÈBRES.

précipitait après elle, et fit un bond de côté. C'était une
énorme cruche pleine d'eau, sous laquelle le prêtre,
voyant qu'elle lui échappait, avait essayé de l'écraser ;
mais, soit qu'il eût mal pris ses mesures, soit que la marquise eût effectivement eu le temps de s'écarter, le vase se
brisa à ses pieds sans l'atteindre, et le prêtre, voyant qu'il
avait manqué son coup, se rejeta en arrière, et courut
avertir l'abbé et le chevalier que la victime leur échappait.

Quant à la marquise, à peine avait-t-elle été à terre,
qu'avec une présence d'esprit admirable, elle avait fait
entrer le bout d'une des tresses de ses cheveux assez avant
dans la gorge pour provoquer un vomissement : la chose
était d'autant plus facile qu'elle avait beaucoup mangé à
cette collation, et d'autant plus heureuse, que les alimens
avaient empêché le poison d'attaquer, aussi violemment
qu'il l'eût fait sans cette circonstance, les parois de l'estomac. A peine eut-elle rejeté ce qu'elle avait pris, qu'un
sanglier privé l'avala et, tombant en convulsion, mourut
sur-le-champ.

Cependant, comme nous l'avons dit, l'appartement
donnait sur une cour fermée ; et la marquise, en s'élançant
de sa chambre dans cette cour, crut d'abord qu'elle n'avait
fait que changer de prison ; mais bientôt, apercevant une
lumière qui tremblait à travers la lucarne d'une des écuries, la marquise y courut, et, trouvant un palefrenier qui
allait se coucher : — Au nom du ciel ! mon ami, lui dit-
elle, sauve-moi ! je suis empoisonnée, on veut me tuer, ne
m'abandonne pas, je t'en conjure ! aie pitié de moi, et
ouvre-moi cette écurie, que je m'en aille ! que je me

LA MARQUISE DE GANGES.

sauve !—Le palefrenier ne comprit pas grand'chose à ce
que lui disait la marquise; mais voyant une femme éche-
velée, à moitié nue, et qui demandait du secours, il la
prit sous son bras, lui fit traverser les écuries, lui ouvrit
une porte, et la marquise se trouva dans la rue; deux
femmes passaient, le palefrenier la remit entre leurs
mains, sans pouvoir leur expliquer ce qu'il ignorait lui-
même. Quant à la marquise, elle semblait ne pouvoir
dire autre chose que ces seules paroles : — Sauvez-moi,
je suis empoisonnée; au nom du ciel! sauvez-moi.—Tout-
à-coup, elle s'échappa de leurs mains, et se mit à fuir
comme une insensée ; elle venait d'apercevoir à vingt pas
d'elle, sur le seuil de la porte par laquelle elle était sortie, ses deux assassins qui la poursuivaient.

Alors, ils s'élancèrent après elle; elle criant qu'elle
était empoisonnée, eux criant qu'elle était folle; tout cela
au milieu d'une populace qui, ne sachant pour qui prendre
parti, s'écartait pour laisser passer la victime et les meurtriers : la terreur donnait à la marquise une force sur-
humaine ; cette femme, habituée à marcher dans des
souliers de soie, sur des tapis de velours, courait alors
ensanglantant ses pieds nus sur les pierres et les cailloux,
demandant en vain du secours, que nul ne lui accordait;
c'est qu'en effet à la voir ainsi, courant d'une course insensée, en chemise, les cheveux épars, n'ayant pour tout
vêtement qu'un jupon de taffetas en lambeaux, il était difficile de ne pas croire, ainsi que le disaient ses beaux-
frères, que cette femme était folle.

Enfin le chevalier la joignit, l'arrêta, et l'entraînant

malgré ses cris dans la maison la plus proche, referma la porte derrière eux, tandis que l'abbé sur le seuil, un pistolet à la main, menaçait de brûler la cervelle à quiconque s'approcherait.

La maison où étaient entrés le chevalier et la marquise appartenait à un M. Desprats, absent pour le moment de chez lui, et chez la femme duquel plusieurs de ses compagnes s'étaient assemblées. La marquise et le chevalier, toujours luttant ensemble, entrèrent dans la chambre où était réunie la société : comme plusieurs de celles qui la composaient étaient admises dans la société de la marquise, elles se levèrent aussitôt dans le plus grand étonnement, pour lui porter le secours qu'elle réclamait ; mais le chevalier les écarta vivement, répétant que la marquise était folle ; à cette éternelle accusation, à laquelle les apparences ne prêtaient que trop de vraisemblance, la marquise répondait en montrant son cou brûlé et ses lèvres noircies, et se tordant les bras de douleur, s'écriait qu'elle était empoisonnée et qu'elle allait mourir, demandant avec instances du lait ou tout au moins de l'eau ; alors la femme d'un ministre protestant, qui se nommait madame Brunelle, lui glissa dans la main une boîte d'orviétan, dont elle se hâta d'avaler quelques morceaux, tandis que le chevalier se retournait ; en même temps une autre femme lui présenta un verre d'eau ; mais au moment où elle le portait à sa bouche, le chevalier le lui brisa entre les dents, et d'un des éclats du verre lui coupa les lèvres ; alors toutes les femmes voulurent se jeter sur le chevalier, mais la marquise, craignant qu'on

LA MARQUISE DE GANGES.

ne l'irritât davantage et espérant le désarmer, demanda, au contraire, qu'on la laissât seule avec lui ; toute la compagnie céda à ses instances et passa dans la chambre voisine : c'était ce que demandait de son côté le chevalier.

A peine furent-ils seuls, que la marquise, joignant les mains, se mit à genoux devant lui, disant de la voix la plus douce et la plus suppliante qu'elle put prendre : — Chevalier, mon cher frère, n'aurez-vous donc point pitié de moi, qui ai toujours eu tant de tendresse pour vous, et qui voudrais encore à cette heure donner mon sang pour votre service? Vous savez bien que les choses que je vous dis là ne sont point de vaines paroles ; et cependant comment me traitez-vous, sans que je l'aie mérité? et que dira le monde d'un pareil procédé? Ah! mon frère, que mon malheur est grand d'avoir été si cruellement traitée par vous! Et cependant, oui, mon cher frère, si vous daignez avoir pitié de moi et me sauver la vie, sur ma part du ciel, je vous jure de ne me souvenir en rien de ce qui est arrivé, et de vous regarder toujours comme mon protecteur et mon ami.

Tout-à-coup la marquise se releva en poussant un grand cri, et en portant la main au côté droit de sa poitrine ; pendant qu'elle parlait, le chevalier avait tiré, sans qu'elle s'en aperçût, son épée qui était fort courte, et s'en servant comme d'un poignard, il l'avait frappée au sein ; ce premier coup fut suivi d'un second, qui porta sur la clavicule, ce qui l'empêcha d'entrer ; à ces deux coups, la marquise se mit à fuir vers la porte du salon où s'était retirée la société, en criant : —Au secours! on me tue·—

mais dans le temps qu'elle mit à traverser la chambre, le chevalier lui donna encore cinq coups d'épée dans le dos : et il lui en eût sans doute donné davantage, si au dernier coup l'épée ne s'était brisée ; au reste, celui-là avait été porté avec tant de force, que le tronçon resta enfoncé dans l'épaule, et que la marquise tomba la face contre terre, nageant dans le sang qui ruisselait de tout côté, et inondait la chambre.

Le chevalier crut l'avoir tuée, et comme il entendait les femmes accourir à son secours, il s'élança hors de la chambre ; l'abbé était toujours sur le seuil, le pistolet à la main ; le chevalier le prit par le bras pour l'entraîner, et comme l'abbé hésitait à le suivre :—Retirons-nous, abbé, lui dit-il, l'affaire est faite.

Le chevalier et l'abbé firent quelques pas dans la rue ; mais en ce moment une fenêtre s'ouvrit, et les femmes, qui avaient retrouvé la marquise expirante, appelèrent du secours : à ces cris, l'abbé s'arrêta aussitôt, et retenant le chevalier par le bras : — Que disais-tu donc, chevalier ? demanda-t-il ; si l'on appelle du secours, elle n'est donc pas morte ?

— Ma foi, va y voir toi-même, répondit le chevalier, j'en ai fait assez pour mon compte ; à ton tour

— C'est, pardieu ! bien comme cela que je l'entends, s'écria l'abbé ; et, s'élançant de nouveau dans la maison, il se précipita dans la chambre, au moment où les femmes soulevant la marquise à grand'peine, car elle était si faible qu'elle ne pouvait plus s'aider, essayaient de la mettre au lit : l'abbé les écarta, et, parvenant jusqu'à la mar-

LA MARQUISE DE GANGES.

quise, il lui appuya son pistolet sur la poitrine; mais au moment où il lâchait le coup, Mme Brunelle, la même qui avait déjà donné une boîte d'orviétan à la marquise, leva le canon avec la main; de sorte que le coup partit en l'air, et que la balle, au lieu d'atteindre la marquise, alla se loger dans la corniche du plafond. L'abbé prit alors le pistolet par le canon, et donna de la crosse un si furieux coup sur la tête de Mme Brunelle, qu'elle chancela et fut près de tomber; il allait redoubler, mais toutes les femmes se réunissant contre lui le poussèrent avec mille malédictions à la porte, qu'elles refermèrent derrière lui. Aussitôt les deux assassins, profitant de la nuit, s'enfuirent de Ganges, et arrivèrent à Aubenas, qui en est distant d'une grande lieue de pays, vers les dix heures du soir.

Pendant ce temps, les femmes prodiguaient leurs soins à la marquise : elles avaient voulu d'abord la mettre au lit, ainsi que nous l'avons déjà dit; mais le tronçon de l'épée empêchant qu'elle ne se pût coucher, on essaya, inutilement, de le lui arracher, si profondément il était entré dans l'os. Alors la marquise indiqua elle-même à la dame Brunelle le moyen à employer ; c'était que l'opératrice s'assît sur le lit, et tandis que les autres femmes l'aideraient, elle, à se tenir debout, qu'elle empoignât le tronçon à deux mains, et lui appuyant les genoux dans le dos, elle tirât de toute sa force, et par une grande secousse. Ce moyen réussit enfin, et la marquise put se mettre au lit; il était neuf heurs du soir, et il y avait près de trois heures que durait cette horrible tragédie.

Cependant, les consuls de Ganges informés de ce qui s'était passé, et commençant à croire que c'était réellement un assassinat, se rendirent de leur personne et avec une garde auprès de la marquise. A peine les vit-elle entrer, qu'elle reprit des forces, et, se soulevant sur son lit, tant sa crainte était grande, leur demanda leur protection, les mains jointes, car elle croyait toujours voir revenir l'un ou l'autre de ses assassins : les consuls lui dirent de se rassurer, firent garder toutes les avenues de la maison par des gens armés, et, tandis qu'on envoyait en toute hâte chercher à Montpellier des médecins et des chirurgiens, firent prévenir M. le baron de Trissan, grand prevôt du Languedoc, du crime qui venait d'être commis, lui envoyant le nom et les signalemens des assassins; celui-ci mit aussitôt tout son monde sur leurs traces; mais il était déjà trop tard; il apprit que l'abbé et le chevalier avaient couché, la nuit de l'assassinat, à Aubenas, et que là, après s'être fait des reproches mutuels sur leur maladresse, ils avaient manqué s'égorger l'un l'autre; enfin, ils étaient partis avant le jour, et avaient été s'embarquer proche d'Agde, sur une plage nommée le Gras de Palaval.

Le marquis de Ganges était à Avignon, où il poursuivait une affaire criminelle contre un de ses domestiques, qui lui avait volé deux cents écus, lorsqu'il apprit la nouvelle de l'événement. Il pâlit affreusement en écoutant le récit que lui en fit le messager; puis, entrant contre ses frères en une grande fureur, il jura qu'ils n'auraient jamais d'autres bourreaux que lui. Cependant, si inquiet

LA MARQUISE DE GANGES.

qu'il fût de l'état de la marquise, il attendit jusqu'au lendemain après midi avant que de partir ; et vit pendant cet intervalle quelques-uns de ses amis d'Avignon, sans leur parler aucunement de cette affaire.

Arrivé à Ganges quatre jours seulement après l'assassinat, il se rendit à la maison de M. Desprats, et demanda à voir sa femme, que de bons religieux avaient déjà préparée à cette entrevue : à peine la marquise eut-elle appris qu'il était arrivé, qu'elle consentit à la recevoir ; aussitôt le marquis entra dans la chambre, les yeux tout en larmes, s'arrachant les cheveux et donnant les signes du plus profond désespoir.

La marquise reçut son mari en épouse qui pardonne et en chrétienne qui va mourir. A peine lui fit-elle quelques légers reproches sur l'abandon où il l'avait laissée, et encore, comme le marquis s'était plaint de ces reproches à un religieux, et que ce religieux avait reporté ces plaintes à la marquise, elle appela son mari près de son lit, au moment où il était entouré de monde, lui en fit réparation publique, lui demandant mille fois pardon, et le priant de n'attribuer les paroles qui auraient pu le blesser qu'à l'effet de ses douleurs, et non au défaut de son estime.

Cependant, resté seul avec sa femme, le marquis voulut se prévaloir de ce retour pour lui faire casser la déclaration devant les magistrats d'Avignon ; car le vice-légat et ses officiers, fidèles aux promesses faites à la marquise, avaient refusé d'enregistrer la donation nouvelle qu'elle avait faite à Ganges par les suggestions de l'abbé, et que celui-ci avait envoyée, à peine signée,

CRIMES CÉLÈBRES.

à son frère. Mais, sur ce point, la marquise fut d'une résolution constante, déclarant que cette fortune était réservée à ses enfans, par conséquent sacrée pour elle, et qu'elle ne pouvait rien innover à ce qui avait été fait à Avignon, attendu que c'étaient là ses véritables et derniers sentimens. Malgré cette déclaration, le marquis n'en continua pas moins à rester près de sa femme et à lui rendre tous les soins d'un mari dévoué et attentif.

Deux jours après le marquis de Ganges, arriva madame de Rossan : son étonnement fut grand, d'après les bruits qui circulaient déjà sur le marquis, de trouver sa fille entre les mains de celui qu'elle regardait comme un de ses meurtriers. Mais loin de partager cette opinion, la marquise fit tout ce qu'elle put, non seulement pour la ramener à d'autres sentimens, mais pour obtenir d'elle qu'elle l'embrassât comme un fils. Cet aveuglement de la part de la marquise causa une telle douleur à madame de Rossan, que, malgré son amour profond pour sa fille, elle ne voulut point rester plus de deux jours, et que, quelques instances que lui fît la mourante, elle retourna chez elle sans que rien pût l'arrêter.

Ce départ causa une grande douleur à la marquise, et fut cause qu'elle demanda avec de nouvelles instances d'être conduite à Montpellier, la seule vue du lieu où elle avait été si cruellement assassinée lui présentant sans cesse, non seulement le souvenir du meurtre, mais encore l'image de ses meurtriers, qui la poursuivaient si incessamment, que dans ses courts momens de sommeil, elle se réveillait quelquefois tout-à-coup en poussant de grands

LA MARQUISE DE GANGES.

cris et en appelant au secours. Malheureusement, le médecin la jugea trop faible pour être transportée, et déclara qu'aucun déplacement ne pouvait se faire sans un extrême danger.

Alors, et en entendant cet arrêt qu'il fallut bien lui répéter, et auquel son teint vif et animé et ses yeux brillans semblaient donner un démenti, la marquise tourna toutes ses pensées vers les choses sacrées, et ne songea plus qu'à mourir comme une sainte, ayant déjà souffert comme une martyre. En conséquence, elle demanda le viatique, et pendant qu'on allait le lui chercher, elle renouvela ses excuses à son mari et son pardon à ses frères, et cela avec une douceur qui, jointe à sa beauté, donnait à toute sa personne une apparence angélique. Cependant, lorsque le prêtre entra avec le viatique, cette expression changea tout-à-coup, et son visage présenta tous les caractères de la plus grande terreur. Elle venait de reconnaître dans le prêtre qui lui apportait les dernières consolations du ciel l'infâme Perrette, qu'elle devait regarder comme le complice de l'abbé et du chevalier, puisque, après avoir essayé de la retenir, il avait voulu l'écraser sous le poids de la cruche pleine d'eau qu'il lui avait jetée de la fenêtre, et puisque, voyant qu'elle lui échappait, il avait couru prévenir et avait mis sur ses traces ses deux assassins.

Cependant, elle se remit bientôt, et voyant que le prêtre, sans aucun remords, s'approchait de son lit, elle ne voulut point causer un si grand scandale qu'eût été celui de le dénoncer dans un pareil moment. Cependant, se penchant vers lui : — Mon père, lui dit-elle, j'espère qu'en souvenir de ce qui s'est passé, et pour dissiper les craintes qu'il m'est bien permis d'avoir, vous ne ferez pas difficulté de partager avec moi la sainte hostie ; car j'ai parfois entendu dire que, entre les mains des mé- chans, le corps de notre Seigneur Jésus-Chirst, tout en restant un symbole de salut, était devenu un principe de mort. — Le prêtre s'inclina en signe de consente- ment.

La marquise communia donc ainsi, prenant l'hostie qu'elle partageait avec un de ses meurtriers, à témoin qu'elle pardonnait à celui-ci comme aux autres, et qu'elle priait Dieu et les hommes de leur pardonner comme elle le faisait elle-même.

Les jours suivans s'écoulèrent sans que le mal parût empirer, la fièvre qui dévorait la marquise exaltant, au contraire, toutes les beautés de son visage et donnant à sa voix et à ses gestes une ardeur qu'elle n'avait jamais eue. Aussi tout le monde en était-il venu à reprendre de l'es- poir, excepté elle qui, sentant son état mieux que personne, ne se fit pas un seul instant illusion, et gardant sans cesse près de son lit son fils, qui était âgé de sept ans, lui disait à tout moment de la bien regarder, afin que si jeune qu'il était, il se souvînt d'elle toute sa vie et ne l'oubliât jamais dans ses prières. Alors le pauvre enfant fondait en larmes, et lui promettait non seulement de se souvenir d'elle, mais encore de la venger lorsqu'il serait homme. A ces paroles, la marquise le reprenait doucement, lui disant que toute vengeance appartenait au roi et à

LA MARQUISE DE GANGES.

Dieu, et qu'il faut remettre tous soins pareils à ces deux puissans maîtres du ciel et de la terre.

Le 3 juin, M. Catalan, conseiller, commissaire député par le parlement de Toulouse, arriva à Ganges avec tous les officiers nécessaires à sa commission ; mais il ne put, ce soir-là, voir la marquise qui, étant restée assoupie pendant plusieurs heures, avait gardé de ce sommeil une espèce d'engourdissement d'esprit qui eût pu ôter de la lucidité à ses déclarations. Il attendit donc jusqu'au lendemain.

Le lendemain, sans demander avis de personne, M. Catalan se rendit à la maison de M. Desprats, et malgré une légère résistance de la part de ceux qui la gardaient, parvint jusqu'auprès de la marquise. La mourante le reçut avec une présence d'esprit admirable, ce qui fit croire à M. Catalan qu'on avait eu, la veille, l'intention d'empêcher toute entrevue entre lui et celle qu'il venait interroger. La marquise d'abord ne voulait rien raconter de ce qui s'était passé, disant qu'elle ne pouvait accuser et pardonner à la fois ; mais M. Catalan lui fit comprendre qu'elle devait avant tout la vérité à la justice, puisque, faute de renseignemens précis, la justice en s'égarant pouvait frapper les innocens au lieu des coupables. Ce dernier argument détermina la marquise qui, pendant une heure et demie que dura ce tête-à-tête, lui raconta tous les détails de cet horrible événement.

Le lendemain, M. Catalan devait revenir ; mais le lendemain la marquise était effectivement plus mal. Il s'en assura par ses yeux, et comme il savait à peu près tout ce qu'il désirait savoir, il n'insista pas davantage, de peur de la fatiguer.

En effet, à compter de ce jour, des douleurs si atroces s'étaient emparées de la marquise, que, malgré la constance qu'elle avait toujours montrée et qu'elle essayait de conserver jusqu'à sa fin, elle ne pouvait s'empêcher de pousser des cris mêlés de prières. Ce fut ainsi qu'elle passa la journée du 4, et une partie de celle du 5. Enfin ce jour, qui était un dimanche, vers quatre heures du soir elle expira.

Aussitôt on fit l'ouverture du corps, et les médecins vérifièrent que la marquise était morte par la seule force du poison, aucun des sept coups d'épée qu'elle avait reçus n'étant mortel. Ils trouvèrent l'estomac et les entrailles brûlés, et le cerveau noirci. Cependant, malgré ce breuvage infernal, qui, dit le procès-verbal *eût tué une lionne en quelques heures*, la marquise lutta dix-neuf jours, — tant, — ajoute la relation à laquelle nous avons emprunté une partie de ces détails, — tant la nature défendait amoureusement le beau corps qu'elle avait pris tant de peine à former.

A l'instant même où M. Catalan apprit la mort de la marquise, comme il avait avec lui douze gardes de M. le gouverneur, dix archers et un hoqueton, il les dépêcha au château du marquis de Ganges, avec ordre de se saisir de sa personne, de celle du prêtre et de celles de tous les domestiques, à l'exception du palefrenier qui avait aidé à la fuite de la marquise. Le commandant de cette petite escouade trouva le marquis se promenant, fort

LA MARQUISE DE GANGES.

triste et fort agité, dans la grande salle du château. Et comme il lui signifia l'ordre dont il était porteur, le marquis sans faire aucune résistance, et comme s'il eût été préparé à ce qui lui arrivait, répondit qn'il était prêt à obéir, et que d'ailleurs son dessein avait toujours été d'aller poursuivre au parlement les meurtriers de sa femme. On lui demanda la clef de son cabinet qu'il remit, et l'ordre fut aussitôt donné de le conduire avec les autres accusés dans les prisons de Montpellier.

Aussitôt que le marquis entra dans la ville, le bruit de son arrivée se répandit avec une rapidité incroyable de rue en rue. Alors, comme il faisait nuit, toutes les fenêtres s'illuminèrent, et quelques-uns, sortant avec des torches, lui formèrent un cortége ardent à l'aide duquel tout le monde put le voir. Il était, ainsi que le prêtre, monté sur un mauvais cheval de louage et tout entouré d'archers, auxquels, sans doute, en cette circonstance, il dut la vie ; car l'indignation était si grande contre lui, que chacun excitait son voisin à le mettre en pièces, et que la chose fût certes arrivée, s'il n'eût été si soigneusement défendu et gardé.

Aussitôt qu'elle eut appris la nouvelle de la mort de sa fille, madame de Rossan se mit en possession de tous ses biens, et se portant partie dans cette affaire, elle déclara qu'elle ne se désisterait de sa poursuite que lorsque la mort de sa fille serait vengée.

M. Catalan commença aussitôt l'instruction : le premier interrogatoire qu'il fit subir au marquis dura onze heures. Puis bientôt lui et ses co-accusés furent trans-

CRIMES CÉLÈBRES.

portés des prisons de Montpellier dans celles de Toulouse. Un mémoire accablant de madame de Rossan les
y poursuivit ; elle y démontrait avec une lucidité parfaite
la participation du marquis au crime de ses deux frères,
sinon en action, du moins en esprit, en désir et en volonté.

La défense du marquis fut bien simple : — il avait eu le
malheur d'avoir pour frères deux scélérats qui avaient
attenté d'abord à l'honneur, puis ensuite à la vie d'une
femme qu'il aimait tendrement ; ils l'avaient fait périr
d'une mort atroce, et, pour comble de malheur, il était
accusé, lui innocent, d'avoir trempé dans cette mort.

En effet, l'instruction du procès, quelque minutieuse
qu'elle fût, ne put produire contre le marquis que des
présomptions morales qui furent insuffisantes, à ce qu'il
paraît, pour déterminer les juges à lui appliquer la peine
de mort.

En conséquence, le 21 août 1667, un jugement fut
rendu qui condamnait l'abbé et le chevalier de Ganges à
être rompus vifs, le marquis de Ganges à un bannisse-
ment perpétuel du royaume, ses biens confisqués au roi,
dégradé de noblesse et incapable de succéder aux biens
de ses enfans. Quant au prêtre Perrette, il fut condamné
aux galères perpétuelles, après avoir été préalablement
dégradé des ordres par la puissance ecclésiastique.

Ce jugement fit un bruit égal à celui qu'avait produit
l'assassinat, et donna matière, dans cette époque, où les
circonstances atténuantes n'étaient pas inventées, à de
longues et furieuses discussions. En effet, le marquis

LA MARQUISE DE GANGES.

était coupable de complicité, ou ne l'était pas : s'il ne l'était pas, le supplice était trop cruel ; s'il l'était, le jugement était trop doux.

Ce fut l'avis de Louis **XIV**, qui se souvenait de la beauté de madame la marquise de Ganges ; car quelque temps après, et comme on croyait qu'il avait oublié cette malheureuse affaire, et qu'on lui demandait la grâce du marquis de la Donze, accusé d'avoir empoisonné sa femme : — Il n'est point besoin de grâce, répondit le roi, puisqu'il est du parlement de Toulouse, et que le marquis de Ganges s'en est bien passé.

On devine facilement qu'un aussi triste événement ne se passa point sans que les beaux esprits de l'époque fissent sur cette catastrophe, qui enlevait une des plus belles personnes du siècle, une multitude de bouts-rimés et de madrigaux ; aussi nous renvoyons à nos notes les amateurs de ce genre de littérature, car nous avons, à leur intention, extrait des journaux et mémoires du temps les deux meilleures ou du moins les deux moins mauvaises pièces que nous ayons pu trouver.

Maintenant, comme nos lecteurs ne manqueraient pas, pour peu qu'ils aient pris quelque intérêt à la terrible histoire que nous venons de leur raconter, de demander ce que sont devenus les meurtriers, nous allons les suivre jusqu'au moment où ils ont disparu, les uns dans la nuit de la mort, les autres dans l'obscurité de l'oubli.

Le curé Perrette fut le premier qui paya sa dette au ciel : il mourut à la chaîne dans le trajet de Toulouse à Brest.

Le chevalier se retira à Venise et prit du service dans les troupes de la Sérénissime république, qui était alors en guerre contre le Turc, et fut envoyé à Candie, que les musulmans assiégeaient depuis vingt-deux ans : il y était à peine arrivé, que, comme il se promenait sur les remparts de la ville avec deux autres officiers, une bombe vint faire explosion à leurs pieds, dont un des éclats tua le chevalier, sans toucher aucunement à ceux qui l'accompagnaient, ce qui fit que cet événement fut regardé comme un coup du ciel.

Pour l'abbé, son histoire est plus longue et plus étrange : il avait quitté le chevalier aux environs de Gênes, et traversant tout le Piémont, une partie de la Suisse et un coin de l'Allemagne, il était entré en Hollande sous le nom de Lamartellière. Après plusieurs hésitations sur le lieu où il devait se fixer, il se retira enfin à Viane, dont le comte de Lippe était alors souverain; là, il fit connaissance avec un gentilhomme qui le présenta au comte comme un Français réfugié pour cause de religion.

Le comte, dès cette première conversation, trouva à cet étranger, qui venait chercher un asile dans ses états, non seulement beaucoup d'esprit, mais encore un esprit très-solide, et le voyant versé dans les lettres et les sciences, il lui proposa de se charger de l'éducation de son fils, alors âgé de neuf ans: une pareille proposition était une fortune pour l'abbé de Ganges, aussi se garda-t-il bien de la refuser.

L'abbé de Ganges était un de ces hommes qui ont un grand empire sur eux-mêmes : du moment où il vit que

LA MARQUISE DE GANGES.

son intérêt, que la sûreté de son existence même, lui en imposaient l'obligation, il dissimula avec un soin extrême tout ce qu'il y avait de mauvaises passions en lui, pour ne laisser paraître que ses bonnes qualités; précepteur aussi sévère pour le cœur que pour l'esprit, il parvint, sous ces deux rapports, à faire de son élève un prince tellement accompli, que le comte de Lippe, utilisant cette sagesse et cette instruction, commença de consulter le précepteur sur chaque chose de l'état, si bien qu'au bout de quelque temps, sans remplir aucune fonction publique, le prétendu Lamartellière était devenu l'ame de cette petite principauté.

La comtesse avait chez elle une jeune parente sans fortune, mais de grande noblesse, et pour laquelle elle avait une profonde amitié : elle ne tarda point à s'apercevoir que la pauvre enfant s'était prise pour le gouverneur de son fils d'un sentiment plus tendre qu'il ne convenait à sa haute condition, sentiment, qu'enhardi par son crédit toujours croissant, le faux Lamartellière avait fait tout ce qu'il avait pu pour inspirer et entretenir : la comtesse fit alors venir sa cousine auprès d'elle, et lui ayant fait faire l'aveu de son amour, lui dit qu'elle avait certes une grande amitié pour le gouverneur de son fils, qu'elle et son mari comptaient récompenser les services qu'il avait rendus à leur famille et à l'état par des pensions et des places; mais que c'était une ambition par trop hautaine, quand on s'appelait Lamartellière, qu'on n'avait ni parens ni famille que l'on pût avouer, d'aspirer à la main d'une jeune fille alliée à une maison souveraine; qu'elle ne demandait pas que le fiancé de sa cousine fût Bourbon, Montmorency ou Rohan, mais qu'elle désirait au moins qu'il fût quelque chose, ne fût-ce que gentilhomme gascon ou poitevin.

La jeune parente de la comtesse de Lippe, alla redire mot à mot cette réponse à son amant, croyant qu'il allait en être atterré; mais celui-ci lui répondit, au contraire, que puisque sa naissance était le seul obstacle qui s'opposât à leur union, il y avait moyen de l'aplanir. En effet, l'abbé après huit ans passés chez le prince, au milieu des témoignages de confiance et de considération les plus grands, croyait être assez sûr de sa bienveillance pour pouvoir lui avouer son vrai nom.

Il demanda donc à la comtesse une audience, qui lui fut accordée à l'instant même; et, s'inclinant devant elle avec respect :

— Madame, lui dit-il, je m'étais flatté que votre Altesse m'honorait de son estime; et cependant elle s'oppose aujourd'hui à mon bonheur; la parente de votre Altesse veut bien m'accepter pour époux, et le prince votre fils autorise mes vœux et excuse ma hardiesse; que vous ai-je donc fait, madame, pour vous trouver seule contre moi? et que pouvez-vous me reprocher, depuis huit ans que j'ai l'honneur d'être au service de votre Altesse?

— Je ne vous reproche rien, monsieur, répondit la comtesse; mais je ne veux pas que l'on me reproche à moi d'avoir souffert un pareil mariage : je vous croyais homme de trop de sens et de raison pour me lever de

LA MARQUISE DE GANGES.

vous rappeler que tant que vous vous êtes borné à des demandes convenables et à des ambitions modérées, vous
avez eu lieu de vous louer de ma reconnaissance : demau-
dez-vous qu'on double vos appointemens? La chose est
facile ; voulez-vous des emplois? On vous en donnera ;
mais ne vous oubliez pas, monsieur, jusqu'à prétendre à
une alliance à laquelle vous ne devez pas vous flatter de
pouvoir parvenir jamais.

— Mais, madame, reprit le suppliant, qui vous a dit
que ma naissance fût si obscure, qu'elle dût m'ôter tout
espoir d'obtenir votre consentement?

— Mais vous-même, ce me semble, monsieur, répondit la comtesse avec étonnement, ou si vous ne l'avez pas
dit, votre nom l'a dit pour vous.

—Et si ce nom n'était pas le mien, madame, dit l'abbé
en s'enhardissant ; si des circonstances malheureuses, ter-
ribles, fatales, m'avaient forcé de prendre ce nom pour
en cacher un autre trop malheureusement célèbre, votre
Altesse serait-elle assez injuste pour ne pas changer
d'avis ?

— Monsieur, répondit la comtesse, vous en avez trop
dit maintenant pour ne pas achever : qui êtes-vous, dites ?
et si, comme vous me le faites entendre, vous êtes de famille, je vous jure que ce n'est point le défaut de fortune
qui m'arrêtera.

— Hélas! madame, s'écria l'abbé en se jetant à ses
genoux ; mon nom, j'en suis certain, n'est que trop connu
de votre Altesse, et je donnerais volontiers à cette heure
la moitié de mon sang pour qu'elle ne l'eût jamais en-

CRIMES CÉLÈBRES.

tendu prononcer ; mais vous l'avez dit, madame! j'ai été trop avant pour reculer. Eh bien, je suis ce malheureux abbé de Ganges, dont les crimes vous sont connus, et dont je vous ai entendu parler à vous-même plusieurs fois.

— L'abbé de Ganges! s'écria la comtesse avec horreur; l'abbé de Ganges! vous êtes cet exécrable abbé de Ganges, dont le nom seul fait frémir? Et c'est à vous, c'est à ce meurtrier, c'est à cet infâme que nous avons confié l'éducation de notre fils unique? Oh! j'espère pour nous tous que vous mentez, monsieur; car si vous disiez la vérité, je crois qu'à l'instant même je vous ferais arrêter et reconduire en France pour y subir votre supplice. Ce que vous avez de mieux à faire, si ce que vous m'avez dit est vrai, c'est de quitter à l'instant même, non seulement ce château, mais la ville, mais la principauté ; et je serai déjà assez tourmentée le reste de ma vie, chaque fois que je songerai que je suis restée sept ans sous le même toit que vous. —

L'abbé voulut répondre; mais la comtesse haussa tellement la voix, que le jeune prince, que son précepteur avait mis dans ses intérêts, et qui écoutait à la porte de la chambre de sa mère, jugea que l'affaire de son protégé tournait mal, et entra pour essayer de la raccommoder. Il trouva sa mère tellement effrayée, que, par un mouvement machinal, elle l'attira à lui comme pour se mettre sous sa protection, et il eut beau prier et supplier, tout ce qu'il put obtenir fut que son précepteur aurait la liberté de se retirer sans être inquiété, dans tel autre pays

LA MARQUISE DE GANGES.

du monde qu'il lui plairait, mais sous la défense expresse de jamais se représenter devant le comte ni la comtesse de Lippe.

L'abbé de Ganges se retira à Amsterdam, où il se fit maître de langues, et où sa maîtresse alla bientôt le retrouver et l'épousa : son élève, à qui ses parens n'avaient pu faire, même en lui disant le vrai nom du faux Lamartellière, partager l'horreur qu'ils avaient pour lui, le soutint de ses secours tant qu'il en eut besoin : cela dura jusqu'à ce que, sa femme étant devenue majeure, il entra en jouissance de quelques biens qui lui étaient propres. Bientôt sa conduite régulière et sa science, qu'une étude longue et sérieuse avait rendue plus solide, le firent admettre au consistoire des protestans ; ce fut là qu'il mourut après une vie exemplaire, et Dieu seul sut jamais si c'était de l'hypocrisie ou du repentir.

Quant au marquis de Ganges, condamné comme nous l'avons vu à la déportation et à la confiscation, il avait été conduit à la frontière de Savoie, et là laissé libre. Après avoir passé deux ou trois ans à l'étranger pour laisser à la terrible catastrophe dans laquelle il avait été mêlé le temps de s'assoupir, il était revenu en France, et comme personne, Mme de Rossan étant morte, n'était plus intéressé à poursuivre, il était rentré dans son château de Ganges, où il se tenait à peu près caché. Cependant, M. de Baville, intendant du Languedoc, apprit que le marquis avait rompu son ban ; mais en même temps il lui fut dit qu'en zélé catholique, le marquis forçait ses vassaux à aller à la messe, quelle que fût leur religion : c'était l'époque

CRIMES CÉLEBRES.

des persécutions contre les réformés, et le zèle du marquis parut à M. de Baville compenser, et bien au delà, la peccadille dont il avait été accusé; en conséquence, au lieu de le poursuivre, il entra secrètement en correspondance avec lui, le rassurant sur son séjour en France et l'excitant dans son zèle pour la religion : douze ans se passèrent ainsi.

Pendant ce temps le jeune fils de la marquise, que nous avons vu apparaître à son lit de mort, avait atteint l'âge de vingt ans, et, riche des biens de son père, que son oncle lui avait rendus, et de l'héritage de sa mère qu'il avait partagé avec sa sœur, avait épousé une fille de condition, riche et belle, nommée Mlle de Moissac. Appelé sous les drapeaux pour le service du roi, le comte conduisit sa jeune femme au château de Ganges, et l'ayant recommandée avec instances à son père, il la laissa sous sa garde.

Le marquis de Ganges avait quarante-deux ans, et à peine en paraissait-il trente; c'était un des plus beaux hommes qui existassent : il devint amoureux de sa belle-fille et espéra s'en faire aimer; mais pour mieux réussir en ce projet, son premier soin fut d'écarter d'elle, sous le prétexte de religion, une fille qui l'avait accompagnée depuis son enfance, et qu'elle aimait beaucoup.

Cette mesure, dont la jeune marquise ignorait la cause, l'affligea extrêmement; c'était déjà bien à contre-cœur qu'elle était venue habiter ce vieux château de Ganges, théâtre récent encore de la terrible histoire que nous venons de raconter; elle logeait dans l'appartement où l'as-

LA MARQUISE DE GANGES.

sassinat avait été commis ; sa chambre était la même que celle de la défunte marquise, son lit était le même, la fenêtre par laquelle elle avait fui était devant ses yeux et tout, jusqu'au moindre meuble, lui rappelait les détails de cette sanglante catastrophe ; mais ce fut bien pis encore lorsqu'il ne lui fut plus possible de douter des intentions de son beau-père, qu'elle se vit aimée par celui dont le nom seul l'avait mille fois dans son enfance fait pâlir de terreur, et qu'elle se trouva, à toutes les heures du jour, seule et en tête-à-tête avec l'homme que le bruit public poursuivait encore comme meurtrier. Peut-être, en tout autre lieu, la pauvre isolée eût-elle repris quelque force en se confiant en Dieu ; mais là où Dieu avait laissé périr d'une mort aussi cruelle une des plus belles et des plus chastes créatures qui eussent jamais existé, elle n'osait en appeler à lui, car il semblait avoir détourné ses regards de cette famille.

Elle attendit donc dans une terreur croissante, passant autant qu'elle le pouvait ses journées avec les femmes de condition qui habitaient la petite ville de Ganges, et dont quelques-unes, témoins de l'assassinat de sa belle-mère, augmentaient encore ses terreurs par les récits qu'elles lui en faisaient, et qu'elle, avec cette désespérante obstination de la peur, se faisait répéter sans cesse. Quant à ses nuits, pour la plupart du temps, elle les passait à genoux toute habillée, tremblante au moindre bruit ; ne respirant qu'au retour de la lumière, et alors se hasardant à se mettre au lit pour se reposer quelques heures.

Enfin, les tentatives du marquis devinrent si directes

CRIMES CÉLÈBRES.

et si pressantes, qu'à quelque prix que ce fût Mlle de
Moissac résolut de se tirer de ses mains : elle eut d'abord
l'idée d'écrire à son père, pour lui exposer sa position et
lui demander du secours; mais son père était nouveau
catholique, et avait beaucoup souffert pour la cause réformée : il était dès lors évident que sa lettre serait décache-
tée par le marquis, sous le prétexte de religion, et qu'alors
cette démarche, au lieu de la sauver, pourrait la perdre.
Elle n'avait donc qu'une ressource : son mari était vieux
catholique; son mari était capitaine de dragons, fidèle au
service du roi, fidèle au service de Dieu : il n'y avait
aucun prétexte pour décacheter sa lettre; elle résolut de
s'adresser à lui, lui exposa la situation où elle se trouvait,
fit écrire l'adresse par une autre main, et envoya la lettre
à Montpellier où elle fut mise à la poste.

Le jeune marquis était à Metz lorsqu'il reçut la dépêche
de sa femme : à l'instant même tous ses souvenirs d'enfant se réveillèrent en lui : il se revit près du lit de sa
mère mourante, lui jurant de ne l'oublier jamais, et de
prier chaque jour pour elle. L'image de sa femme qu'il
adorait se présenta à lui dans cette même chambre, exposée aux mêmes violences, destinée peut-être à la même
fin ; ce fut assez pour le déterminer à une démarche positive : il se jeta dans une chaise de poste, arriva à Versailles, demanda une audience au roi, et l'ayant obtenue
se précipita aux pieds de Louis XIV, la lettre de sa
femme à la main, le supliant de forcer son père à retourner en exil, où il jurait sur l'honneur de lui faire passer
tout ce qui lui serait nécessaire pour vivre convenablement.

LA MARQUISE DE GANGES.

Le roi ignorait que le marquis de Ganges avait rompu son ban, et la manière dont il l'apprenait n'était pas de nature à lui faire pardonner d'avoir contrevenu à sa justice. En conséquence, il ordonna aussitôt que si M. le marquis de Ganges était trouvé en France, on lui fît son procès avec la plus grande rigueur.

Heureusement pour le marquis, que le comte de Ganges, le seul de ses frères qui fût resté en France et même en faveur, apprit à temps cette décision du roi ; il partit de Versailles en poste, et faisant grande diligence, il vint le prévenir du danger qui le menaçait ; aussitôt tous deux quittèrent Ganges et se retirèrent à Avignon. Le comtat Venaissin appartenant encore à cette époque au pape, et étant gouverné par un vice-légat, était considéré comme terre étrangère. Il y trouva Mme d'Urban, sa fille, qui fit tout ce qu'elle put pour le retenir auprès d'elle ; mais c'eût été par trop publiquement braver les ordres de Louis XIV, et le marquis n'osa point rester ainsi en évidence, de crainte qu'il ne lui arrivât malheur ; en conséquence, il se retira dans le petit village de l'Isle, bâti dans une situation charmante, près de la fontaine de Vaucluse : là on le perdit de vue, nul n'en entendit reparler, et lorsque moi-même je fis en 1835 un voyage dans le midi, je recherchai vainement quelques traces de cette mort obscure et inconnue qui suivit une existence si bruyante et si orageuse. —

Puisqu'à propos des dernières aventures du marquis de Ganges nous avons prononcé le nom de Mme d'Urban, sa fille, nous ne pouvons nous dispenser de la suivre, jus-

CRIMES CÉLÈBRES.

que dans notre troisième volume au milieu des étranges événemens de sa vie, quelque scandaleux qu'ils soient : telle était, au reste, la destinée de cette famille, qu'elle devait pendant près d'un siècle occuper l'attention de la France, soit par ses crimes, soit par ses bizarreries.

FIN DU DEUXIÈME VOLUME

TABLE.

FIN DE LA TABLE.

www.ingramcontent.com/pod-product-compliance
Lightning Source LLC
Chambersburg PA
CBHW060423200326
41518CB00009B/1466